Franz Grung

Das Problem der Gewissheit

Grundzüge einer Erkenntnistheorie

Franz Grung

Das Problem der Gewissheit
Grundzüge einer Erkenntnisstheorie

ISBN/EAN: 9783744624046

Hergestellt in Europa, USA, Kanada, Australien, Japan

Cover: Foto ©Thomas Meinert / pixelio.de

Weitere Bücher finden Sie auf **www.hansebooks.com**

Das

Problem der Gewissheit.

Grundzüge einer Erkenntnisstheorie

von

Dr. Franz Grung.

———⟫✕⟪———

Heidelberg, 1886.

Georg Weiss, Verlag.

Vorwort.

Die vorliegende Schrift, die in der nächsten Zeit in norwegischer Sprache erscheinen wird, war ursprünglich nur auf einen skandinavischen Leserkreis berechnet, und dieser Umstand ist nicht ohne Einfluss auf die Behandlung geblieben, namentlich im geschichtlichen Theile des Buches, wo deshalb einzelne Richtungen und Seiten viel breiter ausgeführt scheinen dürften, als nothwendig, andere kürzer abgefertigt, als wünschenswerth. Dennoch habe ich keine Änderungen vornehmen wollen, da ihr Erfolg mir zweifelhaft schien, insofern eine solche Anpassung an einen fremden Anschauungskreis gewissermassen ein Abweichen von dem mir natürlichen und selbstgeprüften Gang der Untersuchung gefordert hätte, und ich andrerseits hoffe, dass diese Unterlassung dem Buche keine wesentlicheren Nachtheile bringen kann. Wenn ich, der ich bisher meine philosophischen Arbeiten nur in meiner Muttersprache geschrieben habe, nunmehr wage die vorliegende Schrift auch in deutscher Sprache der Öffentlichkeit zu übergeben, so war die nächste Veranlassung dazu der Umstand, dass sie sich der philosophischen Arbeit in Deutschland eng anschliesst, nicht nur in dem Sinne, dass sie sich vorzüglich auf deutsche Behandlungen des Problems stützt, sondern vielmehr auch so, dass ich überhaupt die Anregungen für das philosophische Studium, wie meine weitere Ausbildung in demselben, zum wesentlichen Theile in Deutschland und durch die deutsche philosophische Litteratur erhielt.

Die sprachliche Darstellung wird in Vielem auf Nachsicht rechnen müssen. Allein jeder Fachmann wird die Schwierigkeiten erkennen, mit denen ich hier zu kämpfen hatte.

Dass neben den mir bewussten andere und wichtigere Mängel sich in dem Buche finden werden, darauf bin ich gefasst, und will den Beurtheilern gegenüber nur die aufrichtige Bitte zufügen, dass sie nicht aus irgendwelcher Rücksicht auf den Ausländer ihre Bedenken zurückhalten mögen.

Heidelberg, im April 1886.

Fr. Grung.

I.

Die Gewissheit.

Die philosophische Erkenntniss hat zum Ausgangspunkt immer den Zweifel. Aus dem Zweifel geht die Philosophie hervor und mit dem Zweifel hebt dieselbe an. Solange ein Volk sich noch im Stadium der ersten Entwickelung befindet, und solange das Individuum kindlichen Sinnes dahinlebt, genügen die dichterischen Gebilde der Phantasie und die Überlieferungen der Volksreligion, um Welt und Dasein zu erklären. Durch den Zweifel zur Reflexion herangereift, fordert sowohl der Einzelne als die Gesammtheit eine andere Gewissheit als diejenige, welche die Träume der Phantasie und die Mittheilungen des Greises gewähren. Die Wissenschaft beginnt, — und sowohl an dem Punkt, wo sie anfängt, als da, wo sie aufhört, ist sie stets Philosophie; denn sowohl, bevor sie sich in einzelne Wissensgebiete abzweigt, als auch, sobald sie sämmtliche Disciplinen schliesslich in sich vereinigt, ist alle Wissenschaft Philosophie.

Der Zweifel ist der innere Streit der Gedanken, welcher eine Lösung fordert, um zur Erkenntniss zu gelangen. Zweifel bildet den Ausgangspunkt, Gewissheit das Ziel. Oft löst sich die Gewissheit in neuen Zweifel auf, um wieder eine neue Gewissheit hervorzubringen. Darin stimmt wieder die Geschichte des einzelnen Menschenlebens mit derjenigen der Wissenschaft überein. Wie viel Gewissheit bricht nicht zusammen, bevor der Knabe zum Mann herangewachsen ist! und wie viel Gewissheit hat sich nicht in der geschichtlichen Entwickelung der Menschheit als ungewiss gezeigt! Aber solange eine wirkliche Geisteskraft noch vorhanden ist, nimmt der Einzelne, wie auch das Menschengeschlecht, aufs Neue die Arbeit nach Gewissheit auf, und je stärker der Zweifel war, desto eifriger wird immer wieder diese Arbeit aufgenommen. Wenn der Mensch wirklich an die Wahrheit glaubt, so schliesst er aus dem Widerstreit der verschiedenen philosophischen Systeme nicht etwa, dass es überhaupt keine Wahrheit gebe, und somit jede wohlbegründete Auffassung dieselbe Gültigkeit habe; sondern er erhält durch sie den Antrieb wieder aufs Neue die Arbeit aufzunehmen, um den früheren Irrthümern zu entgehen, und einen besseren Erfolg der Arbeit dadurch zu erzielen, dass er die gewonnenen Erfahrungen benutzt. Es ist keine geschichtliche Nothwendigkeit, dass die Philosophie nach jedem Anlauf stets wieder bei dem Zweifel anlangen müsse. Wäre dem so, dann hätte die Hierarchie mit der kirchlichen Dogmatik Recht behalten, welche unter allen Himmelsstrichen den Zweifel immer durch·das Untersagen des Denkens hat heilen wollen. Im Gegentheil, es verhält sich so: durch tieferen Zweifel dringt die Menschheit zu tieferer Erkenntniss der Wahrheit vor. Wenn in der Wissenschaft die Skepsis sich breit machte und an aller menschlichen Erkenntniss zweifelte, alsdann erwachten jedesmal neue Kräfte im Dienste der wissenschaftlichen Arbeit. In der Geschichte der Philosophie sehen wir dies am deutlichsten an den grossen Zeitabschnitten, in denen nach einem starren und leblosen Zeitraum des Zweifels durch Socrates, Descartes und Kant ein neues Leben der geistigen Forschung erweckt wird.

So tritt der Zweifel als der Gegensatz der Gewissheit auf; aber wir erkennen alsbald, dass der Zweifel in seiner wissenschaftlichen Entwickelung als Skepticismus eine Gewissheit ist, und zwar die Gewissheit, dass es keine Gewissheit giebt; aber diese Lehre hebt sich selbst auf, indem sie sich selber widerspricht. Wenn die alten Sophisten sagten, es gäbe keine Wahrheit, und selbst wenn es eine gäbe, so könnten wir sie nicht erkennen, und wenn wir sie auch erkennen könnten, wäre es uns doch unmöglich, sie mitzutheilen, so widersprachen sie sich selbst in jeder dieser Behauptungen; denn diese, meinten sie doch, seien Wahrheiten und suchten sie demgemäss zu beweisen und anderen mitzutheilen. In seiner vollständigen Entwickelung, d. h. als Skepticismus, ist der Zweifel im Grunde eine Verneinung desselben Mittels, dessen er sich bedient, nämlich des Denkens, und im Gefühl dieses Widerspruchs pflegt er gern seine Theorie praktisch zu begründen. In der That giebt es zwei Arten des Zweifels, der Zweifel als behaupteter Standpunkt ist der Todesfeind aller Erkenntniss, der Zweifel aber als Übergang ist die Triebkraft der Erkenntniss. Der Unterschied besteht gerade darin, dass der eine die Gewissheit will, der andere nicht; und es wird unsere Aufgabe sein, dieses Verhältniss und dessen Grund im Fortgang dieser Schrift zu erörtern. Aber in demselben Augenblick, wo der Zweifel als Theorie Wurzel fasst und auf diese Weise statt der Einleitung der Erkenntniss den Abschluss derselben bildet, hat er sein Wesen verändert; er ist Verzweifelung geworden, die nichts erzeugt, sondern selbst starr auf Alles um sich erstarrend einwirkt. Der suchende Zweifel dagegen ist die nothwendige Bedingung der selbstbewussten Gewissheit; denn er ist das unruhige und bewegende Moment des Erkennens, das nach Gewissheit ringt.

Alle Erkenntniss fängt, wie schon Plato in „Theätet" den Socrates sagen lässt, mit der Aufmerksamkeit an. Etwas Neues wird in das Gedankenleben hineingeworfen, das sich nicht mit der früheren Vorstellungsmasse verträgt; es entsteht ein Ausscheidungs- und Assimilationsprocess, ein innerer Streit; es ist der Zweifel, der seine Lösung mit der Gewissheit fordert. Dieser Fortschritt von Zweifel zur Gewissheit ist die grosse Kraft, welche die ganze Werkstätte des Geistes in Bewegung setzt. Wenn wir uns die ganze Arbeit des Menschengeistes vorstellen, ihre mächtigen Ergebnisse und noch mächtigeren Erwartungen, wenn wir die Gesetze, unter denen sie vor sich geht, und die Normen, nach welchen sie sich begrenzt, erkennen, dann fühlen wir, dass es eine mächtigere Kraft als die des praktischen Bedürfnisses ist, welche dieser gewaltigen Werkstätte die Triebkraft verleiht. Dies ist in der That der Fall; denn der Druck rührt nicht von den praktischen Bedürfnissen der Individuen, sondern vielmehr von dem praktischen Bedürfniss des menschlichen Geistes her. Alle diese speciellen wissenschaftlichen Fragen — welches kleinliche und werthlose Gepräge sie oft auch tragen mögen — münden immer in allgemeinere ein, und jede einzelne wissenschaftliche Erkenntniss hat ihren Zweck in anderen Erkenntnissen höherer Ordnung, bis dass die letzten Ziele des Erkennens die höchsten Fragen der Wissenschaft und des Lebens bilden. Der Trieb des Erkennens ist gleichsam eine angeborene Leidenschaft, deren Gegenstand die Gewissheit ist. Jeder Gedankenthätigkeit liegt diese Triebkraft, deren Wesen die Bewegung vom Zweifel zur Gewissheit ausmacht, zu Grunde.

Die alte und berühmte Frage, womit schon seit Jahrtausenden das philosophische Denken sich beschäftigte, nämlich: Was ist Wahrheit? hat mit der Entwickelung des philosophischen Denkens eine andere Form angenommen. Unter Wahrheit verstand man im Allgemeinen eine Erkenntniss, die vollkommen mit ihrem Gegenstande übereinstimmte. Dieser Auffassung lag folgender Gedanke zu Grunde: ausserhalb des Individuums befindet sich die Wirklichkeit, in dem Individuum dagegen spiegelt sich die es umgebende Welt ab; nun können diese Bilder mehr oder weniger klar und deutlich sein, in der Übereinstimmung aber mit ihrem Originale liegt ihr Werth und ihre Bedeutung. Die vollkommene Gleichheit zwischen Bild und Objekt ist das charakteristische Merkmal der Wahrheit. Die Sinneswahrnehmung, welche die Erkenntniss in ihrer unmittelbaren Form darstellt, gilt hier für die einzige Art wirklich zuverlässiger Erkenntniss, und dieser Gedanke scheint in seiner Ursprünglichkeit dem gemeinen Bewusstsein so natürlich, dass er überall wiedergefunden wird und in dem Bildungsprocess der Sprachen zu weit verbreitetem Ausdruck gelangt ist. Wie man den Gesichtssinn als den vornehmsten und, so zu sagen, vergeistigtsten der Sinne ansah, so dachte man sich unbedingt die Erkenntniss in Analogie mit dem Sehen. Wie sich im Auge ein Bild des vorhandenen Dinges bildet, mehr oder weniger dem Original entsprechend, in krankhaften Zuständen eigenthümlich verändert, so dachte man sich die Vorstellungen als Abbilder, als eine Art Photographiebilder der Aussenwelt. Der Grad der Wahrheit war nun davon abhängig, inwieweit diese Abbilder den ursprünglichen Gegenständen und ihren Verhältnissen entsprachen. Aber indem man mit diesem Vergleich Ernst machte und die Übereinstimmung wissenschaftlich untersuchen wollte, stellte sich eine eigenthümliche Schwierigkeit heraus. Wie gelangen die Dinge zu unserer Erkenntniss? Mit was wollen wir unsere Vorstellungen vergleichen? Freilich, wir können die Dinge mit den Sinnen wahrnehmen, sie sehen, daran tasten u. s. w.; aber durch die Sinne dringen nicht die Dinge selbst in das Ich ein, sondern nur gewisse Empfindungen, aus welchen die Vorstellungen wieder hervorgehen. Der Mensch muss sich mit dem Berichte des sehenden Auges, des hörenden Ohres, der tastenden Hand, d. h. mit den Vorstellungen begnügen; denn es giebt kein Mittel, sich der Dinge unmittelbar bewusst zu werden. Wenn man davon redete, dass man seine Vorstellungen mit den Dingen vergleichen wollte, so war dahinter der Gedanke versteckt, dass die Dinge ganz einfach schon in den Wahrnehmungen der Sinne gegeben wären, wie sie an sich sind. Nun ist aber leicht einzusehen, dass wir auf diesem Wege niemals zu einem Punkt ausserhalb unserer Vorstellungswelt kommen; sondern dass wir, wenn wir davon reden, unsere Vorstellungen mit den Dingen zu vergleichen, eigentlich nur eine Art von Vorstellungen einer andern Art gegenüberstellen, und zwar Vorstellungen in der Form des Denkens Vorstellungen in der Form der Sinnlichkeit, niemals aber dabei die Grenze unserer Vorstellungswelt überschreiten.

Von demselben Augenblick an, wo es dem Bewusstsein klar wird, dass die Erkenntniss des Menschen ganz und gar in dem Netze der Vorstellungen gefangen liegt, dass wir, wohin auch immer wir uns wenden mögen, wir nichts als unsere Vorstellungen unmittelbar erfahren und nichts anderes als ihre Verhältnisse und ihren Zusammenhang untersuchen können, von diesem Augenblick an ist die alte Frage: was ist Wahrheit? auf einen anderen Boden verpflanzt, wo sie eine völlig neue Form annimmt. Was vorher als etwas Fremdes und von seinem Bewusstsein Verschiedenes ausser dem Menschen stand, ist jetzt ein Theil seines eigenen Bewusstseinsinhaltes geworden, das Subject findet sein Object nicht ausser sich, sondern in sich, anstatt um die frühere objective Übereinstimmung handelt es sich jetzt um das subjective Verhältniss. Wenn wir nun die Übereinstimmung zwischen Bild und absolut wirklichem Object die Wahrheit nannten, so ist offenbar diese subjective Übereinstimmung nicht mehr jene vorher gesuchte Wahrheit; an ihre Stelle tritt vielmehr die Gewissheit. Dem einzelnen Menschen ist somit richtige Erkenntniss nur in der

Form der Gewissheit zugänglich, und anstatt: was ist Wahrheit? entsteht jetzt die Frage: was ist Gewissheit? Während sodann die Philosophie zur Erkenntnisslehre ward, wurde auch die Gewissheit ihr erstes und hauptsächlichstes Problem. Nicht allein wird nun gefordert, dass die Philosophie die genaue Definition des Begriffes von der Gewissheit zu finden suche, sondern dass ihre wissenschaftlichen Untersuchungen auch darauf gerichtet seien, nachzuweisen, wie die Gewissheit entsteht, entwickelt und erkannt wird. Es ist die alte Untersuchung über die Ursache, das Ziel und die Mittel des Erkennens, aber auf den einzelnen Punkt begrenzt, welcher sich uns als der erste darbietet, wenn wir trotz der Überzeugung, dass wir an unsere Vorstellungen gebunden sind, uns in der Welt zu orientiren versuchen.

In der Behandlung dieses Grundproblems der Erkenntnisslehre wollen wir von der allgemeinen Bedeutung des Wortes „Gewissheit" und „gewiss" ausgehen. Obwohl es uns hier eigentlich nur interessirt, die philosophische oder wissenschaftliche Gewissheit zu untersuchen, so scheint es uns doch, um dahin zu gelangen, der angemessenste Weg zu sein.

In dem allgemeinen Sprachgebrauch kommt die Aussage „gewiss" auf eine doppelte Weise vor. Es wird gesagt: ich bin einer Sache gewiss, und auch: etwas ist gewiss; in dem ersten Falle ist die Aussage persönlich, im zweiten unpersönlich; in beiden aber ist die Bedeutung des Wortes dieselbe. Es sind nicht hier, wie so oft, zwei verschiedene Verhältnisse, die durch dasselbe Wort ausgedrückt sind; im Gegentheil, die Bedeutung ist dieselbe, freilich in dem einen Falle übertragen, aber wir sind uns dieser Übertragung der Bedeutung gewissermassen bewusst. Wie Locke nachwies, haben die Wörter, welche einfache Wahrnehmungen bezeichnen, wie süss, roth, weich u. s. w., eine doppelte Bedeutung, welche beide in der alltäglichen Rede zusammenlaufen. Erstens bezeichnen sie einen Zustand der Seele beim Wahrnehmen und zweitens eine Beschaffenheit des Gegenstandes, in welcher wir die Ursache dieses Zustandes erblicken. Wenn dasselbe auch von dem Worte „gewiss" gilt, so geschieht es jedenfalls in einem viel geringeren Grade; denn wir sind uns dabei immer bewusst, oder werden es durch das leiseste Nachdenken, dass wir mit dieser

Bezeichnung einen Zustand unserer Seele auf die Dinge übertragen. Gleichviel ob ich die persönliche oder unpersönliche Form benutze, ist die Absicht, ein persönliches Verhältniss auszudrücken. Selbst wo in der alltäglichen Rede „gewiss" in der Bedeutung von wirklich, im Gegensatz zu unwirklich, von zuverlässig, im Gegensatze zu unzuverlässig, gebraucht wird, sind wir uns bewusst, dass wir einen Zustand oder ein Verhältniss in uns auf die Dinge ausser uns übertragen. Ebenso wie bei solchen Aussagen, wie angenehm und unangenehm, wahrscheinlich und unwahrscheinlich, die einfachste Analyse ein subjectives Verhältniss entdeckt, so ist auch hier einleuchtend, dass es nicht die Dinge, sondern die Menschen sind, denen das Prädikat „gewiss" zukommt. Lehrt doch die einfachste Erfahrung jeden Menschen, dass er selbst eine Reihe von Vorstellungen für gewiss hält, deren gewiss zu sein auch andere Menschen behaupten. Gewissheit ist also schon etwas Abstrahirtes; in der Erfahrung giebt es nur Menschen, welche gewiss sind, ein Zustand des Bewusstseins, den wir eben Gewissheit nennen.

Wir stehen somit vor der Frage: worin besteht dieser eigenthümliche Seelenzustand? Das Erste, was wir bemerken, ist, dass wir, so wie wir den Zweifel als etwas Unangenehmes, die Gewissheit als etwas Angenehmes wahrnehmen. Freilich kann eine Gewissheit, zu der ich komme, mir persönlich höchst unangenehm sein; aber dann handelt es sich nicht um die Gewissheit in ihrer Bedeutung für die Erkenntniss, sondern um den als gewiss erkannten Gegenstand in seiner Bedeutung für das praktische Leben. Der Inhalt der Thatsächlichkeit kann also sowohl trauriger als freudiger Natur sein; als reine Erkenntnisssache aber empfinden wir den Übergang vom Zweifel zur Gewissheit als angenehme Befriedigung eines Triebes. Um die Gewissheit und Ungewissheit rein zu finden, das heisst, so weit wie möglich ungemischt mit einem Inhalt, woran sich die persönlichen Interessen betheiligen, müssen wir uns die menschliche Erkenntniss im Allgemeinen, die wissenschaftliche Arbeit, vergegenwärtigen. Hier wird ohne Weiteres eingeräumt, dass der Zweifel als etwas Drückendes und Demüthigendes, die Gewissheit als etwas Befreiendes und Stärkendes gefühlt wird. Das gilt in der Geschichte der menschlichen Er-

kenntniss für jede Gewissheit, die aus der Ungewissheit hervorgegangen ist; aber das Gefühl davon hat der Einzelne nur, wenn
er selbst sich erst zur Gewissheit durch eine quälend empfundene
Ungewissheit hindurchgerungen hat. Für denjenigen, der in der
Schule des Problems des pythagoräischen Lehrsatzes sich erst dann
bewusst wurde, als er die Lösung und ihren Beweis erfuhr, ist das
Gewisswerden dieser Lösung bei Weitem nicht mit so freudigem
Gefühl verbunden wie für Pythagoras, der lange schon das Problem
vor der Lösung erkannte und lange sich mühen musste, durch
eigenes Nachdenken die Ungewissheit zu überwinden, um zur
Gewissheit des Beweises zu gelangen. In der wissenschaftlichen
Forschung, wo die Erkenntniss nicht in der Weise, wie im alltäglichen Leben, den Interessen untergeordnet ist, nimmt man die
Gewissheit als eine Lust wahr, die Ungewissheit als eine Unlust
und den Übergang als eine Befriedigung. Aber darin liegt, dass
selbst in der Arbeit der Wissenschaft, wie unpersönlich sie auch
an sich sein mag, doch die Erkenntniss in einem persönlichen
Verhältniss zum Einzelnen steht und einem Wollen in ihm entspricht. Die Sache verhält sich so, dass das persönliche Interesse
hier in eine höhere Form eingetreten ist, indem es nicht länger
nur den Vortheil und Fortschritt des Einzelnen, sondern den
Vortheil und Fortschritt des ganzen Menschengeschlechts umfasst.

Allein nun dürfte jemand einwenden, dass er ja auch seiner
Ungewissheit, seines Zweifels gewiss sei. Wie steht es dem gegenüber mit der Behauptung, dass die Gewissheit ein freudiger
Zustand der Seele ist. Aber darauf muss geantwortet werden,
dass, eben weil sowohl die Gewissheit als Ungewissheit Zustände
der Seele sind, sie unmittelbar wahrgenommen werden, daher
taucht in dem einzelnen Menschen die Frage, ob er seiner Gewissheit oder Ungewissheit gewiss ist, überhaupt gar nicht auf,
denn sie ist durch das unmittelbare Gefühl bereits erledigt. Wollte
man hier an das socratische Bekenntniss erinnern, dass er nur des
Einen gewiss sei, dass er nichts wisse, so muss dabei bemerkt
werden, dass diese Aussage kein einfacher Ausdruck der Erkenntniss,
sondern nur die ironische Bezeichnung für die Beschränktheit aller
menschlichen Erkenntniss sei.

Von der Ungewisssheit zur Gewissheit führt eine lange Leiter mit vielen Sprossen; ihr Name ist die Wahrscheinlichkeit. Dem Einzelnen ist sie eine eigenthümliche Mischung von Lust und Unlust. Man unterscheidet gewöhnlich zwei Arten der Wahrscheinlichkeit, die subjective und die objective. Allein die Wahrscheinlichkeit ist immer ein Zustand der Seele, und eine objective Wahrscheinlichkeit mithin immer eine Übertragung dieses Zustandes in seinen verschiedenen Stufen auf die Dinge. Die Dinge an und für sich sind nie wahrscheinlich, nur was wir aus den Dingen erwarten, mag wahrscheinlich sein; d. h. wir bezeichnen mit diesem Begriff den Grad unserer Erwartung. Dass die Wahrscheinlichkeit thatsächlich nur die Intensitätsgrade unserer Erwartung bezeichnet, ergiebt sich schon daraus, dass sie nur auf das Zukünftige oder das, was als zukünftig gedacht wird, Anwendung findet. Die Unterscheidung zweier Arten von Wahrscheinlichkeit beruht auf einem Vermengen unserer Erwartung mit dem erwarteten Gesetz. Die objective Wahrscheinlichkeit, wie sie im wissenschaftlichen Sinne behandelt wird, und wie sie einen Gegenstand der Wahrscheinlichkeitsrechnung bildet, ist im Grunde keine Erwartung, sondern ein Gesetz, daher auch ebenso gewiss wie andere Gesetze, die in der Wissenschaft behandelt werden. Die Formel dieses Gesetzes ist ein disjunctives Urtheil quantitativ ausgedrückt. Habe ich in einer Urne schwarze und weisse Kugeln, so muss ich, wenn ich ziehe, entweder eine schwarze oder eine weisse Kugel erhalten. Habe ich 20 Kugeln, — 10 schwarze, 10 weisse, — so ist es nothwendig, dass ich in 20 Ziehungen, falls ich die gezogenen Kugeln bei Seite lege, 10 schwarze und 10 weisse erhalten muss. Wird diese Nothwendigkeit, die sich in der Summe der Fälle kundgiebt, mit 1 bezeichnet, so kann die sogenannte Wahrscheinlichkeit als ein echter Bruch dargestellt werden, d. h. als ein Verhältniss zwischen den einer bestimmten Kategorie angehörigen Fällen (dem Zähler) und ihrer Gesammtheit (dem Nenner). Habe ich 10 Kugeln, wird die Wahrscheinlichkeit, eine bezeichnete unter ihnen durch eine Ziehung zu treffen, als $1/_{10}$ geschrieben; es bedeutet also, die möglichen Fälle sind 10, der bestimmte Fall ist 1, das Verhältniss ist also 1 : 10. Dieser Grad der Wahrscheinlichkeit ist an sich nicht wahrscheinlich, sondern gewiss; wenn hier von einem Zustand der Seele die Rede sein sollte, so ist es Gewiss-

heit. Das thatsächliche Verhältniss indessen zeigt ein Gesetz, das,
je mehr wir uns nähern alle Fälle zu umfassen, um so deutlicher
hervortritt. Daher ordnen sich die Fälle, je grösser die Anzahl
der Versuche unter constanten Bedingungen ist, in immer grösserer
Übereinstimmung mit dem Bruche der Wahrscheinlichkeit. Um
mit einem Würfel 6 zu werfen, ist das Verhältniss — Seiten 6,
Versuch 1 — $^1/_6$, und fände man bei einer sehr grossen Anzahl
z. B. 10 000 Würfen eine erheblich grössere Zahl, so würde man
schliessen, dass der Würfel ungenau wäre, vielleicht eine ungleiche
Vertheilung des Gewichts, durch welche der Wurf 6 begünstigt
sei. Dem Einzelnen steht also das Gesetz als solches fest, die Erwartung aber, mit der er ein Eintreten desselben entgegensieht,
ist nur im einzelnen Falle ungewiss; daher die Wahrscheinlichkeit.

Hieraus ergiebt sich sodann, dass sowohl die subjective als
objective Wahrscheinlichkeit nur die Erwartung des Menschen in
den gegebenen Fällen ausdrückt, aber diese Erwartung kann mehr
oder weniger begründet sein. Die Affekte, Hoffnung und Furcht,
können in einem grösseren oder kleineren Grade unsere aus den
Erfahrungen erworbene Einsicht beeinflussen, und wo sich ein
solcher Einfluss des Affekts nachweisen lässt, hat man der Erwartung den Namen subjectiver Gewissheit beigelegt. Zutreffend
wird indessen das Verhältniss durch ein öfters angeführtes Beispiel erläutert: „Befinden sich in einer Urne gleichviel weisse
und schwarze Kugeln, so würde jeder vor dem ersten Zug zugeben, dass die Wahrscheinlichkeit für beide gleich gross sei.
Aber wenn mehrere Ziehungen bereits stattgefunden haben, nach
deren jeder die gezogene Kugel wieder in die Urne gelegt wurde,
und bei denen zufällig immer eine weisse Kugel herauskam, so
würden nun die Meisten die Wahrscheinlichkeit, dass demnächst
eine schwarze Kugel kommen werde, für grösser halten als im
Anfang. Nichtsdestoweniger ist diese Wahrscheinlichkeit offenbar
genau die gleiche, denn die Bedingungen sind ungeändert geblieben" *). Hier sehen wir ein, wie der Affekt, durch die voraus-
gegangenen Ziehungen in Bewegung gesetzt, die ruhige Betrachtung des Verhältnisses beeinflusst; die subjective und objective

---

*) Wundt: Logik, I. S. 392.

Wahrscheinlichkeit unterscheiden sich nur dem Grade nach (im obengenannten Falle würde die objective sich durch $1/2$, die subjective durch einen höheren Bruch, etwa $3/5$ darstellen lassen); in beiden Fällen aber bezeichnet die Wahrscheinlichkeit den Grad der Sicherheit in der Erwartung, mit der ich den Ausfall ansehe, mithin einen Zustand der Seele.

Von dem Zweifel durch den Bereich der Wahrscheinlichkeit bis zur Gewissheit hinauf liegt eine lange Reihe von Zuständen der Seele. Durch scharfe Grenzen ist die Gewissheit von der Wahrscheinlichkeit getrennt; auch zwischen dem Zweifel und der Wahrscheinlichkeit könnte man eine Grenze bemerken, obwohl sie im Sprachgebrauche sehr verwischt worden ist. Als seine eigenen Zustände hat der Einzelne ein unmittelbares Gefühl des Unterschieds. Er weiss durch unmittelbares Gefühl, ob er gewiss oder ungewiss ist. Was er nicht immer weiss, ist ob seine Gewissheit auch eine berechtigte sei, ob nicht in ihm Gewissheit, wo ausser ihm Unwahrheit sei, und ob er nicht ungewiss sei, wo er gewiss sein sollte. Durch den Irrthum erlernt nämlich der Einzelne schon früh in seinem Leben, dass die Gewissheit vorhanden sein kann, ohne dass die Erkenntniss wahr ist, dass aber nie eine eigentliche Erkenntniss der Wahrheit ohne die Gewissheit vorkommt, obwohl eine unbestimmte Ahnung derselben möglich ist. Die Wahrheit kann, so zu sagen, nur mit Gewissheit erfasst werden, aber es ist nicht gesagt, dass auch alles, was die Gewissheit ergreift, desshalb auch schon Wahrheit sei. Nun kommt die Frage so wieder: ist die Gewissheit nicht nur der höchste Grad der Wahrscheinlichkeit und die ganze Reihe vom Zweifel durch die Wahrscheinlichkeit zur Gewissheit hinauf nur verschiedene Grade desselben Seelenzustandes. Damit hat die Philosophie sich lange beschäftigt; so behaupteten schon die griechischen Skeptiker, und später ist es oft wiederholt worden, noch neuerdings von E. von Hartmann. Allerdings erweist sich viel von dem, was im täglichen Leben als Gewissheit ausgegeben wird, bei näherer Untersuchung lediglich als Wahrscheinlichkeit. Aber es giebt andere Verhältnisse, so z. B. in der Erkenntniss des eigenen Daseins (in dem „ich bin" des Selbstbewusstseins) oder in dem, was ich wahrnehme, z. B. dass das Buch, worin ich lese, vor mir liege, oder in den mathematischen

Sätzen, oder in dem Urtheile, dass alle Wirkung eine Ursache haben müsse u. s. w., überall hier habe ich ein unmittelbares Gefühl der Gewissheit, das den Gedanken an die Möglichkeit eines Irrthums völlig ausschliesst. Man versuche es nur, davon zu reden, dass es sehr wahrscheinlich sei, dass ein Buch, das ich eben lese, vor mir liege, oder dass es höchst wahrscheinlich sei, dass $2 \times 2 = 4$ sei u. s. w., und man wird gleich inne werden, dass der Ausdruck unpassend gewählt ist. Es giebt in solchen Urtheilen und mithin solchen Verhältnissen gegenüber gar kein Mehr oder Weniger in der Gewissheit; wir haben ein Gefühl von ganzer Gewissheit. Von der Gewissheit giebt es keine Grade; entweder ist sie oder sie ist nicht.

Auch spüren wir in uns niemals ein Schwanken oder einen Unterschied in der Gewissheit zu den verschiedenen Zeiten. Niemand ist den einen Tag seines Daseins gewisser als den anderen Tag; so ist wohl auch noch Niemandem eingefallen heute nachzurechnen, ob ihm noch $2 \times 2 = 4$ sei, um sich zu vergewissern, dass sich seine Denksicherheit von gestern nicht verändert habe. Man geht nicht vorwärts in der Gewissheit davon, dass die Wirkung ihre Ursache haben müsse, so dass man erst, so zu sagen, halb gewiss, darauf drei Viertel gewiss wird, nein man ist von Anfang an gewiss. Die Wahrscheinlichkeit hat Grade, die Gewissheit ist eine ganze und als solche untheilbar. Die Wahrscheinlichkeit kann immer mehr wachsen, ohne die Gewissheit hervorzubringen; auf den höchsten Stufen der Wahrscheinlichkeit trennt sie noch eine weite Kluft von der Gewissheit.

Wir haben sowohl die Gewissheit als die Ungewissheit und die Wahrscheinlichkeit als Zustände der Seele bestimmt; in der Gewissheit — wenn wir vom Inhalte absehen, zu welchem Zwecke wir hier an die vom Willen am wenigsten beeinflusste Erkenntniss, die wissenschaftliche, denken mögen — fühlen wir eine Freude, in der Ungewissheit eine Unlust und in der Wahrscheinlichkeit eine Mischung von beiden. Suchen wir nach dem Grunde dafür, finden wir, dass im ersten Falle die Erkenntnisskraft frei wirkt, im zweiten gebunden und in der Wahrscheinlichkeit gehemmt. Ueberall in der Erkenntniss finden wir das nämliche Grundgesetz, welches schon Plato in „Phaedon" erwähnt, — dass die Vorstellungen sich in eine Einheit sammeln wollen. Das Bewusstsein hat das Bedürfniss, verschiedene Vorstellungen immer in ein Ganzes zu vereinen. Wo nun die Vorstellungen einander widersprechen, muss das Bewusstsein, wo es auf keine andere Weise die Uebereinstimmung fertig bringen kann, einige Vorstellungen zum Vortheil anderer unterdrücken. Die Vorstellungen, die sich am innigsten mit dem früheren Inhalte des Bewusstseins verbunden haben, werden die stärkereu sein, sie werden die widersprechenden überwältigen und unterdrücken. Sind nun die einander widersprechenden Vorstellungen ungefähr gleich stark, so kann das Bewusstsein keine Einheit zu Stande bringen, die Erkenntnisskraft arbeitet und arbeitet, aber sie bringt nichts fertig, und das Gefühl davon ist das Unbehagen des Zweifels. Wo sich die Vorstellungen gleich und genau verbinden, geht die Gewissheit leicht und schnell hervor. Da wir indessen nur die Unterschiede und Uebergänge wahrnehmen, so fühlen wir eigentlich nur die Freude der Gewissheit; wenn sie auf eine Ungewissheit folgt, oder besser: erst wenn die Erkenntnissfähigkeit eine Zeit lang vergebens sich damit bemüht hat, die Vorstellungen in eine Einheit zu verschmelzen, wird es als eine Befreiung, eine Freude gefühlt, wenn es ihr endlich gelingt. Es ist wie mit der Gesundheit; weil sie der natürliche und freie Zustand des Körpers ist, wird sie nur als Gegensatz zu oder als Uebergang aus der Krankheit gefühlt. So ist die Gewissheit der natürliche und freie Zustand des Geistes und mithin nur durch den Gegensatz fühlbar. In der Wahrscheinlichkeit hat der Erkenntnisstrieb sein Werk begonnen, er hat eine vorläufige Einheit zu Stande gebracht; aber er hat auch ein Gefühl davon, dass die Arbeit schlecht gemacht ist, weshalb er immer wieder zurückkehrt, um daran zu flicken und zu bessern. Wo es nur reine Ungewissheit giebt, wendet sich der Erkenntnisstrieb nach den fruchtlosen Anstrengungen in Muthwillen weg; er kann nicht da arbeiten; wo es nur reine Gewissheit giebt, fängt er an sich zu langweilen; er ist mit der Arbeit fertig. Das Mögliche und Wahrscheinliche zieht ihn immer an; denn da ist eine angefangene Arbeit, die auf ihre Vollendung wartet.

Der Satz des Widerspruchs — dass das Bewusstsein sich widersprechende Vorstellungen nicht vereinen kann — ist in der

That sowohl ein logisches als ein psychologisches Gesetz. Als logisches Gesetz ist er die Regel, nach welcher das Denken arbeiten soll, als psychologisches das Gesetz, vermöge dessen das Denken arbeiten muss. Die Naturkraft, die wir den Erkenntnisstrieb nennen, und welche in uns fortwährend den bunten Bewusstseinsinhalt von Wahrheit und Irrthum hervorbringt, wird so immer von Neuem dadurch angeregt, dass wir in unserem Denken das Widersprechende nicht vereinigen können. So lange der Mensch das Widersprechende wie in verschiedene Gedankenverhältnisse einschieben kann, wird keine besondere Erregung im Erkenntnisstriebe beobachtet, wenn aber die widersprechenden Aussagen die nämliche Sache angehen, dann hört die Thätigkeit sie zu vereinigen auf, und der Zweifel entsteht. Durch das Unbehagen des Zweifels wird sogleich der Erkenntnisstrieb genöthigt, die Arbeit wieder aufzunehmen, und lässt sich die Einheit gar nicht zu Stande bringen, so giebt er erst, wenn das Denken vollkommen ermüdet ist, die Arbeit auf. Erlangt er nur eine unvollkommene Vereinigung, was wir eine grössere oder kleinere Wahrscheinlichkeit nennen, so kehrt er immer zurück, die Arbeit besser zu machen. In beiden Fällen aber ist die Thatsache, dass das Bewusstsein das Widersprechende nicht vereinigen kann, ein Sporn für das Denken. Es ist belehrend zu sehen, wie der Einzelne den Widerspruch zu entfernen versucht, anfangs sucht er in der Regel die letzten Consequenzen abzuschneiden; wenn man nun aber einsieht, dass sie auf diese Weise nicht aus dem Bewusstsein fortgeschafft werden können, versucht man sie zu wenden und zu drehen, um doch eine Scheidewand dazwischen errichten zu können oder wenigstens sie in eine verschiedene Beleuchtung zu stellen. Bleibt immer noch der Widerspruch da, müssen die Wahrnehmungen und Vorstellungen, aus welchen die widersprechenden Vorstellungen hervorgegangen sind, in Untersuchung genommen werden, und diese breitet sich sodann über immer grössere Reihen von Vorstellungen und ihre Verbindungen aus, bis schliesslich der Punkt gefunden wird, woher das Hinderniss einer Vereinigung herrührt.

In der Philosophie hat man lange Zeit nur nach dem Gegenstand der Gewissheit gefragt; erst in der neuesten Zeit erhob sich
die Frage, worin eigentlich die Gewissheit besteht. Der Ausgangspunkt war immer die Sinnlichkeit oder die Vernunft, die Dinge
oder das Ich. Der eine Weg ist derjenige des Empirismus, der
andere der des Idealismus. Bacon ging von den Wahrnehmungen
der Sinne, Descartes vom Selbstbewusstsein aus. Bei dem einen
heisst es: die Wahrnehmung ist das einzige Gewisse, beim anderen
das denkende Ich das einzige Gewisse. Zum Ausgangspunkt erwählt
der einzelne Denker immer das Gewisse oder, so zu sagen, das
Gewisseste. Der Ausdruck ist dem alltäglichen Leben entnommen,
man braucht aber nicht damit an verschiedene Grade zu denken,
er kann eben so wohl eine nähere und fernere Gewissheit bezeichnen,
in welcher Bedeutung er hier also angewendet wird. Es giebt
Verhältnisse, bei denen der Zustand der Gewissheit sich gleich
einstellt, z. B. dass 2 mal 2 vier ist, andere bei denen wir uns erst
besinnen müssen, z. B. dass in einem rechtwinkligen Triangel das
Quadrat der Hypothenuse gleich der Summe der Quadrate der
beiden Katheten ist. In der nächsten Gewissheit findet sodann
der Philosoph immer den Grundstein seines Lehrgebäudes, er sucht
den hellsten Punkt in seiner Erkenntniss, um daraus Licht über
das Dunklere zu verbreiten. Allein daraus erhellt, dass schon die
Wahl des Ausgangspunktes eine Anweisung geben muss, in welcher
Richtung wir die Bestimmungen der Gewissheit suchen sollen.
In dem erwählten Ausgangspunkt glaubt der Denker, etwas einfach
ursprünglich Gewisses zu besitzen. Warum — ist sodann die
Frage — hat er nun von allen möglichen Ausgangspunkten gerade
das Ich oder die Sinneswahrnehmungen zum Ausgangspunkt erwählt?
   Wenn wir den Zustand der Seele, den wir Gewissheit nennen,
betrachten, werden wir sofort folgende drei Momente darin bemerken: erstens ein Bewusstsein, welches gewiss wird, das Subject,
zweitens, etwas, dessen sich das Subject gewiss wird, das Object,
und drittens eine Verbindung dieser beiden. Aber diese Bestimmungen genügen nicht, um die Gewissheit zu bilden; denn dieselben
Momente finden sich in jedem Bewusstseinsverhältnisse wieder;
allein Bewusstsein und Gewissheit ist nicht dasselbe. Wir wissen
alle, dass die letztere eine höhere und intensivere Form des ersten

sei. Man dürfte die Gewissheit auch als eine Erweiterung des Bewusstseins bezeichnen. Das Lustgefühl, welches der Mensch an dem
eintretenden Gemüthszustand wahrnimmt, würde somit dem Lustgefühl, das er an jeder Erweiterung seiner Mittel und Bedingungen
erfährt, entsprechen. Soweit dürfte man jedesmal, wenn das Bewusstsein etwas Neues in sich aufnimmt, von einer Erweiterung desselben reden. Genauer ausgedrückt, scheint uns aber der Unterschied
des gewöhnlichen Bewusstseins und der Gewissheit darin zu liegen,
dass in der letzteren eine viel innigere Verbindung zwischen Subject und Object stattfindet. In der gewöhnlichen alltäglichen
Auffassung stellt man sich auch gern die Sache so vor. Wenn
wir in einer Sache etwas antreffen, das sich unserem Bewusstsein
als unzweifelhaft aufdrängt, so dass wir es sonnenklar nennen,
weil es Licht über sich selbst und angrenzende Vorstellungen
wirft, so meinen wir, dass diese Klarheit die Gewissheit hervor-
bringe und denken uns unsere Gewissheit als nothwendige Wirkung
der evidenten Ursache. Wir nennen den Gegenstand einleuchtend,
evident, und meinen, dass diese Eigenschaft des Objects der Eigenschaft des Subjects, die wir Gewissheit nennen, entspreche. Allein
bei schärferem Nachdenken zeigt sich, dass wir hierdurch einfach
einen subjectiven Zustand auf das Object übertragen, und dass wir
anstatt „gewiss" nur ein anderes Wort, „evident", gesetzt, mithin
anstatt eines neuen Gedankens nur ein neues Wort erhalten haben.
Auf demselben Irrthum beruht die im vorigen Jahrhundert — so
bei Crusius,*) und sie kehrt in den zahlreichen Preisabhandlungen
über erkenntnisstheoretische Gegenstände aus derselben Zeit immer
wieder — so beliebte Unterscheidung einer subjectiven und objectiven Gewissheit, von welchen die erstere den herbeigeführten Zustand des Subjects, die andere das objective Verhältniss, das diesen
hervorruft, bezeichnen sollte. Dieses Verhältniss wurde wieder
bestimmt als die vollkommene Übereinstimmung der subjectiven
Vorstellungen mit den Gegenständen, also was man sonst mit dem
Worte Wahrheit bezeichnet. Allein durch diese Wortänderungen
war man der Erklärung der Gewissheit um keinen Schritt näher
gerückt, das Einzige, was man erreicht hatte, war eine gründliche

---

*) C. A. Crusius: Weg zur Gewissheit und Zuverlässigkeit menschl.
Erkennt. 1747.

Vermengung der Begriffe Wahrheit und Gewissheit. In der allgemeinen Auffassung aber, die dieser Unterscheidung gewissermassen zu Grunde lag, findet sich doch ein wahrer Gedanke, nämlich dass hier wirklich ein inniges Verhältniss zwischen Subject und Object stattfinden muss, obwohl wir es allerdings nicht nach dem vorher Entwickelten in demjenigen der Ursache zur Wirkung denken dürfen. Verhält es sich in der That so, dass die Gewissheit nur eine höhere und festere Verbindung aus denselben Elementen ist, die wir in dem Bewusstsein ebenso wiederfinden, so kann der Unterschied beider nur in der Innigkeit der Verbindung bestehen. Diese Intensität der Verbindung kann wieder nur in der Art und Weise liegen, wie Subject auf Object oder Object auf Subject zu wirken befähigt ist. In beiden Fällen aber wird etwas Gemeinsames vorausgesetzt, um die gegenseitige Einwirkung zu begründen, und daher werden wir uns jedenfalls diese gegenseitige Einwirkung als eine Verschmelzung denken müssen. Diese aber unterliegt keiner Prüfung des Verstandes, weil sie jedesmal in seiner Thätigkeit enthalten ist, dagegen ist sie Gegenstand eines unmittelbaren Gefühls. Fragen wir jetzt, warum die Denker, wenn sie zum Ausgangspunkt die nächste Gewissheit erwählen sollten, gerade die Wahrnehmung oder das Ich sich erkoren haben, so ist die Antwort, weil sowohl in der Sinneswahrnehmung als im Bewusstsein des eigenen Daseins ein unmittelbares Gefühl der stärksten Einwirkung oder leichtesten Verschmelzung von Subject und Object beobachtet werden kann.

Es entsteht jetzt die Frage, ob nicht hierdurch weitere Bestimmungen für das Wesen der Gewissheit gewonnen werden können. Wir haben bisher die Gewissheit als eine einheitliche der Art nach behandelt, es könnten sich aber Zweifel erheben, inwieweit ein solches Verfahren berechtigt sei. Wenigstens ist die Behauptung aufgestellt worden, dass die Gewissheit qualitative Unterscheidungen zulasse. Sowohl nach der Mannigfaltigkeit des Inhalts als der Verschiedenheit der Seelenvermögen könnten die Grenzen gezogen werden. In jeder Wissenschaft wird eine Reihe von Grundsätzen, von welchen dieselbe ausgeht, angetroffen; alle Wissenschaft muss, so zu sagen, ein Kapital der Gewissheit einsetzen, bevor sie für sich selbst zu arbeiten anfängt. Offenbart

sich nun nicht schon in diesen Grundsätzen ein Wesensunterschied?
Sind nicht eine geschichtliche Gewissheit, eine mathematische, eine
religiöse, u. s. w. alles Gewissheiten verschiedener Art? Namentlich
wird gefragt: ist nicht die mathematische Gewissheit von einer
anderen Art oder einem anderen Grad als alle übrige? Allein
halten wir fest, dass mit Gewissheit nur ein bestimmter Zustand
der Seele verstanden wird, so zeigt sich, dass in demselben keine
Veränderung beobachtet wird, gleichviel ob ein mathematischer,
ein naturwissenschaftlicher, geographischer oder moralischer Satz
den Gegenstand desselben bildet. Solange wir nur nicht den engen
Kreis der Gewissheit verlassen, um in den grossen der Wahrscheinlichkeit einzutreten, ist überall der Zustand als solcher derselbe,
und in den Gestaltungen der verschiedenen Wissenschaften finden
wir nicht allein den Begriff, sondern auch den Thatbestand als
denselben wieder. Man darf sich nicht davon täuschen lassen,
dass wir bisweilen auch diesen Zustand auf die Constellation der
Vorstellungen, durch welche er herbeigeführt wird, übertragen,
denn wir sind uns, wie oben gezeigt, allemal dieser Übertragung
bis zu einem gewissen Grade bewusst, welche Thatsache sich ebenfalls in der sprachlichen Unterscheidung von Wahrheit und Gewissheit ausspricht. Wenn man dagegen von verschiedenen Arten
redet, führt man eine Reflexion über den Inhalt ein, die ohne
weitere Untersuchung die subjective in objective Verhältnisse um-
zuwandeln versucht. Aber auch diese Auffassung lässt sich nicht
folgerichtig durchführen, am allerwenigsten in der Philosophie.
Denn die Aufgabe der Philosophie ist es ja eben, die Grundsätze
der verschiedenen Wissenschaften zu prüfen und zu vereinigen.
Die Untersuchung der mathematischen, logischen, naturwissenschaftlichen und moralischen Gewissheiten geht daher in die Frage nach
der philosophischen Gewissheit über, und wir sind also wieder
bei der Frage nach der Gewissheit im Allgemeinen, mit welcher
wir uns hier beschäftigen, angekommen.

Eine andere Eintheilung, nach den verschiedenen Vermögen
der Seele, findet sich bei Franck*), theilweise auch bei Javary**).

---

*) A. Franck: De la certitude, rapport à l'academie. 1847.
**) Javary: De la certitude. 1847.

Hier wird eine Gewissheit der Sinnlichkeit, die auf das Verhältniss zur Körperwelt geht, eine Gewissheit der Erinnerung, die sich auf die Vorzeit bezieht, eine Gewissheit der Vernunft, die das Verhältniss zur Wahrheit betrifft, u. s. w. unterschieden; aber auch dann ist leicht einzusehen, dass das Bewusstseinsverhältniss überall dasselbe bleibt, und der Unterschied nur in der verschiedenen Weise steckt, in welcher es zu Stande kommt. Schon seit den frühesten Zeiten in der Geschichte des Denkens hat man indessen diese Vermögen unter die zwei Grundvermögen der Erkenntniss, das Wahrnehmen und das Denken, subsumirt, in welchen man die beiden einzigen Quellen alles Vorstellens in der Seele sah, und die sich am schärfsten gegen einander zu begrenzen schienen. Das Letzte hat sich allerdings nicht in der heutigen Wissenschaft bestätigt, wo die Sinnesthätigkeit immer mehr intellectualisirt und die Verstandesthätigkeit mehr an physiologische Substrate gebunden erscheint. Allein die „gemeinschaftliche, aber uns unbekannte Wurzel“ ist noch nicht entdeckt, obwohl sie in vielen Köpfen spukt, und immer noch will der menschliche Geist trotz aller Warnung aus der Geschichte der Philosophie den Versuch, die eine aus der anderen abzuleiten, wiederholen; denn auch hierin fordert er die Einheit.

In den Sinneswahrnehmungen fand das Bewusstsein die Einwirkung von aussen, im Denken die Einwirkung von innen; in beiden aber fand sich, wenn man in der Untersuchung des Erkennens zurückging, etwas Wirkendes; im Ich das in mir Wirkende, in den Sinneswahrnehmungen das auf mich Wirkende. Wenn deshalb das philosophische Denken die nächste Wahrheit ergreifen sollte und als solche entweder das Ich oder die Sinneswahrnehmungen bezeichnete, war der Grund dazu, dass es die Gewissheit in der Wirksamkeit fand, und es verkündigte damit: das Wirkende ist das Gewisse. Dies ist es auch, was die Sprache mit dem Worte Wirklichkeit ausdrückt. Der Begriff der Wirklichkeit vereinigt in sich sowohl die Gewissheit der Sinnlichkeit als die des Denkens. In beiden Beziehungen werden die Wörter gewiss und wirklich mit derselben Bedeutung gebraucht.

Es ziehen sich durch die Geschichte der Philosophie zwei verschiedene Wege: man kann entweder, wie z. B. bei Epikur,

Bacon, Condillac, von den Sinneswahrnehmungen ausgehen und
somit die Gewissheit auf die Wirksamkeit gründen, durch welche
das Bewusstsein etwas von aussen her in sich aufnimmt, oder man
kann, wie z. B. bei Platon, Descartes, Fichte, vom Selbstbewusstsein
ausgehen und die Gewissheit in der Wirksamkeit, mit welcher
das Bewusstsein seinen Inhalt bearbeitet, finden. Aber welcher
Weg von beiden auch immer eingeschlagen werden mag, so bildet
doch nie das Individuelle, sondern das Allgemeine den Maassstab.
Es sind nicht die Wahrnehmungen des einzelnen Menschen, von
denen man ausgeht; denn abgesehen davon, dass sie sehr oft
täuschen, sind sie bei den verschiedenen Menschen höchst verschieden, und ebenso wenig darf es das Selbstbewusstsein des
Einzelnen sein, welches zu Grunde gelegt wird; denn das führt
wieder zu allen den Widersprüchen zurück, die in der Geschichte
des Denkens aus dem Grundsatze der Sophisten, dass der Mensch
als Individuum das Maass aller Dinge sei, hervorgingen. Somit
muss eine Regel festgestellt werden, inwieweit das Bewusstsein
des Einzelnen sich mit dem allgemeinen Bewusstsein der Menschheit
in Übereinstimmung befindet. Der Grund der Gewissheit liegt
dann nicht mehr lediglich im Bewusstsein des Einzelnen, sondern
in der Übereinstimmung aller einzelnen Menschen.

Was der einzelne Mensch wahrnimmt und denkt, das kann
Sinnestäuschung und Irrthum sein; was aber alle Menschen unter
gleichen Umständen wahrnehmen und denken, sind wir geneigt
für gewiss zu halten. Einen gewichtigen Grund für unsere Gewissheit finden wir immer darin, dass andere mit uns einverstanden
sind, und der Widerspruch anderer bringt unsere Zuverlässigkeit
ins Schwanken. Ein völlig zureichender Grund ist es aber nicht.
Sowohl aus der Geschichte seines eigenen Lebens als aus der
Geschichte der Menschheit weiss jedermann, dass auch die allgemeine Meinung sich irren kann. Alle folgten dem Ptolemäus,
wie sie jetzt dem Copernicus folgen. Jede der Wahrheiten, die
sich jetzt einer allgemeinen Anerkennung erfreut, hat eine Zeit
gehabt, in der sie nur das Eigenthum weniger Menschen war.
Die geschichtliche Entwickelung zeigt uns immer wieder dasselbe:
wie unter Streit und Verfolgung von der allgemeinen Meinung
die Gewissheit Einzelner zu einer allgemeinen heranwächst. Die

Majorität macht nie die Wahrheit aus; im Gegentheil, da die geschichtliche Entwickelung überall in ununterbrochener Bewegung ist, und die Summe der Erkenntniss, welche in der nächsten Generation das Eigenthum aller sein wird, in der gegenwärtigen nur das Eigenthum einiger sein kann, scheint es gewissermassen, als ob die Wahrheit immer in der Minorität wäre. Allein trotz alle dem ist dennoch die allgemeine Anerkennung von mächtiger Bedeutung. Denn eingestanden, dass die Gewissheit der Menge nur eine Summe der Gewissheit der Einzelnen sei, und dass keine neue Qualität durch die Vergrösserung der Anzahl einkommen könne, so wird die allgemeine Gewissheit immer doch die unerlässliche Prüfung für die der Einzelnen bilden. Durch diese Prüfung der Übereinstimmung wird die Gewissheit des Einzelnen von den individuellen Mängeln befreit, oder, wenn ich das Bild brauchen darf, sie ist das erste Sieb, mit dem beim menschlichen Wahrheitssuchen gesichtet und gesondert wird; nur was da durchgegangen ist, kann weiterhin verwerthet werden; was nicht durchgeht, das besonders Individuelle, muss von vornherein als irrthümlich verworfen werden. Nur diejenige Gewissheit, welche sich beim Übergang aus dem individuellen zum allgemeinen Bewusstsein bewährt hat, ist mit Fug und Recht Gewissheit zu nennen.

Auf dieser Stufe entsteht dann der Irrthum erst, wenn die allgemeine Meinung jedes Mal das Dogma ihrer Unfehlbarkeit proclamirt; denn die allgemeine Übereinstimmung ist, obwohl eine wesentliche, doch keine endgültige Prüfung. Die allgemeine Gewissheit ist deshalb keine andere Art von Gewissheit als die des Einzelnen; es ist dasselbe Bewusstseinsverhältniss, nur von den specifischen Mängeln des einzelnen Individuums befreit, und mithin eine reinere Form derselben. Die Irrthümer und Mängel, die der allgemeinen Gewissheit anhaften, sind nicht länger die individuellen, sondern die allgemeinen; sie können daher in dem Wahrheitsstreben der Menschheit nicht einfach beseitigt werden, sondern man muss sie zu erkennen versuchen.

Diese Auffassung, die der Grundgedanke in Leben und Lehre des Socrates war, weist darauf hin, dass so gross auch die Bedeutung der allgemeinen Meinung für die Erkenntniss des Einzelnen sein mag, sie so gering für die Wahrheitserkenntniss der Menschheit

anzuschlagen ist. Eine Äusserung derselben Thatsache sehen wir
darin, dass je höher wir im menschlichen Geistesleben aufsteigen,
desto geringere Bedeutung der allgemeinen Meinung beigelegt zu
werden pflegt, in der Wissenschaft und Kunst wie in der Religion
viel weniger als im alltäglichen Handel und Wandel. Desshalb
machen sich auch in den höchsten Fragen der menschlichen Erkenntniss die verschiedensten Meinungen geltend und einander
widersprechende Behauptungen werden aufgestellt. Wir brauchen
nur an die grosse Uneinigkeit der verschiedenen philosophischen
Systeme zu allen Zeiten zu denken, an die so verschiedenen Ergebnisse der Metaphysik, alle wissenschaftlich apodiktisch, und
nicht zwei metaphysische Systeme stimmen mit einander völlig
überein. Überall werden entgegengesetzte Meinungen mit derselben
Sicherheit verkündet. Es scheint beinahe, als ob der menschliche
Geist in seinem Drang nach Wahrheit ganz besonders unglücklich
gewesen sei, indem es keinen Glaubenssatz, keine Lehre giebt, deren
Gegentheil nicht ebenfalls seine Vertreter gefunden hat. Eben
hierauf stützt sich jene andere Lehre, die da verkündet, dass es
unmöglich sei, die Wahrheit zu finden: der Skepticismus.

Auch der allgemeinen Gewissheit gegenüber kommt in einer
neuen und stärkeren Gestalt der alte Zweifel wieder; aber weder
kann, noch soll er das letzte Wort der Erkenntniss sein. Entnimmt
der Zweifel der thatsächlichen Verschiedenheit bestehender Systeme
seine Begründung, so fragt es sich, wie diese Widersprüche entstanden sind. Sie entspringen offenbar daraus, dass die Menschen
verschieden denken, aber daraus folgt unmittelbar: also denken
sie. Das ist der feste Ausgangspunkt, von welchem der Feldzug
gegen den Skepticismus unternommen werden muss. Nun bemerken
wir aber andererseits, dass es trotz aller Verschiedenheit dennoch
vieles giebt, in welchem alle übereinstimmen. Woher rührt nun
diese Übereinstimmung der Einzelheiten her? Offenbar, weil die Gesetze des Denkens dieselben sind, und vor allem, weil die Menschen
dieselben Wahrnehmungen machen. Wenn sie aber dasselbe
wahrnehmen, müssen sie jedenfalls wahrnehmen. Daran zweifelt
das Ich keinen Augenblick selbst mitten in Zweifel und Sinnestäuschung, dass es denkt oder wahrnimmt. Allein worauf beruht
zuletzt diese Zuverlässigkeit? Darauf, dass ich selber mitwirke, den

Gedanken oder die Wahrnehmung hervorzubringen. Unmittelbar kann das Ich nichts Wirkendes ausserhalb seiner selbst erkennen, in den Gedanken und Wahrnehmungen aber kennt es sich selbst als etwas Wirkendes, daher kommt das Vertrauen auf die Wirklichkeit derselben. Gleichviel ob ich also mit Descartes, „ich denke", oder mit Locke, „ich nehme wahr", als den zweifellosen Ausgangspunkt hinstelle, beruht die Gewissheit darauf, dass ich in mir etwas Wirkendes kenne, oder richtiger, dass ich meiner als wirkend bewusst werde, und dieses Gefühl der Wirksamkeit in mir giebt mir Gewähr für die Wirklichkeit ausser mir.

Hierdurch werden wir sodann auch zur Erkenntniss der Wirklichkeit oder Objectivität der Aussenwelt geführt. Wir haben die Gewissheit als einen Zustand der Seele bezeichnet, und die besondere Beschaffenheit desselben darin gefunden, dass die Erkenntnisskraft Einheit in einer Reihe von Vorstellungsverbindungen gebracht habe, was als Lust gefühlt wird, weil der Grundtrieb des Erkennens eben in diesem Einheitsstreben besteht. Allein diese Vorstellungsverbindungen stehen wieder in einem Verhältniss zu etwas ausser uns. Die Gewissheit in dem einzelnen Falle ist nicht nur die Gewissheit davon, dass ich diese Vorstellung habe, sondern davon dass ich berechtigt bin, diese Vorstellung zu haben. Immer wieder haben Denkrichtungen Geltung gewonnen, die behauptet haben, dass die äussere Erfahrung sowohl als die innere nur subjective Vorstellungen seien, und dass das Leben nichts als dasselbe in einem etwas längeren Zeitraum, was der Traum in einem etwas kürzeren sei. Diese Behauptung, dass wir nur den Wechsel der Vorstellungen in uns erfahren können, tritt entweder dogmatisch oder skeptisch auf; sie sagt entweder, die Menschen kennen nur ihre subjectiven Vorstellungen, oder, es ist möglich, dass etwas ausserhalb derselben sei, es ist aber gewiss, dass wir es jedenfalls nicht erkennen können. In beiden Formen aber ist die Behauptung dieselbe; sie erklärt den ganzen Bewusstseinsinhalt als ein nur subjectives Ergebniss. Nun erhebt sich von Neuem die Frage: warum kann das Erkennen nicht dabei stehen bleiben, oder — was hier besonders in Betracht kommt — warum übertragen wir in jedem Augenblick mit Gewissheit die Vorstellungen, die wir Wahrnehmungen nennen, auf Dinge ausser uns? Der

Grund kann nur darin liegen, dass das Ich in sich spürt, dass es
an sich kein zureichender Grund seiner inneren Bewegungen sei. Dies
ist das Merkmal, mit dessen Hülfe das Ich subjective Vorstellung
und objective Wirklichkeit unterscheidet. Wenn ich mir einen
Tisch oder Stuhl in der Phantasie vorstelle, merke ich, dass ich
selber die einzige Ursache der Vorstellung bin; darum kann ich
auch alle Veränderungen mit demselben vornehmen, ich kann mir
den Tisch mit einer anderen Form oder einer anderen Farbe u. s. w.
vorstellen, ich kann beliebig die Vorstellung eines hölzernen Stuhles
mit der eines eisernen vertauschen, einen Arbeitssessel in einen
Schaukelstuhl umwandeln u. s. w. An der Wahrnehmung eines
Stuhles oder Tisches dagegen, den ich sehe oder taste, fühlt das
Ich, dass es nicht auf dieselbe Weise die völlige Ursache der
Vorstellungsverbindung sei; darum kann es auch nicht dieselbe
nach Belieben verändern; es kann nicht den Tisch oder Stuhl mit
einer anderen Form oder Farbe sehen; sondern sich dieselben nur
in der Phantasie vorstellen. Das Merkmal, an welchem das Ich
einen gesehenen und einen vorgestellten Stuhl unterscheidet, ist
schliesslich sein eigenes Gefühl davon, ob es die einzige Ursache
ist oder nicht. Es ist dasselbe Merkmal, nach welchem es Traum
und Wirklichkeit unterscheidet. In jedem einzelnen Falle trennt
nämlich der Mensch die Gestalten seiner Träume vom Inhalte seiner
Wahrnehmungen; in dem einen Fall war er allein Ursache der
Vorstellungsverbindungen, im andern nicht. Da im wachen Zustand besonderer Verhältnisse wegen, die wir in einem späteren
Abschnitt untersuchen wollen, von der Erkenntnisskraft eine
grössere Arbeit gefordert wird als im Traum, fühlt das Ich den
Unterschied unmittelbar. Äusserlich erweist sich derselbe als
ein Unterschied des Kraftaufwandes; nach einem achtstündigen
Schlaf mit Träumen hat der Mensch ausgeruht, obgleich er vielleicht hätte mehr Kraft sammeln können, wenn er keine Träume
gehabt, während nach einem achtstündigen Wahrnehmen — man
denke z. B. an einen Aufenthalt in einer Gemäldegallerie —, Er-
müdung eintritt. Traum und Wirklichkeit werden im Grunde
also danach unterschieden, ob das Ich sich als einzige Ursache
fühlt oder nicht. So sagt treffend C. Schaarschmidt in einer
philosophischen Abhandlung: „Das Ich ist Sache, weil es Ur-

Das

Problem der Gewissheit.

Grundzüge einer Erkenntnisstheorie

von

Dr. Franz Grung.

Heidelberg, 1886.

Georg Weiss, Verlag.

sache ist." Ja, wir können geradezu sagen: das Einzige, was das Ich unmittelbar erfährt, ist eben seine eigene Ursächlichkeit. Hier können nun aber zwei Verhältnisse eintreten: es kann entweder die ganze oder nur die mitwirkende Ursache sein. Im letzten Falle weiss es, dass auch etwas ausser ihm mitwirkt. Wenn es auch allerdings von dieser von aussen her mitwirkenden Ursache nicht viel wissen kann, ein wenig mehr kann es dennoch noch erlangen.

Vergleichen wir die verschiedenen Ursachencomplexe, denen wir verschiedene Wirkungen zuschreiben, wie z. B. die Ursachen der französischen Revolution, die Ursachen des Wechsels in den Jahreszeiten oder die Ursachen eines bestimmten Tons u. s. w. so zeigt es sich, dass jede grössere Gruppe von Ursachen, gewisse gemeinsame Factoren enthält, die keiner anderen Gruppe zukommen, und man versuche nur eine der Ursachen der einen Gruppe in die andere einzusetzen, so wird man sofort wahrnehmen, dass es sich hier nicht mehr um einen zufälligen, sondern um einen fundamentalen Unterschied handelt. Diese Beobachtungen aus dem Bereich des wissenschaftlichen Denkens giebt uns das Vorbild, wie wir uns den Vorgang der Einwirkung denken müssen. Ist die Aussenwelt ein Product, wozu sowohl das Ich als etwas ausser dem Ich mitgewirkt haben, so sind wir genöthigt, eine gewisse Uebereinstimmung unter diesen beiden Ursachen anzunehmen. Unsere Vorstellungen sind somit keine blossen Spiegelbilder, sondern unsere Vorstellungen von der Aussenwelt sind Wirkungen eines Objects, die durch das Subject ihre charakteristische Gestalt erlangen. Dasselbe Ergebniss erhalten wir von den Untersuchungen der Sinnesthätigkeit; so sagt Helmholtz:[*] „Unsere Anschauungen und Vorstellungen sind Wirkungen, welche die angeschauten und vorgestellten Objecte auf unser Nervensystem und unser Bewusstsein hervorgebracht haben. Jede Wirkung hängt ihrer Natur nach ganz nothwendig ab, sowohl von der Natur des wirkenden, als von der desjenigen, auf welches gewirkt wird. Eine Vorstellung verlangen, welche unverändert die Natur des Vorgestellten wiedergäbe, also in absolutem Sinne wahr wäre, würde heissen eine Wirkung zu verlangen, welche vollkommen unabhängig wäre von

---

[*] Helmholtz: Physiol. Optik. p. 442.

der Natur desjenigen Objects, auf welches eingewirkt wird, was
ein handgreiflicher Widerspruch wäre." Wie weit sich aber diese
Uebereinstimmung erstreckt, das können wir nicht wissen; aber
wie beschränkt wir sie auch denken mögen, so sind wir doch gezwungen sie zu denken, weil unser Erkennen beide Ursachen in
der einen Wirkung, die wir Wirklichkeit nennen, vereinigt.

Wir haben gefunden, dass die unmittelbare Gewissheit des
Denkens oder Wahrnehmens darauf beruhe, dass in beiden Fällen
das Ich sich als thätig fühle, im Denken alleinwirkend, im Wahrnehmen mitwirkend. Ist es nun dieses Gefühl der Wirksamkeit,
das alle Gewissheit bedingt und bildet, dann begegnet uns der
Einwand: nicht allein in der Gewissheit, sondern auch in der Ungewissheit und Wahrscheinlichkeit muss das Ich sich wirkend
fühlen.

Zunächst muss festgehalten werden, dass der Ausdruck: einer
Vorstellung gewiss, in der That nicht allein bedeutet, dass ich
diese oder jene Vorstellung habe, sondern dass ich berechtigt bin,
sie zu haben; ich bin mithin nicht allein einer Vorstellung, sondern
auch eines Urtheils gewiss. Die Gewissheit der Vorstellung ist die
allgemeine Gewissheit meiner Existenz. Das Denken und das
Wahrnehmen sind die doppelte Wirksamkeit, die dem Bewusstsein
seinen ganzen Inhalt giebt; dass das Ich sich darin wirkend fühlt,
heisst also, dass es sich selber bewusst ist. So scheint es, als ob
wir hierdurch zum Begriffe des Bewusstseins anstatt zu dem der
Gewissheit anlangen würden; aber das darf uns nicht befremden,
denn auf der untersten Stufe, z. B. bei dem kleinen Kinde sind
Bewusstsein und Gewissheit eins.

Die Gewissheit meiner selbst im Denken und Wahrnehmen
unterscheidet sich als die unmittelbarere von aller anderen Gewissheit, und daher kehrt sie auch immer als Haupteinwand gegen den
Skepticismus wieder. Die Gewissheit meines Denkens oder Wahrnehmens schliesst die Gewissheit meines Bewusstseins in
sich ein, während alle andere Gewissheit diejenige einer Erkenntniss innerhalb meines Bewusstseins ist. Im Denken
und Wahrnehmen fühlt das Ich sich wirkend, und diese Wirk-

samkeit bringt den Inhalt des Bewusstseins hervor. Aber die Arbeit des Erkenntnissvermögens ist damit nicht fertig, es hat nicht nur dem Bewusstsein einen Inhalt zu geben, sondern auch diesen Inhalt zu ordnen und zu bestimmen, es schafft nicht allein eine Vorstellungsmasse, sondern arbeitet sie auch zu einer Einheit durch.

Im Streben nach Einheit haben wir den Grundtrieb des Erkennens gefunden. Unablässig nimmt das Bewusstsein Stoff der Vorstellungen in Wahrnehmungen, in den fertigen Urtheilen anderer u. s. w. auf. Die Verbindungen der Vorstellungen bestehen aus Vorstellungen, die wieder aus einfacheren Vorstellungselementen zusammengesetzt sind; und immer ist sich das Bewusstsein dann derjenigen Vorstellung gewiss, welche geeignet ist, einem aus Erinnerung und Wahrnehmung gesammelten Bündel von Vorstellungen sich so anzupassen, dass innere Einheit für den ganzen Complex entsteht. Betrachten wir ein Beispiel dieses Vorgangs aus dem Gebiet der Wahrnehmung: wir erblicken einen auffallenden, unbekannten Gegenstand in der Ferne und fragen uns, was es sei. Wir erwägen die Frage, können sie aber nicht entscheiden. Wir versuchen es zu errathen, und machen eine Annahme, aber da ist etwas darin, was mit den Wahrnehmungen nicht stimmt; wir versuchen eine andere, aber sie erklärt auch nicht die Erscheinung, endlich kommt eine Vorstellung, welche die einzelnen Wahrnehmungen verbindet, und wir sind uns mit einmal der Sache gewiss, und sehen plötzlich den Gegenstand aufs Deutlichste. Dasselbe erfahren wir beim wissenschaftlichen Denken an der Lösung jeder Aufgabe, mit der wir uns eine Zeit lang abgemüht haben. Auf einmal findet sich die Vorstellung, durch welche die Einheit in eine Reihe von Vorstellungen gebracht wird. „Ich habe eine Idee", sagt man, und der Ausdruck ist richtig; denn die verbindende Vorstellung ist in dem Augenblick, wo sie verbindet, eine Art ($\varepsilon\iota\delta o\varsigma$, species), Was hier im vollen Lichte des Bewusstseins geschieht, kommt häufig auch halbbewusst vor, und wird dann erst nachher bemerkt; aber aller Wahrscheinlichkeit nach kommt derselbe Vorgang im Erkennen immer vor, allein es wird nur bemerkt, wenn besondere Verhältnisse die Aufmerksamkeit darauf lenken; denn da die Erkenntnisskraft die Einheit der Vorstellungen nur durch Vorstellungen herbeiführen kann, können wir uns immer den Vorgang nur nach dieser Analogie denken. Ebenso ist leicht einzusehen, dass die Vorstellung, die im einen Augenblick durch eine andere der Vorstellungsmasse einverleibt wird, im anderen wieder diejenige sein mag, durch welche andere Vorstellungen einheitlich verbunden werden. Auf allen drei Stufen, sowohl in den Vorstellungsverbindungen als in den Vorstellungen und den einfachen (elementaren) Vorstellungen, kehrt dasselbe Gesetz wieder; aber immer mehr entzieht es sich der Beobachtung. Ueberall wo wir den Vorgang zu verfolgen vermögen, geht die Gewissheit hervor, wenn die Erkenntniss Einheit in einer Vorstellungsreihe geschaffen hat. Auch hier beruht die Gewissheit darauf, dass das Ich sich als wirkend empfindet, aber während es beim Denken und Wahrnehmen nur ganz allgemein fühlt, dass es Vorstellungen hervorbringt, fühlt es in der Gewissheit der einzelnen Wahrnehmung oder des einzelnen Gedankens, dass es Einheit in einer Sammlung von Vorstellungen geschaffen hat.

In dem Denken und dem Wahrnehmen findet also der Zweifel eine geschlossene Barriere, welche ihm den Zutritt verhindert, aber mehr noch in seinem eigenen Wesen trägt er den Widerspruch in sich. Wenn er sagt, dass das Widersprechende nicht wahr sei und somit die verschiedenen Meinungen beurtheilt, spricht er damit das allgemeine Princip aus, dass die Wahrheit eine sei, für alle dieselbe und vom Denken des Einzelnen unabhängig. In seiner Tiefe birgt der Zweifel den Gedanken, dass eine zweifellose Wahrheit möglich ist; er ist genöthigt von demselben auszugehen, um zu dem Satz zu gelangen, dass er nicht weiss, ob die menschliche Erkenntniss sie erreichen könne oder nicht. Das Widersprechende ist aber, dass der Zweifel von der Gewissheit ausgehen muss. Dadurch wird es offenbar, dass selbst in den lautesten Äusserungen des Misstrauens sich ein gewisses Zutrauen einmischt, mit anderen Worten, der menschliche Geist kann das Zutrauen, das er im Beweisgang läugnet, in Wirklichkeit nicht entbehren, ohne zugleich sich selbst zu vernichten. Somit zeigt sich die Gewissheit als das Selbstvertrauen der Erkenntnissfähigkeit, der Glaube des Gedankens an sich selbst.

Die Bestimmungen vom Wesen der Gewissheit, die wir gefunden haben, können wir in zweifacher Form zusammenfassen:

nach den materialen Bestimmungen ist die Gewissheit der Zustand der Seele, in welchem das Ich fühlt, dass es Vorstellungen mitbewirkt oder Einheit in Vorstellungen schafft, nach den formalen ist die Gewissheit das Selbstvertrauen des Erkennens.

Nachdem wir sodann versucht haben genauer zu fassen, was unter Gewissheit zu verstehen sei, gehen wir zu den wichtigeren Fragen über: wie entsteht sie? worin besteht sie? und auf welches Recht ist sie gegründet?

Bevor wir indessen uns zu einer Behandlung dieser Fragen wenden, wird es am angemessensten sein in einem geschichtlichen Überblick die verschiedenen Hauptlösungen dieser Probleme in Kürze anzugeben, um dadurch den Weg zu einem philosophischen Resultate anzubahnen.

II.

Geschichtlicher Überblick der Lehre von der Gewissheit.

—

A. Die Lehre von der Gewissheit in der griechischen Philosophie.

Indem wir die Geschichte der Lehre von der Gewissheit betrachten, dürfen wir hoffen, aus den verschiedenen älteren und neueren Denktheorien, die einander theils ergänzen, theils berichtigen, eine feste Grundlage für unsere Analysen zu entnehmen. Allein, da das Problem der Gewissheit gewissermassen das Problem der Philosophie selbst ist, und die Geschichte der Gewissheit daher sehr leicht zu einer Geschichte der Philosophie aufschwellen dürfte, wird es nothwendig sein, eine scharfe Begrenzung zu treffen und sich auf die wichtigsten Lösungsversuche zu beschränken. Nur an den bedeutendsten Marksteinen der Entwickelung, Plato, Descartes und Kant, müssen wir auch in diesem Umriss etwas länger verweilen.

Bei Heraclit, wo zum ersten Male der Glaube an die Zuverlässigkeit der Sinneswahrnehmungen schwankt, können wir zum ersten Mal ein Merkmal der Gewissheit angegeben finden. Seine Erklärung ist die, dass wie am Verhör der Zeugen erst der Verstand des Richters die Aussagen nützlich zu verwenden weiss, so sind auch die Sinneswahrnehmungen unzuverlässig, wenn der Verstand sie nicht vereinigt und beleuchtet; darum soll der Einzelne sich nicht an die Aussenwelt wenden, um zu wissen, was wahr ist, sondern an sich selbst, oder besser, an die Gottheit in sich; denn nur derjenige, welcher auf das göttliche Gesetz in sich, die Vernunft hört, findet die Wahrheit. Als Grundregel im Suchen derselben stellt Heraclit auf, dass dasjenige, welches von allen als giltig erkannt wird, damit auch wahr ist.*) Den Grund dafür sucht er darin, dass es von einem allgemeinen und göttlichen Vernunftgesetz erfasst und ergriffen wird. Der Gegensatz zwischen der allgemeinen Vernunfteinsicht und der einzelnen Erfahrung ist zunächst, was er mit γνωμη (Wissen) und οιησις (Meinen) bezeichnet. Hier wird zum ersten Male das Princip eingeführt, welches auf entscheidenden Punkten in der Geschichte der Philosophie wiederkehrt und durchgängig von der grössten Bedeutung gewesen ist; es wird aber nur im Allgemeinen ausgesprochen, es ist die erste Andeutung eines Grundgedankens, welcher, einmal ausgesprochen, nie mehr aus der geschichtlichen Entwickelung verschwindet.

Die erkenntnisstheoretische Bedeutung der Eleaten in der griechischen Philosophie war, den bestimmten Unterschied zwischen Sinnlichkeit und Verstand klar zu machen. Das Ergebniss ihrer Lehre ist der scharfe Gegensatz zwischen der Welt des Scheins, die wir mit den Sinnen wahrnehmen, und der Welt des Seins, aus welcher allein das Denken die Aussenwelt abzuleiten versuchen kann. Der erste Philosoph im Alterthum, bei dem sich die Unterscheidung einer subjectiven und objectiven Wahrheit oder Gewissheit findet, ist demgemäss Xenophanes, welcher in den von Sext. Emp. citirten Versen**) ausdrücklich Meinen von Wissen unterscheidet. Heraclits Definition der Wahrheit erhält dadurch sowohl eine Erweiterung als eine Beschränkung, indem wir sehen, wie die Wahrheit in zwei Formen, verhüllt und offenbar, als Meinen und als Wissen hervortritt. Denselben Gedanken hielt Parmenides fest, ja wir können sagen, die Unterscheidung vom Meinen und Wissen bei Xenophanes kleidet sich bei ihm in den festen Formen von den zwei Welten und bildet den Gegensatz des Wahrnehmens und Denkens, des Scheins und Seins. Alles Werden, alle Veränderung und alle Mannigfaltigkeit, das ist, was die Menschen meinen, daher nur ein Schein, hinter welchem die reale Welt liegt, aus der die Vernunft ihn ableiten soll: alles Werden aus einem Sein, alle

---

*) Sext. Emp. Math. VII, 131.
**) Math. VII. 79. VIII. 326.

Mannigfaltigkeit aus einer Einheit. Aber woher nun die Menschen diese Zuversicht zu den Wahrnehmungen, mithin diesen Glauben an den Schein haben, das wissen weder Xenophanes noch Parmenides zu begreifen; sie können es nur beklagen.

Erst die Atomisten suchen zu erklären, wie die Menschen zu ihrem Meinen kommen und die Welt, die sie durch die Sinne wahrnehmen, bilden. Sie nehmen eine Realität an, die als materiell die Sinnenwelt begründen, die aber nicht wahrgenommen werden kann, und somit in der That nur in der Welt der Vernunft existirt. Wie die Eleaten läugnen auch die Atomisten die wahrgenommenen Eigenschaften, wie Farbe, Wärme u. s. w., indem alles unter die einzige Realität der Atome eingeordnet wird. Durch diese wird sodann allerdings eine Einheit der Erklärung gewonnen, um sowohl die Welt der Vernunft als die der Sinnlichkeit abzuleiten, allein die materielle Form, in welcher sie gedacht ist, bewirkt, dass die Sinnenwelt die reelle wird, und dass die Bedeutung der anderen sich auf die philosophische Erklärung beschränkt.

Democrit unterscheidet eine wirkliche und eine dunkle Erkenntniss,*) die erste entspricht wahrscheinlich der Vernunft, die letztere ist die sinnliche; aber sie werden doch nicht als entgegengesetzt gedacht. Obwohl Democrit stark die Unzuverlässigkeit der Sinne betont, denkt er sich die wirkliche Erkenntniss zunächst durch die Wahrnehmungen aufgebaut. Die Inconsequenz hier tritt am schärfsten darin hervor, dass während er die Eigenschaften der Dinge im Allgemeinen als Verhältnisse des Subjects ansah, die Eigenschaften der Atome, also Schwere, Form, Härte, als objective Realitäten in die Dinge eingelegt werden. Dabei konnte das Denken nicht stehen bleiben, dieser Streit der Vernunfterkenntniss musste eine Entscheidung erhalten, und es war nicht schwer, den Ausgang vorherzusagen.

Die entgegengesetzten Weltansichten, Eleatismus und Atomistik, vereinen sich zu einem gemeinsamen Resultat. Beide zerstörten, so zu sagen, die sinnliche Welt, und beiden war es eine ausgemachte Sache, dass sie nur ein Schein oder Irrthum sei, auf welcher keine wahre Erkenntniss sich bauen lasse. Übrig blieb nur sich

---

*) Sext. Emp. Math. VII. 139.

ganz der Welt der Vernunft zu übergeben. Hier waren aber noch nicht die Grenzen gefunden, und der Versuch musste zu der wildesten Revolution in der Geschichte des Denkens führen; es ist die Sophistik.

Von verschiedenen philosophischen Schulen ausgegangen, begegneten sich die Sophisten in der Grundanschauung, dass es keine objectiv gültige Erkenntniss gebe, sondern jedermann in seinem Fürwahrhalten den Maassstab des erkennbar Wahren habe. Hiernach giebt es also kein falsches Meinen, alle Meinungen sind gleich wahr; denn jeder normale Mensch entscheidet in seinem Urtheil mit voller Gültigkeit, was ihm wahr oder falsch erscheint. Wenn Protagoras sagt, dass der Mensch aller Dinge Maass ist, so ist es nicht das menschliche Denken, sondern das Denken des einzelnen Menschen, welches als das Maass proclamirt wird. Daher ist es auch nicht die subjective, sondern die individuelle Gewissheit, an welche sich die Sophistik hält. Sowohl der Sensualismus des Protagoras als der Rationalismus des Gorgias vereinen sich darin, die Möglichkeit alles Wissens zu läugnen und den Einzelnen als das Maass aufzustellen, der auf Grund seiner Gewissheit die Wahrheit entscheidet. Dies ist der revolutionäre Gedanke der Sophistik, der nicht allein alle logische Theorie, sondern alle sittliche Überzeugung zertrümmert und allen Glauben an göttliche und menschliche Autorität zersetzt. Alle diese Trugschlüsse und dilemmatischen Sätze, mit denen sie spielten, waren ihnen Mittel zu beweisen, dass jeder in seiner Weise Recht hat; dass man daher weder widerlegen, noch beweisen kann, dass eine Meinung falsch sei. Diese Entdeckung blieb nicht Eigenthum des einzelnen Forschers, sondern wurde zum Feldgeschrei der Zeit; denn ist die Wissenschaft nichts mehr oder weniger als die Meinungen des Einzelnen, so darf jeder glauben, sie aus sich selbst hervorbringen zu können. Dann gilt es nur eine formale Bildung zu erwerben und sich eine gewisse technische Übung anzueignen, um seine Behauptungen am besten vertheidigen und beweisen zu können. Die Philosophie wird in den Schulen der Sophisten in eine Modebildung umgewandelt, um den praktischen Zwecken zu dienen, indem sie die formelle Schulbildung für die politische und juridische Beredsamkeit repräsentirt. Bald ist von der philosophischen Wissenschaft nichts übrig als eine gewisse Disputirkunst, ein Mittel, um, wie sie sich rühmten, die schwächere Sache zur stärkeren machen zu können.

Auf diesem Punkte nun erhält die Entwickelung durch Socrates eine andere Richtung. Er durchschaut den Irrthum des sophistischen Grundsatzes, der sich selbst widerspricht; denn ist die Meinung jedermanns gleich wahr, so ist die Behauptung, die den Satz des Protagoras läugnet, ebenso wahr als die entgegengesetzte.*) Die individuelle Gewissheit ist nicht zureichend um festzustellen, dass es sich auch so in der Wirklichkeit verhält; auf die Punkte aber, wo die verschiedenen Meinungen übereinstimmen, müssen wir unsere Untersuchung stützen, wenn wir zur Wahrheit gelangen wollen. Was schon bei Heraclit dämmerte, tritt hier in das volle Licht hervor, in der allgemeinen Übereinstimmung besitzen wir ein prüfendes Merkmal der Erkenntniss, es ist somit nicht länger wie bei den Sophisten die Vernunft des Einzelnen, sondern die allgemeine Vernunft, die das Wahre und das Falsche unterscheidet. Wenn die Sophisten die verschiedenen Meinungen betrachteten und fanden, dass sie an sich kein zuverlässiges Wissen enthalten, so schlossen sie einfach: also ist kein zuverlässiges Wissen möglich; Socrates aber schloss: also ist es nicht auf diesem Wege zu finden. Betrachten wir eine Sache genau, nicht nur von einer Seite, sondern von allen, und suchen wir also aus den verschiedenen Vorstellungen eine Einheit zu bilden, so erhalten wir den Begriff, und in ihm findet sich die Grundlage eines zuverlässigen Wissens. Durch die Begriffsbestimmung des Allgemeinen setzt somit Socrates dem ungebundenen Subjectivismus die Grenze. Die Gültigkeit, die er in der Übereinstimmung findet, ist zunächst die moralische, was sich daraus erklärt, dass dem Socrates nicht allein die Tugend ein Wissen, sondern vielmehr das Wissen eine Tugend ist, ja wir dürfen sagen, das Wissen ist ihm die Tugend im eigentlichen Sinne, das Ziel, nach welchem wir sowohl im Leben als im Tode streben müssen.**) Die philosophische Entdeckung des Socrates liegt schliesslich darin, dass er im Auffinden und Begrenzen der allge-

---

*) Plat. Theätet. 171.
**) Plat. Apologie. 42.

meinen Begriffe durch Induction die erste Grundlage und die Methode aller Erkenntniss sucht. Während Socrates bei der praktischen Anwendung dieser Entdeckung stehen blieb, war es seinen grossen Nachfolgern beschieden, derselben ihre nähere Entwickelung und theoretische Begründung zu geben.

Wenn wir in dem Erkennen eines Dinges die verschiedenen Vorstellungen der Erfahrung sammeln und diejenigen ausmerzen, durch welche sich das Ding von allen anderen unterscheidet, so wird man zu einer Klassebestimmung geführt, aus welcher bei Socrates der Begriff hervorgeht, und dieser Begriff erleuchtet das Wesen der Sache. Indem nun Plato die Erklärung dieses Vorgangs sucht, nehmen die Begriffe eine mächtigere und geistigere Gestalt an, und, anstatt nur Bedingungen des Wissens zu sein, werden sie zugleich die eigentlichen Gegenstände desselben, durch welche wir allein die Welt und uns selbst zu erkennen vermögen.

Plato unterscheidet zwei Arten der Erkenntniss, wenn man so sagen darf, weil die eine nur uneigentlich eine Erkenntniss genannt werden kann, nämlich $\delta o \xi \alpha$, das auf die Wahrnehmungen gegründete Fürwahrhalten, das Meinen, und $\varepsilon \pi \iota \sigma \tau \eta \mu \eta$, das Wissen. Die Wahrnehmungen erweisen sich verschieden bei den verschiedenen Menschen, ja selbst bei demselben Menschen unter veränderten Verhältnissen verschieden, — z. B. den Wein, der dem Gesunden süss erscheint, kann der Kranke sauer finden u. s. w. Als wesentliches Moment mischt sich somit die subjective Beurtheilung ein. Gründet sich nun alles Denken ganz und gar auf sinnliche Wahrnehmung und ist somit das Erkennen eigentlich das Wahrnehmen, so ist die Folge daraus, wie sie Protagoras gezogen hatte, dass alles in der Wirklichkeit so ist, wie es dem einzelnen Menschen erscheint. Die Sinneseindrücke und Vorstellungen des Einzelnen bilden eine Welt, die nur er kennt, und die keinem anderen zugänglich ist. Aber im alltäglichen Leben urtheilen wir bekanntlich ganz anders. Wir machen einen Unterschied zwischen demjenigen, welcher eine Sache, ein Handwerk oder etwas dergleichen versteht, und dem, welcher es nicht versteht, und wir wenden uns jederzeit an den, welchen wir als sachverständig ansehen, und legen seiner Meinung ein stärkeres Gewicht und eine grössere Gültigkeit bei, als der des Nicht-Sachverständigen.

Wir machen also einen Unterschied zwischen einem Wissen und Nicht-
wissen und räumen auf Grund desselben den Urtheilen anderer
Einfluss auf unser Denken und Handeln ein. Unterwerfen wir den
Satz, dass die Meinung jedermanns für ihn wahr ist, einer näheren
Probe, so widerspricht er sich selbst, wenn wir ihn als ein Beispiel
dessen nehmen, was er im Allgemeinen aussagen soll; denn dem
Satze, dass die Meinung keines Menschen für ihn wahr ist, kommt
dieselbe Gültigkeit zu.

Die Wahrnehmungen betrachtet Plato, wie überhaupt die
ganze Zeit, nicht als körperliche Empfindungen, sondern als eine
geistige Thätigkeit. Sie enthalten allerdings kein Wissen; denn
das Allgemeine, wie die Schönheit, die Ähnlichkeit und Güte,
kann die Seele nur durch sich selbst anschauen. Aber durch eine
Seelenthätigkeit werden die früheren Erinnerungsbilder mit den
von den Empfindungen hervorgebrachten Bildern verglichen, und
beide Arten von Bildern werden in dem Urtheil in eine wechselseitige Beziehung gesetzt. Irrt sich die Seele im Aussuchen der
Erinnerungsbilder oder stellt sie dieselben nicht in das richtige
Verhältniss, so kommt ein falsches Urtheil heraus. Auf diese
Weise entsteht ein falsches und ein richtiges Meinen; aber welches
Kennzeichen habe ich dafür, ob das Meinen im einzelnen Falle
ein richtiges oder ein falsches ist? Diese Frage ist es, welche am
Schlusse von dem Dialog „Theätet", in welchem Plato diese Seite
seiner Erkenntnisslehre besonders entwickelt, hervortritt.*) Hierüber
wird Rechenschaft gefordert, und die Antwort ist, dass das richtige
Meinen seine Begründung haben muss. Jetzt aber zeigt es sich,
dass alle unsere Untersuchungen es freilich klarer machen, worin
das richtige Meinen besteht, dass sich aber seine Nothwendigkeit
nicht nachweisen lässt; wir können die Verhältnisse aufdecken,
aus denen es hervorgeht, aber nicht erklären, warum das Entgegengesetzte unmöglich ist.

Sodann scheint es, dass wir wieder in einem Zweifel liegen,
der seinem Wesen nach demjenigen der Sophisten gleich ist, nur
besser und tiefer begründet, und in der That scheint dies auch
das Resultat zu sein, welches der Dialog „Theätet" bringt. Allein

---

*) Plato: Theätet. 201. f.

damit ist schon deutlich genug gezeigt, wo Plato den festen Ausgangspunkt für eine wahre Erkenntniss suchte.

Wenn einer sagt, dass der Gegenstand klein sei, ein anderer, dass er gross sei, wenn einer sagt, dass er gerade, ein anderer, dass er krumm, wenn einer sagt, dass er gut, ein anderer, dass er schlecht sei, so mag es sein, dass es unmöglich ist zu entscheiden, welche von den entgegengesetzten Aussagen wir ihm beilegen sollen, eins aber ist gewiss, es giebt einen Begriff von gross, klein, gerade, krumm, gut u. s. w., welchen wir alle haben. Die Idee der Grösse, der Krümmung und der Güte liegt in jedem Menschen. Wenn der Handwerker einen Tisch oder Stuhl macht, so geht das Holz während der Arbeit aus einer Form in eine andere über; allein in seinem Geiste ist irgend etwas vorhanden, das die Umwandlung des Stoffes überdauert, und dessen Verwirklichung der Zweck seiner Arbeit ist. Diese Idee des Dinges ist von dem Stoff, in welchem sie sich auf eine mehr oder weniger vollkommene Weise offenbart, unabhängig, nur von sich selbst und anderen Ideen abhängig. Das Haus, der Stein, die Pflanze, das Thier, alles, was wir um uns sehen, ist in einer beständigen — langsameren oder schnelleren — Veränderung; wie es entstanden ist, so wird es wieder vergehen, es ist in einem immerwährenden Werden und hat mithin nur ein halbes Sein, das wirklich Seiende dagegen ist die Idee des Hauses, des Steins, der Pflanze und des Thieres, sie ist von anderem unabhängig, in sich selbst unveränderlich. Darin sah Plato den festen Ausgangspunkt eines wahren Wissens. Es ist der Grundgedanke der durch Jahrtausende bald hoch bewunderten, bald tief verachteten platonischen Ideenlehre.

Im Begriff liegt das Wesen des Dinges, — so hatte Socrates gelehrt. Der Begriff bezeichnet nicht die einzelnen Eigenschaften des Dinges, sondern er schliesst an sich die hauptsächlichen Merkmale ein, durch welche sich das Ding von anderen unterscheidet. Das Kriterium der Wahrheit des Begriffes ist seine Entwickelungsfähigkeit; er darf in seiner Schlussfolgerung nicht seinen Voraussetzungen widersprechen. In dieser ganz auf dem Denken beruhenden Realität sah Plato die nothwendige Bedingung eines wahren Wissens, und eben daher wird ihm der Begriff nicht eine logische Grundform, sondern eine metaphysische Substanz. Was sich vollkommen erkennen lässt, ist das Seiende, was sich nicht erkennen lässt, ist das Nichtseiende, was in der Mitte liegt und etwas von beiden enthält, gewährt nur ein halbes Erkennen, das nicht dem wahren Wissen, sondern nur dem gewöhnlichen Meinen entspricht.

Bezieht sich unser Meinen auf die Sinneswahrnehmungen, so muss unser Wissen sich auf das Übersinnliche beziehen, und in diesem die wahre Wirklichkeit ruhen. Die Aussenwelt, die wir mit den Sinnen wahrnehmen, hat kein wahres Sein; denn alles, was entsteht und vergeht, ist in einem Werden, und kann somit keinen Anspruch auf jene Wirklichkeit erheben, die nur dem Dauernden zukommt. Alles, was wir um uns her wahrnehmen, hat nur ein relatives Sein, d. h. das Dasein der Gegenstände besteht nur in ihren gegenseitigen Beziehungen. Daher gewähren sie nur Annahmen, kein wahres Wissen, nur das an sich Seiende ist das Erkennbare. Dies kann nur das Ewige und Unveränderliche sein, es sind die Ideen. Die Ideen läugnen heisst, das wahre Wissen zu verneinen; denn die Betrachtung der Natur und des Lebens weist uns an die Ideen; sowohl die Aussenwelt als selbst unsere Willensäusserungen sind nur Abbilder von ausser uns liegenden Ideen. Solange wir das Erkennen auf die Wahrnehmungen beschränken, sind wir wie Menschen, die in einer dunklen Höhle sitzen, von der Kindheit an gefesselt an Hals und Schenkeln, so dass sie auf demselben Platz bleiben müssen und auch nicht den Kopf herumzudrehen vermögen; Licht aber haben sie von einem Feuer, welches weit hinter ihnen hoch oben brennt. An der ihnen gegenüberstehenden Wand sehen sie nun Schatten von Menschen und Dingen, die vorübergehen und vorübergetragen werden, und glauben so, dass diese Schattenbilder das wahrhaft Seiende wären, und von den Schatten vorhersagen zu können, was zuerst zu kommen pflegt und was zuletzt und was zugleich, — das nennen die Menschen Weisheit.*) Aber die Originale dieser Schattenbilder, es ist das wahrhaft Seiende, was nicht entsteht und nicht vergeht, es sind die Ideen; sie bilden den einzigen

---

*) Rep. VII, 515 u. 516.

Gegenstand eines wahren Wissens, in ihnen ist das Ewige mit dem Allgemeinen vereint.

Der Unterschied von Wahrnehmen und Denken ist in den Gegensatz der sinnlichen und vernünftigen Welt umgeschlagen. Die Bedingung eines wahren Erkennens ist die Befreiung von den Wahrnehmungen, die sich verdunkelnd und verwirrend auf den Geist des Einzelnen legen, so dass er die Wahrheit nicht sehe. In der That ist es nur eine einzige Seite in der Welt der Wahrnehmungen, die wir erkennen, es sind die matten Abbilder der ewigen Ideen. Andererseits ist dieses Theilnehmen der Gegenstände an den Ideen die Bedingung ihres Daseins; aber dieses Sein ist nur ein halbes und wird mit dem der Traumbilder verglichen; demgemäss giebt es von allen Gegenständen der sinnlichen Welt nur eine undeutliche und verworrene Erkenntniss, nur eine Meinung, kein Wissen.

Es ergeben sich somit in der Philosophie Platos zwei Arten der Gewissheit, eine, die in der sinnlichen Welt gilt, beruht auf den Wahrnehmungen und hat ihren Grund in der Erfahrung; was jemand nach bester Einsicht und genauester Prüfung annimmt, dessen ist er sich auf diese Weise gewiss; aber diese Gewissheit zeigt ihren niederen Rang darin, dass sie sich nicht durch Beweise begründen lässt. Die andere Gewissheit ist diejenige, die in der Welt der Vernunft gilt, und die darauf beruht, dass wir in den Dingen die ewigen Ideen erblicken. Diese Gewissheit ist an sich klar und dem Geiste durchsichtig: sie lässt sich mit Vernunft-gründen erweisen. Allein fragen wir nun, woher diese unmittelbare Zuverlässigkeit kommt, so werden wir von Plato an die Metaphysik verwiesen; denn sie hat ihre Begründung in seiner Lehre von der Präexistenz der Seele und in seiner Behauptung, dass alles Erlernen ein Sicherinnern ist. Dass wir die Ideen in den Dingen finden, soll daher heissen, dass wir sie in den Dingen wieder erkennen, und das Wiedererkennen hat immer an sich einen höheren Grad der Gewissheit, indem wir dabei in dem Erinnerungsbild ein Merkmal besitzen, nach welchem wir beurtheilen können. Was aber in diesem Falle den Grad der Gewissheit noch mehr erhöht und sie vollkommen untrüglich macht, ist der Umstand, dass unser Wiedererkennen der Ideen unmittelbar ethische Gefühle im Einzelnen

erweckt; denn nur durch die Beantwortung der Frage, ob das
Einzelne gut oder böse ist, werden die Ideen dem Einzelnen
sichtbar. Nach Plato ist es nämlich die Idee des Guten, die dem
Erkennbaren Wahrheit mittheilt und zugleich dem Erkennenden
das Vermögen des Erkennens verleiht. Wie die Sonne in der
sinnlichen Welt Leben und Licht bringt, und dem Sichtbaren nicht
allein das Vermögen gesehen zu werden verleiht, sondern auch
Werden, Wachsthum und Nahrung, so hat das Erkennbare nicht
nur das Erkanntwerden von dem Guten, sondern auch das Sein
und Wesen von ihm.*) Was die Sonne für das Gesicht, ist die
Idee des Guten für das Denken, die allgemeine Bedingung, um
das Wirkliche und Wahre zu erkennen. Es ist also schliesslich
die teleologische Einsicht, welche die höhere und untrügliche
Gewissheit begründet.

In einer klareren und von den metaphysischen Sprüngen, mit
welchen Plato die Schwierigkeiten durchschnitt, sorgfältiger ge-
reinigten Form treffen wir diese Erkenntnisslehre bei Aristoteles
wieder. Wenn man ihn gern im Gegensatz zu Plato gestellt hat,
so darf es nie vergessen werden, dass die Uebereinstimmung beider
viel grösser und umfassender als der Gegensatz ist. Nur innerhalb derselben Grundanschauung kann hier von einem Gegensatz
die Rede sein. Am wenigsten dürfen die modernen Begriffe des
Idealismus und Empirismus angewendet werden; denn sollen diese
überhaupt einen Sinn haben, muss man alle beide als Idealisten
bezeichnen. Die Erfahrungsphilosophie des Aristoteles liegt ganz
und gar innerhalb des Rahmens der platonischen Begriffsphilosophie,
beide haben wesentlich dieselbe Grundlage, die der griechischen
Philosophie characteristisch ist, und die durch den vorherrschenden
Einfluss der zwei grossen griechischen Philosophen die Philosophie
lange Zeit hindurch beherrscht hat. Das eigenthümliche Gepräge
dieser Grundanschauung ist die strenge Unterscheidung der Sinnlichkeit und Vernunft als Erkennen von verschiedenem Werth.
Dies drückt sich auch darin aus, dass das philosophische Denken
durchgängig mit dem Werkzeug der Dialectik arbeitet. Es verhält sich nämlich so, dass, wenn einmal das Denken in seinem

---

*) Rep. VI, 503 (VII, 517).

Mittel, der Sprache, den Reichthum der Wirklichkeit aufgenommen hat, kann es durch dieses Mittel sich weiter bewegen und vergisst dann leicht auf undankbare Weise, woher es die Bedingungen seiner Selbständigkeit habe. Dies ist der Fall sowohl bei Plato als bei Aristoteles. Der Unterschied ist nur, dass es beim ersten offener, beim letzteren verdeckter geschieht.

Auch bei Aristoteles ist die Gewissheit doppelter Art, je nachdem sie auf einem Meinen oder einem Wissen beruht.*) Die Gewissheit, die auf die Wahrnehmungen gebaut ist, ist von niedrigerem Range; denn nur das Ewige und Allgemeine kann man wissen; denn man weiss etwas erst, wenn man dessen Ursache erkannt hat und zumal einsieht, dass sich dieses nicht anders verhalten kann. Auch die Meinung kann wahr oder richtig sein, weil sie aber nicht die Gewissheit enthält, dass das Gegentheil unmöglich ist, so ist sie nur eine Meinung. Die obersten Grundsätze und alles, was wir durch dieselben mit der gleichen Sicherheit besitzen, ist ein Wissen, oder anders ausgedrückt: wenn wir sehen, dass unsere Erkenntniss im Wesen und Begriffe der Dinge begründet ist, dann liegt ein Wissen vor; wenn die Erkenntniss das Wahre trifft, aber ohne von der Nothwendigkeit überzeugt zu sein, wird man zwar eine wahre Meinung, aber kein Wissen haben. Daher kann man nicht zur selben Zeit dasselbe meinen und wissen! Der Unterschied beider Erkenntnissweisen zeigt sich also darin, dass die erstere die Thatsachen, die letztere die Ursachen prüft; die Meinung sagt uns, was ist, das Wissen, warum es so und nicht anders ist.

In Übereinstimmung mit der Lehre Platos entwickelt Aristoteles namentlich in seiner Metaphysik die Ansicht, dass das Bestimmte aus dem Unbestimmten, das Einzelne aus dem Allgemeinen abgeleitet werden muss. Worin er sich von Plato hier unterscheidet, ist vielmehr die Methode seiner Philosophie als der Inhalt und das Resultat derselben. In der Weise, auf welche die Begriffe gebildet und bestimmt werden, wird bei ihm das ganze Material der Erfahrung in Anwendung gebracht. Denn die Allgemeinbegriffe müssen aus den Einzelbegriffen und diese aus dem sinnlich Wahrnehmbaren gewonnen werden. Den Widerspruch,

---

*) Analyt. post. 1. 31. und 33. (Vgl. Anal. post. 1. 2.)

der sich somit in der Bedeutung des Allgemeinen und Einzelnen
einzustellen droht, löst Aristoteles dadurch, dass er sagt: dem Vermögen nach geht das Wissen auf das Allgemeine, der Wirklichkeit nach auf das Einzelne. Allein ist sodann im Wesentlichen
diese Begriffsphilosophie dieselbe wie bei Plato geblieben, so ist
jedoch eine Verschiebung der Grundlage durch das veränderte
Verhältniss des Allgemeinen hineingekommen; daher wird nun auch
die besondere Existenz der Ideen aufgehoben, sie sind wieder allgemeine Begriffe, die als solche das Wesen der Dinge ausdrücken.

Für alles wahre Wissen ist der Begriff im Allgemeinen der
Ausgangspunkt, und sein Ziel ist, den Begriff durch das Besondere zu bestimmen. Die einfache Gewissheit, welche das Wahrnehmen gewährt, ist von untergeordnetem Werth; denn sie kann
nicht ihre Begründung erklären. Das Wahrnehmen umfasst nur
das Einzelne, das Wissen aber beruht auf der Erkenntniss des
Allgemeinen.*) Nur dasjenige, über welches Rechenschaft vor der
Vernunft abgelegt werden kann, was also bewiesen werden kann,
ist ein Gegenstand des Wissens. Erst in der höheren Sphäre der
Begriffe, wo die Sätze durch Beweise erkannt werden, treffen wir
die eigentliche Gewissheit.

Aus dem Stoff der Erfahrung geht der Begriff hervor. Freilich
liegt uns das Einzelne als Gegenstand am nächsten; da wird immer
angefangen; aber das Allgemeine enthält an sich eine grössere
Gewissheit als das Einzelne, daher geht alle geistige Bewegung in
dieser Richtung. Wenn wir einen Gegenstand wahrnehmen, sehen
wir in den verschiedenen Eigenschaften nur etwas an dem Dinge,
aber an sich sind diese etwas Allgemeines; aus den Wahrnehmungen
kann also der Gedanke des Allgemeinen hervorgehen, und dieser
Gedanke erhält durch die Vergleichung seine Bestimmtheit. Durch
Begriffe, Urtheile und Schlüsse steigen wir so zu dem grossen
Mittel des wissenschaftlichen Erkennens empor, zum Beweise, durch
welchen die allgemeinen Ursachen und Gesetze, die den Inhalt der
Wissenschaft bilden, erkannt werden. Wissen heisst die Ursachen
wissen, aber die Ursachen wissen schliesst in sich die Nothwendigkeit
ein, die Folgen jener Ursachen einzusehen; aber um die Noth-

---

*) Analyt. post. 1. 31.

wendigkeit einzusehen, dass in einem Satze gerade dieses Prädicat mit gerade diesem Subject verbunden ist, muss ein dritter Begriff zukommen, aus dessen Verhältniss zu jenen beiden man eben die Nothwendigkeit der Verbindung erkennt. Dieser Begriff ist der Mittelbegriff, und wo die gewusste Ursache den Mittelbegriff bildet, kann das Wissen nur durch einen Schluss zu Stande kommen. Auf diese Weise ist der Syllogismus die Grundform alles Beweisens. Das Einzelne kann nicht bewiesen werden, nur das Allgemeine; das Zufällige ist nicht Gegenstand eines Beweises, sondern nur das Nothwendige; daher ist die wahre Erkenntniss, die mit dem Beweise verknüpft ist, eine Erkenntniss, die durch bekannte Begriffe zu unbekannten Begriffen führt, und auf diesem Wege wird das menschliche Wissen zu einer Wissenschaft erhoben.

Da das Beweisverfahren nicht ins Unendliche gehen kann, muss die Wissenschaft mit Sätzen beginnen, die ohne Beweis gelten. Sie lassen sich in dem Materiale der Erfahrung nachweisen und werden durch Induction gewonnen. Wie man von dem Allgemeinen in das Einzelne geführt wird, so giebt es auch einen Weg von dem Einzelnen zum Allgemeinen, dieser aber führt nicht zur Gewissheit, sondern zu einem höheren Grad der Wahrscheinlichkeit, indem man von dem, was gewöhnlich geschieht, auf das, was immer geschieht, schliesst. Wenn indessen die obersten Grundsätze alles Wissens gewiss sind, so ist diese Gewissheit unmittelbar begründet, und wir werden damit bei Aristoteles auf eine neue Art der Gewissheit hingewiesen.[*]

Die dritte und höchste Art von Gewissheit ist das Zutrauen des Denkens zu seinen eigenen Principien und Gesetzen. Welche diese nun sind, darüber erhalten wir keine genauere Angabe; zum Beispiel aber nennt Aristoteles den Satz vom Widerspruch. Solche Grundsätze sind, so zu sagen, die gewissesten von allen. Es giebt ein Vermögen im Menschen, die Vernunft, die in diesen Fällen die unmittelbare Gewissheit, von welcher alle mittelbare abhängt, hervorbringt, und sie kann sich nicht irren; sie muss entweder wissen oder nicht wissen, sich täuschen kann sie nicht. Der einzelne Mensch wird sich dieser Grundsätze bewusst, indem er die

---

[*] Analyt. post. 2. 19. 1. 9 und 10.

Benutzung derselben ebenso wahrnimmt wie einen äusseren Vorgang. Diesen Vergleich benutzt eben Aristoteles. Die Vernunft
verhält sich hier wie ein höherer Sinn; oder mit anderen Worten:
es ist eine Art geistige Intuition, auf der diese Gewissheit beruht.
Darum betrachtet er sie als erhaben über alle Erklärung; denn
wir bekommen keine nähere Auskunft weder über den Inhalt noch
die Begrenzung derselben.

Das Verhältniss stellt sich also folgendermassen dar: wir
haben in der aristotelischen Philosophie zwei Stufen der Gewissheit, den zwei Arten des Erkennens entsprechend, Meinen und
Wissen; die letzte aber ist wieder von doppelter Art, je nachdem
sie sich auf den Beweis oder auf eine unmittelbare Vernunft-
anschauung gründet. Diese letzte Erkenntnissweise gilt nur für
die obersten Gesetze und Grundsätze alles Wissens. Es verhält
sich nämlich so, dass Aristoteles nicht annehmen kann, dass dieselben als angeborene Ideen im Einzelnen liegen; denn dass wir ein
Wissen besitzen ohne uns desselben bewusst zu werden, ist ihm
undenkbar; aber andererseits kann er auch nicht die Lösung
Platos, dass alle unsere Erkenntniss aus der Erinnerung einer
früheren Existenz herrühre, annehmen, weil er mit Recht die metaphysischen Voraussetzungen dieser Lösung verwarf. So sucht er
die Schwierigkeiten durch die Grunddistinction seiner Philosophie
zu lösen, durch den Gegensatz von Möglichkeit und Wirklichkeit.
Die Erkenntniss der Grundsätze alles Wissens liegt in uns als ein
Vermögen, als eine Anlage, aber erst durch die Erfahrung wird
sie zur Wirklichkeit entwickelt. Allein hier entstehen wieder neue
Schwierigkeiten, wenn man die Begriffe Möglichkeit und Wirklichkeit einer genaueren Prüfung unterwirft und besonders sich den
Übergang der einen in die andere vergegenwärtigt. Derselbe
Widerspruch wie im Platonismus findet sich hier wieder, aber
während er bei Plato offen auftrat, ist er bei Aristoteles verdeckt.
Der Gegensatz des realen und formalen Princips, in welchem er
begründet ist, wird nur scheinbar gehoben, und wenn man tiefer
eindringt, zeigt er sich wieder.

Wie es Plato unmöglich war zu erklären, wie die Gegenstände
an den Ideen Theil nehmen können, so vermag Aristoteles nicht

die Frage zu beantworten, wie und warum die Möglichkeit in Wirklichkeit übergehe.

Die Erkenntnisslehre Platos und Aristoteles beherrscht in der folgenden Zeit die Philosophie Griechenlands und Roms, in den Schulen des Epicur und der Stoa direct, bei den Skeptikern indirect. Indem in der aufgeklärten antiken Welt die Philosophie immer mehr die Stelle der Religion vertritt, wird das praktische Interesse das Bestimmende, und das theoretische zum Diener desselben herabgewürdigt; die Philosophie des Geistes schlägt in eine Philosophie des Lebens um. Dem unmittelbaren Glauben der Jugendzeit an das Glück des Lebens folgt die reifere, mehr pessimistische Gewissheit, dass sich das absolut Gute nicht im Leben findet, und dass man daher anstatt des Guten mit dem relativ Besten fürlieb nehmen müsse. Das Beste ist vom Übel frei zu sein, und weil alles Übel in den Affecten seinen Grund hat, ist das Ziel die Ruhe, sowohl die äussere als die innere. Sie wollen Befreiung von dem Begehren (die Stoiker), von dem Leiden (die Epicureer), und von der Anstrengung (die Skeptiker). Darin stimmen alle diese so verschiedenen philosophischen Standpunkte überein, dass das Glück die Freiheit und die Freiheit die geistige Ruhe ist; denn die epicureische und skeptische Ataraxie kommt in diesem Sinne schliesslich der stoischen Apathie gleich. Denn allen ist das Ziel die Schmerzensfreiheit der Resignation; während aber die Stoiker und Epicureer dieses Ziel durch das Beherrschen des Willens verfolgten, suchten die Skeptiker durch das Beherrschen des Erkennens dahin zu gelangen. Während der Dogmatismus des Epicur und der Stoa gerade in den Affekten selbst das Übel erblickt, sucht der Skepticismus ihren Folgen oder Wirkungen auf unsere Vorstellungen und Betrachtungsweisen zu entgehen, und das Übel ist ihm zunächst die Täuschungen im Glauben und Zutrauen, welche jedes Menschenleben durchmacht. Als das einzige Mittel dafür gilt ihm die Vorsicht, vor allem sich nicht der Gewissheit zu übergeben; denn hinter dieser lauert immer die Täuschung. Wie die Sophisten die Wahrheit zu beseitigen suchten, so ist der Skepticismus gegen die Gewissheit gerichtet. In den Erörterungen der Erkenntnisslehre in der nacharistote-

lischen Philosophie spürt man immer das praktische Interesse,
welches die platonisch-aristotelischen Grundgedanken schliesslich
willkürlich ausnutzt. So werden in dem bekannten Streit vom
Wahrheitskriterium bald das Wahrnehmen, bald die Begriffe, bald
die Vernunft, bald das wahre Wissen im Gegensatz zum Meinen
als Kriterien aufgestellt; es sind alles nur verschiedene Seiten und
Gesichtspunkte der früheren Systeme, die hervorgezogen werden,
aber eben durch das praktische Interesse erhalten sie eine bestimmtere und durchsichtigere Form.

Die Stoiker sahen in dem Wahrnehmen die Quelle unserer
Vorstellungen, welche in der Seele als Abbilder der Dinge von
den Gegenständen bewirkt waren, ganz wie das Siegel sich im
Wachse abdruckt. Da diese Eindrücke in der Seele bleiben, so
entsteht durch viele gleichartige Erinnerungen die Erfahrung, in
welcher allgemeine Begriffe und Urtheile gebildet werden. Auf
dem Wahrnehmen und den auf dasselbe bezogenen Schlüssen beruht alle Erkenntniss. In den allgemeinen Urtheilen, welche allen
Menschen gemein sind, fanden die Stoiker ein Argument, das bei
ihnen die Stelle des Beweises in dem aristotelischen Organon beinahe vertritt. Da nun die Vorstellung ein in der Seele durch den
Gegenstand bewirkter Zustand ist, so offenbart sie sich selbst und
das Wirkende, gleichwie das Licht sich selbst und das, was in
ihm enthalten ist. In dem Wahrnehmen · selbst ist somit kein
Irren möglich, erst in dem Urtheil, welches der Wahrnehmende auf
Grund der Wahrnehmung fällt, tritt die Möglichkeit eines Irrthums
ein. Hiernach lässt es sich einsehen, warum die Stoiker nicht die
sämmtlichen sinnlich gegebenen Vorstellungen für Kriterien der
Wahrheit halten können, was sich sonst aus ihrer Annahme, dass
das Gedachte und das Seiende identisch ist, folgern liesse. Denn
die Wahrheit der Wahrnehmungen ist von der Vernunft bedingt,
und wir verstehen, dass schliesslich doch dem Wahrnehmen nur
eine niedrigere Gewissheit zukomme, dem Begriff aber eine höhere
und der Wissenschaft die höchste. Allein wir fragen nun: was
begründet diesen Unterschied des Werthes? welche Vorstellungen
gewähren ein zuverlässiges, und welche ein unzuverlässiges Wissen?
Es ist die Frage nach dem Wahrheitskriterium. Dabei kommt der
Inhalt der Vorstellungen nicht in Betracht; denn er ist in jeder

Vorstellung ein verschiedener, die Absicht ist vielmehr nach dem formalen Merkmal der wahren Vorstellungen oder nach derjenigen Art von Vorstellungen, welche ein wahres Wissen enthalten, zu fragen. Die erste Antwort, die wir auf diese Frage erhalten, ist daher die, dass die Vorstellungen wahr sind, welche uns das Wirkliche so, wie es wirklich ist, wiedergeben. Allein damit sind wir um nichts weiter gekommen, und die Frage kehrt nur in einer anderen Form wieder, und zwar so: wie erkennen wir dann, dass die Vorstellungen uns das Wirkliche so, wie es wirklich ist, abspiegeln? Hierauf weiss der stoische Philosoph nur zu antworten, dass die verschiedenen Vorstellungen eine verschiedene Stärke haben, und dass einige so deutlich und schlagend sind, dass sie uns zum Beifall zwingen. Hat eine Vorstellung diese unwiderstehliche Macht, so ist sie mit der Wirklichkeit übereinstimmend mithin wahr. Dasselbe gilt sowohl für das Wahrnehmen als für die hieraus gebildeten Begriffe, und es ist Sache der dialectischen Übung, das Denken so zu disponiren, dass es in den begrifflichen Vorstellungen die Kriterien erkennt. Über den Vorgang selbst kann keine Rechenschaft gegeben werden, was dagegen beim wissenschaftlichen Beweis möglich ist, welcher daher die höchste Gewissheit enthält.

Der innere Widerspruch, den diese Erkenntnisslehre von Aristoteles geerbt hat, wird durch die graduelle Unterscheidung der Gewissheit allen offenkundig, indem der höchste Grad dem wissenschaftlichen Beweise zuerkannt wird, der für seine Voraussetzungen eine unmittelbare Gewissheit beansprucht, an welche die mittelbare des Beweises angeknüpft ist. Allein jedermann fühlt in dem einzelnen Fall gleich, dass diese Verbindung der unmittelbaren und mittelbaren Gewissheit so weit davon entfernt ist, die Gewissheit zu erhöhen, dass er im Gegentheil die Sache nur immer zweifelhafter macht.

Noch einfacher steht das Verhältniss bei Epicur. Wie in der stoischen ist auch in der epicureischen Philosophie das Wahrnehmen die Grundlage und der Inhalt aller Erkenntniss. Das Wahrgenommene ist allein Ursache der Wahrnehmung, und jede Wahrnehmung ist durchaus wahr und fasst das Seiende so auf, wie es seiner Natur nach ist; erst wenn man seine Meinungen mit den Wahrnehmungen verwechselt, entsteht der Irrthum. Von der Sinnes-

erkenntniss ist die Vernunfterkenntniss abgeleitet. Durch Wiederholung der Wahrnehmungen bilden sich die allgemeinen Bilder
des Zusammengehörigen, es sind die Begriffe. Wie die Wahrnehmungen Bilder der Dinge sind, so sind die Begriffe wie typische
Bilder dieser Bilder, und es kommt ihnen nach Epicur auch dieselbe Zuverlässigkeit zu. Durch die Begriffe gelangen wir zur
Erkenntniss der Ursachen und Gesetze, welche das Ziel unseres
Wissens bilden. Die Meinungen, zu denen wir kommen, können
indessen wahr oder falsch sein; wahr sind sie aber, wenn sie von
den Wahrnehmungen unterstützt werden. Als Kriterien der Erkenntniss giebt Epicur die Sinne, die Begriffe und die Gefühle,
namentlich die Lust und Unlust, an. Das Erste und das Letzte
ist hier schliesslich das Wahrnehmen, und aus dem Kreise des sinnlich
Wahrnehmbaren heraus gelangt diese Philosophie nur durch eine
Verletzung ihrer Konsequenz. In der Erkenntnisslehre Epicurs,
die übrigens nur die Einleitung in seine Physik ist, welche die
Atomlehre Demokrits entwickelt, wird somit der naive Empirismus
ausgesprochen, der ohne Untersuchung die gegebenen Begriffe
hinnimmt und auf ihnen als auf einem festen Boden weiter zu
bauen anfängt.

Mit einer viel tieferen Kritik entwickelt der Skepticismus seine
Erkenntnisslehre. Schon begründet in den älteren Academien, ist
die Richtung am deutlichsten bei Sextus Empiricus zu verfolgen,
dessen Darstellung wir hier zu Grund legen. Es muss festgehalten
werden, dass der Skepticismus dieselbe praktische Tendenz wie die
früheren Systeme hat, und sein Ziel eine Anweisung zum glück-
seligen Leben ist. Das Streben nach Gewissheit, das alle Untersuchungen des Denkens treibt, betrachtet der Skepticismus als die
immerwährende Anleitung zu fruchtloser Arbeit und vergeblicher
Pein, indem es die Sorglosigkeit stört, die nicht allein das höchste,
sondern das einzige Glück des Menschen ist. Während nun
Männer von grossen Geistesanlagen sich mit allen den Schwierigkeiten quälen, die ihnen die verschiedenen Meinungen und Auffassungen bereiten, ist das Ziel die Ruhe der Gewissheit zu erreichen;
allein das thut der Skeptiker viel schneller und leichter, indem er
zu der Gewissheit gelangt, dass es keine Gewissheit giebt. Während
die Stoiker und Epicureer sagen: wir können nur glücklich sein,

wenn wir uns auf eine feste theoretische Erkenntniss verlassen, meinen jene, die Glückseligkeit könne nur dadurch erlangt werden, dass man nichts fest behaupte. Der Widerspruch, der darin steckt, kehrt an vielen Punkten der skeptischen Lehre wieder; allein der Grundgedanke ist, dass das einzige Mittel, um die Sorglosigkeit zu erreichen, die Gewissheit zu vermeiden ist, also gewissermassen die Ungewissheit; denn weil wir die Dinge und deren Verhältnisse nicht erkennen können, führt die Gewissheit immer zur Täuschung. Diesen Zustand pflegten die Skeptiker dadurch zu bezeichnen, dass sie sagten, man solle sich aller festen Behauptung und allen Beifalls enthalten. Damit meinten sie nicht, dass man kein Urtheil oder keinen Beifall in sich aufkommen lassen dürfe, sondern dass man sich nie der Gewissheit ganz gefangen gebe. Auf diesem Wege erlangt man die Ataraxie; denn wie der Schatten dem Körper, folgt die Seelenruhe der resignirten Ungewissheit. So lange man nach der Gewissheit strebt, hat man Unruhe und Mühe, wenn man dieses Streben aufgiebt, tritt gleich die Ruhe ein. So stellt eben Sextus Empiricus das Ziel der Skepsis dar:*) es wird von dem Maler Apelles erzählt, dass er einmal ein Pferd malte und im Gemälde den Schaum des Pferdes nachahmen wollte; es gelang ihm aber nicht, und wie er den Versuch aufgab, schleuderte er im Ärger den Schwamm, an welchem er die Pinsel abzutrocknen pflegte, gegen das Bild, und als er das Bild traf, brachte er einen Flecken hervor, der eben dem Schaum des Pferdes ähnlich sah, den er vergebens darzustellen versucht hatte. Auf diese Weise denkt sich der Skepticismus die Befriedigung unseres Triebes nach Wissen: so lange wir die Gewissheit suchen, flieht die Ruhe, welcher wir durch die Gewissheit nachstreben; wenn wir die Jagd aufgeben, kommt die Ataraxie.

Dieser Grundgedanke spiegelt sich deutlich in der eigenthümlichen Weise ab, in welcher der Skeptiker seine Lehre vorträgt. Es ist nicht, wie wenn einer einem andern etwas klar zu machen sucht, sondern wie wenn einer für sich selbst räsonnirt; man spürt, das Ziel sei kein logisches, sondern ein psychologisches. Die entgegengesetzten Theorien werden einander gegenübergestellt,

---

*) Pyrrh. Hyp. 1. 12.

Grung, Problem der Gewissheit.   4

jeder Behauptung die ihr entgegengesetzte, und zu jedem Grund ein gleich starker Gegengrund, und obwohl der Skeptiker nicht selbst auf diesem Wege zu seiner Auffassung gelangt ist, wird es dargestellt, als ob der Standpunkt des Zweifels nur das Ergebniss der gleichberechtigten Meinungen wäre. Daher gilt es, die entgegengesetzten Meinungen vor allem als in gleichem Grad berechtigte vorzuführen, und namentlich werden zu deren Begründung gleich glaubwürdige Autoritäten benutzt. Dadurch fällt das sonderbare Verfahren in die Augen, dass allemal als Autoritäten die Männer eingeführt werden, deren Irrthümer wieder allemal proclamirt werden.

Unter den bekannten 10 Tropen suchten die Skeptiker ihre sämmtlichen Zweifelsgründe zu sammeln und dadurch zu beweisen, dass unsere Vorstellungen uns nie die Dinge, wie diese in der Wirklichkeit seien, geben, sondern nur das subjective Verhältniss des Beobachters zu den Dingen oder das gegenseitige Verhältniss derselben ausdrücken. Dass unsere Vorstellungen von ihrem sie verursachenden Gegenstande verschieden sind, bemerken wir in einzelnen Fällen selber, so wenn wir einen viereckigen in gewisser Ferne rund erscheinenden Thurm oder den in der Sonne schillernden Hals der Taube und dergl. wahrnehmen.*) Allein dasselbe Verhältniss findet gewissermassen überall statt; denn wir kennen nur unsere eigenen Zustände. Im Wesentlichen betonten die 10 Tropen, um dieses zu beweisen, folgende Beziehungen: alles scheint dahin zu weisen, dass die verschiedenen lebenden Wesen die Gegenstände verschieden auffassen, aber selbst wenn wir ausschliesslich auf die Menschen Rücksicht nehmen, sind sie so verschieden an Seele und Körper, dass ihre Meinungen und Betrachtungsweisen in jedem einzelnen Falle von einander abweichen müssen, und man nicht wissen kann, welche Wahrnehmung die wahrhafte Qualität der Dinge erfasst. Auch derselbe Mensch nimmt mit den verschiedenen Sinnen und in verschiedenen Zuständen dasselbe Ding nicht auf dieselbe Weise wahr; der Apfel ist dem Gesicht gelb, dem Geschmack süss, dem Geruch angenehm; ebenso kommen uns die Dinge anders vor, je nachdem wir verschieden gestimmt sind, wie dem Kranken der süsse Wein bitter erscheint. Aber nicht allein im Subjecte, sondern auch das Object kann nach den ver-

----

*) Sext. Emp. Adv. Math. VII. 409.

schiedenen Zuständen und Beziehungen, nach der Verschiedenheit der Lagen und Entfernungen verschieden sein, so erscheint z. B. das Wasser in verschiedener Quantität bald so, bald anders. Endlich beeinflusst immer die Verschiedenheit der Erziehung, der Lebensweise und Sitten unsere Vorstellungen.

Zeigt schon diese Verschiedenheit die Unzuverlässigkeit unserer Vorstellungen, so wird dieselbe noch entschiedener bezeugt durch die Art und Weise, wie sie hervorgehen; denn weder die Sinne noch die Vernunft können uns eine wahre Erkenntniss geben. Die Sinne geben uns nie die Gegenstände so, wie sie wirklich sind, sondern nur, wie sie uns erscheinen; dieses kann bei den verschiedenen Personen verschieden sein, giebt jedenfalls dem Wahrnehmer nur von einem subjectiven Eindrucke Kenntniss; und wie oft entdecken wir nicht, dass die Sinne uns getäuscht haben?

Die Erkenntniss der Vernunft beruht auf der Gewohnheit und auf verschiedenen Denkformen, deren Gültigkeit erst bewiesen werden muss; aber weder über die Gegenstände noch über ihr eigenes Wesen kann die Vernunft uns ordentlich Rechenschaft geben. Endlich erscheinen die Begriffe, wenn man sie untersucht, sehr unzuverlässig, so beobachten wir z. B. in den quantitativen Gegensätzen oft keine feste Grenze (wie viele Körner machen einen Haufen? wie wenige Haare bedingen die Kahlheit?) Kann also von den Erkenntnissquellen keine für sich zu einem sicheren Ergebniss führen, so ist es einleuchtend, dass auch beide verbunden es nicht erreichen können. Wie die Gegenstände in der Wirklichkeit sind, wissen wir nicht; wir dürfen nur sagen, dass sie uns so und so erscheinen, ja selbst eine solche Behauptung spricht nur den Zustand des Einzelnen aus und darf nur als möglich formulirt werden.

Ein Kriterium, nach welchem wir die wahren von den falschen Vorstellungen unterscheiden können, läugnet der Skepticismus entschieden, welcher in der blossen Frage danach den Beweis dafür findet, dass keines gefunden werden kann. Denn um ein solches Kriterium aufzustellen, müssen wir schon ein Kriterium für die Wahrheit dieser Entscheidung haben; so geht es aber ins Unendliche. Im Subjecte kann die Entscheidung nicht liegen, denn es

4*

ist durch seine Verschiedenheit, wie nachgewiesen, incompetent, und eine Norm ausserhalb des Subjects lässt sich noch weniger nachweisen. Abgesehen von Träumen und den Phantasien des Irrsinns lassen sich die wahren und falschen Vorstellungen nicht unterscheiden. Wir erfahren auch alle Tage, dass es keine Art von Vorstellungen giebt, die uns nicht täusche, und wir sehen in so vielen Fällen, wie die falschen Vorstellungen sich durch unendlich viele Zwischenglieder den wahren nähern, bis sie schliesslich vollständig in einander übergehen. Gegen die stoische Auffassung, dass diejenigen Vorstellungen, die mit der Wirklichkeit übereinstimmen, mit unwiderstehlicher Macht sich uns aufnöthigen, erwidern die Skeptiker, dass dieses ebensowohl eine falsche Vorstellung thun könne; keine wahre Vorstellung hat in dem Sinne ein Merkmal, durch welches sie sich von der falschen unterscheidet. Es giebt kein Merkmal einer unmittelbaren Gewissheit; aber somit lässt sich auch kein Beweis führen, der Gewissheit hervorbringt; denn für diesen Beweis musste wieder ein Beweis geliefert werden und so fort ins Unendliche, weil es keine unmittelbare Gewissheit giebt, durch welche die Reihe geschlossen werden kann.

B. Die Lehre von der Gewissheit in der neueren Philosophie.

Die Philosophie hat trotz ihres wissenschaftlichen Characters vielfach Berührungspunkte mit der Kunst. So ist sie auch in Frankreich zu den „belles-lettres", nicht zu den „sciences" gerechnet worden. Am nächsten steht die Philosophie der Dichtkunst; denn sie fordert nicht nur die Fähigkeit des Denkens, sondern auch die der Phantasie. Allein damit darf man nicht an die wild umher schweifende Phantasie denken, auch nicht es so verstehen, dass die Phantasie den Plan angeben soll, und das Denken nachher dazu benutzt wird, nach aufgegebenen Resultaten zu arbeiten. Sowohl für den Philosophen als für den Dichter gilt dasselbe Grundgesetz: nur was er selbst erlebt hat, vermag er mit der

Innerlichkeit der Gewissheit darzustellen. Nicht nur in Griechenland entsprach das Leben der Denker ganz ihrer Lehre, sondern auch bei den bedeutendsten Denkern der neueren Zeit, wie bei Descartes, Spinoza und Kant, ist ihre Philosophie der Ausdruck ihres Lebens. Die Schriften Descartes' überraschen so den Leser namentlich durch die Innerlichkeit, womit das Denken aus den Lebenserfahrungen des Verfassers abgeleitet wird. Man denke nur an die kleine Abhandlung: „discours de la méthode" oder an die Meditationen. Es sind Monologe, wie Kuno Fischer sie nennt, und zwar Monologe, in denen der Verfasser seine Lebensentwickelung in Begriffsentwickelung erzählt, und da ist, im Unterschied von den meisten Büchern, viel weniger an den Leser als an die Sache gedacht; wir lernen den Weg verstehen, auf welchem der Verfasser im Leben sich zu seinen Anschauungen durchgerungen hat. Daher ist in der Erkenntnisslehre Descartes' etwas persönlich Glaubwürdiges das immer das Erlebte vor dem nur Gedachten auszeichnet, und selbst seine Irrthümer zeugen von der Redlichkeit seines Denkens.

Der Ausgangspunkt der cartesianischen Erkenntnisslehre ist der Zweifel. Allein dieser Zweifel ist nicht wie jener des Skepticismus von psychologisch-existentieller Herkunft, er stützt sich in der That nur auf logische Begründung, das heisst, er ist eben die Frage: wohin werde ich mich wenden, um einen völlig zuverlässigen Ausgangspunkt zu finden. Sein Zweifel hat einen doppelten Grund, dem wir überall in seinen Schriften begegnen: einerseits die Sinnestäuschungen, andererseits die Unmöglichkeit ein unterscheidendes Merkmal von Traum und Wirklichkeit anzugeben.

Descartes hat schon klar eingesehen, dass solche Eigenschaften wie Farbe, Geschmack, Wärme, Kälte u. s. w. nicht den Dingen, sondern den Sinnen, oder, mit dem Sprachgebrauche Descartes', den unklaren und undeutlichen Vorstellungen angehören. Darauf hatte schon früher Hobbes, und wahrscheinlich Galilei, die Aufmerksamkeit hingeleitet; Descartes aber giebt diesem Gedanken eine bestimmtere Form. Die wahren Eigenschaften der Dinge sind diejenigen, welche nach Abzug der sinnlichen dem Denken übrig bleiben, und das ist nur die räumliche Ausdehnung. In der Aussenwelt giebt es nur die zwei Qualitäten, Raumgrösse und Figur, die einer vollkommenen Erkenntniss zugänglich sind, und die des-

halb nach Descartes in Wahrheit den Gegenständen angehören.
Die durch die Sinne wahrgenommenen Qualitäten, die uns im täglichen Leben so wesentlich sind, rühren nur aus Bewegungen in
unseren Nerven her und belehren uns nur über die Wirkung der
Körper auf uns. Daher täuschen uns die Sinne auch so leicht,
z. B. ein Schlag auf das Auge kann Lichtempfindungen hervorbringen u. desgl.

Den tieferen Grund des Zweifels neben den Sinnestäuschungen
findet Descartes in der Unmöglichkeit Traum und Wirklichkeit zu
unterscheiden. Von ihm an ist in der Philosophie wieder diese
alte Frage zu einer der Vexirfragen der Philosophie geworden,
und freilich im Verhältniss zu einer höheren und umfassenderen
Wirklichkeit würde unser Leben wie ein Traum erscheinen; allein
so lange wir eine solche nicht haben, ist die Wirklichkeit durch
das Erwachen als das verhältnissmässig Reale gekennzeichnet.
Indem nun indessen Descartes die Frage absolut stellt, öffnet sich
der Abgrund der bodenlosen Subjectivität, und aus demselben
steigen die mächtigsten Gründe des Zweifels empor. „Der erste
Grund zum Zweifel", sagt er also, „ist, dass es nichts giebt, was
ich im Wachen zu empfinden meine und nicht ebenso gut im
Schlaf zu empfinden meinen könnte. Was ich im Schlaf zu empfinden meine, halte ich nicht für eine Wirkung ausser mir be-
findlicher Dinge. Warum sollte ich dies eher von dem glauben,
was ich im Wachen zu empfinden meine? Der zweite Grund ist,
dass ohne den Urheber meines Daseins zu kennen oder doch bei
der Annahme, dass ich ihn nicht kenne, ich nicht sah, warum ich
nicht von Natur so beschaffen sein könnte, dass ich irrte, selbst
in den zuverlässigsten Dingen." *)

Um aus dem Zweifel herauszukommen sucht Descartes einen
festen Ausgangspunkt; denn wie er sagt: „Nur einen Punkt, der
fest und unbeweglich sei, forderte Archimedes, um die Erde aus
ihren Angeln zu heben; auch wir dürfen etwas Bedeutendes hoffen,
wenn auch nur das Kleinste gefunden ist, das sicher und unerschütterlich feststeht." **) Diesen Punkt meinte Descartes in seinem

---

*) Medit VI.
**) Medit. II.

berühmten Satz: „cogito, ergo sum" zu finden. Kann auch der Einzelne an allem zweifeln, an seinem eigenen Zweifel kann er in diesem Falle nicht zweifeln; denn somit hebt er ihn auf. Selbst im Zweifel findet der Einzelne die Thatsache, dass er denkt, und darin, dass er denkt, findet er die Gewissheit seines Daseins, im Denken wohnt eine unmittelbare Selbstgewissheit. Die Wahrheit des Grundsatzes muss jedermann zugeben, und selbstverständlich ist jeder Satz, der ebenso einleuchtend ist, auch gleich wahr. Allein was ist es, das diesen Satz so einleuchtend macht? Es ist die vollkommene Klarheit und Deutlichkeit dieser Vorstellung, dass sie von meinem Gedanken völlig durchdrungen werden kann. Das Princip der Gewissheit lautet desshalb hier: was ich klar und deutlich einsehe, das ist wahr und zwar nur dieses. Dieser Satz sagt im Grunde aus, dass je unmittelbarer der Gegenstand in Verhältniss zu meinem Gedanken tritt, er mir desto klarer ist und umgekehrt. Nichts ist mir nach Descartes' Ansicht klarer als mein eigener Geist; denn auch das Denken ist sich selbst am nächsten, und der Geist ist daher die klarste Vorstellung, klarer als alles ausserhalb desselben. Dagegen sind die Wahrnehmungen unklar. Die Natur der Sinne mischt sich in die Natur der Gegenstände ein, und was nur dem Wahrnehmenden angehört und von den Sinnen hervorgebracht ist, scheint mithin den Gegenständen anzugehören. Darum sind alle Vorstellungen der Sinnlichkeit unklar. Klar und deutlich erkennen wir nur die Dinge, indem alles Fremdes und Trübendes fortgeschafft wird, das heisst, wenn sie gedacht werden. Die Vorstellungen sind insoweit wahr, als sie klar und deutlich sind, und sie sind insoweit klar und deutlich, als sie gedacht werden. Also ist alle wahre Erkenntniss nur durch das Denken möglich.

Damit ist die Einheit vom Denken und Sein verkündigt, und ebenso, dass alle wahre Erkenntniss aus dem Selbstbewusstsein deducirt werden müsse. Allein jetzt kommt die Frage, die den eigentlichen Knotenpunkt bildet. Wenn alle wahre Erkenntniss sich nur durch das Denken ergiebt, wie ist dann eine wahre Erkenntniss der Dinge ausserhalb meiner möglich? Wie kommt man von dem festen Punkt Descartes', der Gewissheit seiner Existenz, vermittelst des Denkens zu der objectiven Welt hinüber? Von dem

„cogito, ergo sum" kann die Brücke nicht geschlagen werden. Die Frage wird also: giebt es eine ebenso einleuchtende Vorstellung von etwas ausser mir als diejenige von meiner eigenen Existenz, oder erkenne ich etwas ausser mir so klar und deutlich, als ich mein eigenes Dasein erkenne? Descartes fand eine solche Vorstellung in der Idee von Gott. In uns finden wir mit derselben Klarheit und Deutlichkeit wie die Vorstellung von uns selbst diejenige der Gottheit als eines vollkommensten Wesens. Diese Vorstellung von einem allerrealsten Wesen muss ihre Ursache ausserhalb des Menschen haben; denn die Idee von einer unendlich höheren Realität lässt sich nicht aus dem menschlichen Denken erklären, und wenn wir sie besitzen, muss sie von Gott selbst uns eingepflanzt sein. Glauben wir aber an Gott, so glauben wir an einen wahrhaftigen Gott: er kann mich weder täuschen noch betrügen wollen. Durch diesen Gedanken geht der Weg Descartes' zur Erkenntniss der objectiven Welt.

Die beiden Sätze, dass das Denken das Dasein bezeuge und die im Menschen liegende Gottesidee das Dasein Gottes, sind für Descartes, so zu sagen, unmittelbare Schlüsse. Ebenso gewiss als der Gedanke von Gott ein nothwendiger und an sich bestimmter ist, ebenso gewiss existirt Gott, und ebenso gewiss als ich denke, so gewiss existire ich; es sind beide sich entsprechende Sätze.

In jeder Vorstellung liegt somit nach Descartes die Gewissheit vom eigenen Dasein, und dieses setzt wieder das Dasein Gottes voraus. Von dem Gesichtspunkt aus, dass immer die Ursache wenigstens so viele Realität als die Wirkung haben muss, findet er, dass der den Menschen angeborene Gedanke von einem vollkommenen Wesen auch die Garantie vom Dasein desselben enthält. In der Widerlegung der Entgegnungen, die sich Descartes ausgebeten hatte, und die er von Hobbes, Gassendi, Arnauld, Bourdin u. a. in reichlichem Maass bekam, finden wir ausgeführt, wie die Gottesidee, von jedem anderen Gedanken und jeder willkürlichen Phantasievorstellung verschieden, die Gewissheit vom Dasein des Gedachten enthält. Zunächst weil ich den Gottesgedanken denken muss, dann weil meine Entstehung und Erhaltung aus keiner geringeren Ursache zu erklären ist, und endlich weil der übermenschliche Gedanke eines vollkommensten Wesens nicht von dem unvollkommenen Menschen herrühren kann. Allein hierdurch sind wir an den Ausgangspunkt Descartes' zurückgekommen. Die Zuverlässigkeit der Aussenwelt erkennen wir durch Gott und Gottes Dasein durch das Denken; die Wirklichkeit Gottes bürgt mir für die Wirklichkeit der objectiven Welt; denn er kann weder lügen noch täuschen; für die Wirklichkeit Gottes bürgt mir aber wieder mein Denken, das heisst hier mein Selbstbewusstsein, von dem also alles abhängt und entwickelt wird.

Es ist die Gewissheit der Mathematik, welche die Methode von Descartes bestimmt hat. Er sagt selbst oft, dass sein ganzes Streben darauf gerichtet sei, die wahre Methode zu suchen, und dass er seiner entdeckten Methode alles verdanke. In „discours de la méthode" stellt er die Geschichte seines Lebens dar, und diese Geschichte schildert sein Ringen, um die Methode zu finden. Sie ist der Mathematik entlehnt, welcher Wissenschaft er nachrühmt, dass sie das richtige Verfahren gebrauche. Diese Methode besteht darin, dass man von einem für alle gewissen Anfangspunkte ausgeht und von Lehrsatz zu Lehrsatz fortschreitet, so dass jeder, der den ersten Satz verstanden und zugegeben hat, mithin die übrigen anerkennen muss. Es ist das Ideal der Deduction. Die Überhebung der Deduction ist ein Irrthum, der durch lange Zeiten die Erkenntnisslehre beherrschte. In den abstrakten Schlussreihen sah man den Weg Erkenntnisse zu erwerben, anstatt nur eine Weise Erkenntnisse darzustellen. Gleichviel ob nun dieser Irrthum durch Euklid oder Aristoteles herbeigeführt ist, so giebt es kein Zeitalter, wo dies Verwechseln von Erkenntnissweise und Darstellungsweise, von Erfahrung und Beweis sich stärker ausbreitet, als um Descartes und Spinoza. Allein so gross auch die Versuchung sein mag anzunehmen, dass in der Mathematik sich der eine Lehrsatz nur als eine logische Folge aus dem anderen entwickelt, so ist es ein Irrthum; denn der Fortschritt in der mathematischen Wissenschaft beruht ebenso wenig wie in den anderen Wissenschaften auf der logischen Folge, sondern jedesmal auf einer neuen Verbindung der Anschauungen des Wahrnehmens, und das logische Schlussverfahren schafft nur die Einsicht in den Zusammenhang und den Beweis der Wahrheit der bereits gemachten Erfahrungen. Es ist überhaupt nicht das

Denken, sondern das Wahrnehmen, das etwas Neues findet; auch
für die Mathematik gilt dieselbe Regel; aber sie liegt nicht so
offen zu Tage. In der mathematischen Deduction aber sieht Descartes die vollkommene Erkenntnissweise, und dieselbe besteht ihm
darin: von dem völlig Klaren und Deutlichen auszugehen und von
diesem aus das Dunklere zu erleuchten, bis es die Evidenz des
ersteren erreicht hat. Wenn wir die Sätze der Geometrie und
Arithmetik ansehen, was ist es dann, das uns diese Zuverlässigkeit
zu ihnen einflösst? Es ist die Einfachheit und durchsichtige Klarheit des Gegenstandes; dadurch können wir uns unserer Einsicht
vergewissern. Ebenso klar muss nun jede Sache erkannt werden
können, wenn eine wahre Erkenntniss davon möglich ist; denn
alle Wahrheit ist gleich einleuchtend, nur die Wege dazu mögen
kürzer oder länger sein. Daraus ergiebt sich, wie die Methode
gehandhabt werden soll: von dem Einzelnen und Einfachen ausgehen, und nicht zu dem Schwierigeren übergehen, ehe alle die
Voraussetzungen, die dahin führen, begriffen worden sind. Alle
Denkarbeit, alle Wissenschaft hat nur eine Methode und eine Form
ihrer Erkenntniss: die deductive Verbindung der Wahrheiten, in
welcher die spätere von der früheren gefolgert wird; deshalb muss
die letzte Grundlage von zweifelloser Zuverlässigkeit sein. Die
Erkenntniss gründet sich daher bei Descartes auf eine unmittelbare Einsicht in der Entwickelung und Folge der Begriffe. Den
letzten Grundsätzen gegenüber ist diese Gewissheit selbst eine
unmittelbare; den Verbindungen gegenüber ist sie durch dieselbe
bedingt; es ist aber dieselbe unmittelbare Einsicht, die sich über
alles erstreckt, und nur insoweit die Ableitung durch so viele
Bindeglieder führt, dass der Geist sie nicht wie mit einem Blicke
überschauen könne, muss das Gedächtniss unterstützend hinzutreten.
Nichts darf als wahr angenommen werden, das nicht an sich selbst
allen selbstverständlich ist, unmittelbare Gewissheit, oder auf
die erwähnte Weise von den Grundwahrheiten entwickelt ist,
mittelbare Gewissheit. Allein diese doppelte Art der Gewissheit, die Descartes aufstellt, weicht nur in der Weise, wie sie
entsteht, ab; ihrem Wesen nach ist sie dieselbe.

Der radicalste Zweifel ist der Zweifel an der Mathematik,
weil diese Erkenntniss sich nicht auf das Wirklichkeitsverhältniss

des Gegenstandes bezieht. Denn ob ich wache oder schlafe, unter
allen Umständen ist $2 + 3 = 5$, und unter allen Umständen hat
das Quadrat nie mehr als vier Seiten, und es ist geradezu unmöglich, dass diese durchsichtigen Wahrheiten jemals in den Verdacht, falsch zu sein, gerathen können. Allein auch dieser Zweifel
ist möglich; aber dann müsste es, nach Descartes, allerdings ein
boshafter Dämon gewesen sein, der mich geschaffen hätte, damit
ich mich immer täusche. Hier ist es somit wieder die Gottesidee
und namentlich die Wahrhaftigkeit Gottes, welche die Frage löst.
Der Anfangspunkt ist der einfache Satz, dass ich aus den Gedanken
des Zweifels selber einsehe, dass ich existire, und dazu knüpft sich,
Glied für Glied, die Entwickelung weiter. Es ist die Methode der
Geometrie, die von bestimmten Grundsätzen ausgeht und Lehrsatz
aus Lehrsatz entwickelt. Was diesen ihre innere und gegenseitige
Sicherheit verleiht, ist, dass die mathematischen Begriffe im Denken
einen doppelten Reinigungsprocess durchgemacht haben; sie sind
Abstractionen in zweiter Potenz, die Wahrnehmungsbilder sind in
Idealbilder verwandelt, die — z. B. die mathematische Linie, der
mathematische Punkt — nichts Entsprechendes in der Wirklichkeit
haben; daher kann der Gedanke sie völlig durchdringen. Für
Descartes ist der Inhalt der Gedanken das Ungewisse, der Gedanke
selbst das einzig Gewisse, die Formen und Bewegungen der Gedanken dasjenige, von welchem wir uns Gewissheit erwerben
können. Das Denken allein ist Erkenntniss, und was er mit der
geforderten Klarheit und Deutlichkeit des Erkennens meint, ist
schliesslich das Verhältniss vom Denken und Stoff, dass das
Denken seinen Stoff völlig durchdringen kann. Diese Auffassung
spricht er am Schlusse der zweiten Meditation aus:*) „Es ist mir
jetzt klar, dass auch die Körper selbst nicht eigentlich von den
Sinnen, auch nicht von der Einbildungskraft, sondern bloss vom
Denken wahrgenommen werden; dass ich sie wahrnehme, nicht
weil ich sie betaste oder sehe, sondern weil ich sie denke.“

Alle wahre Erkenntniss wurzelt bei Descartes allein im selbstbewussten Denken; die Vernunft muss mit sich selbst anfangen:
denn darauf ist alles Wissen gebaut. Darum giebt auch das

---

*) René Descartes' Hauptschriften, übers. v. Kuno Fischer.

Denken klare und deutliche Vorstellungen, während die Wahrnehmungen nur unklare und undeutliche Vorstellungen sind; je
reiner aus sich selbst das Denken seinen Inhalt entwickelt, desto
klarer und deutlicher, das heisst, desto wahrer und zuverlässiger
sind seine Resultate. So verdankt die Vernunft sich selber alle
Klarheit und Deutlichkeit, d. h. alle Entscheidung des Wahren und
Falschen. Das Denken des Verstandes ist somit in der cartesianischen Philosophie der Ausgangspunkt, der Erkenntnissweg und
der entscheidende Richter geworden. Die menschliche Seele hat
ihrem eigentlichen Wesen nach nur ein Vermögen: den Verstand,
und eine Wirksamkeit: die Vorstellungen, wie das menschliche
Leben ein Ziel, das Erkennen, hat.

Dieser Standpunkt ist von den bedeutenden Philosophen der
folgenden Zeit weiter entwickelt; ein Unterschied aber zeigt sich
zwischen der Hauptströmung, die durch die Systeme von Spinoza
und Leibnitz, und einer Seitenströmung, die zu Malebranche und
Berkeley führt; die erste sieht im Menschen nur das vorstellende
Wesen, die andere sieht nur in den Vorstellungen die Welt.

Es war zunächst die Gottesidee in der Philosophie Descartes',
die Spinoza ergriff, um durch eine pantheistische Fassung derselben
die cartesianischen Gedanken weiter auszubilden. Mit diesem Begriff beginnt und schliesst die Philosophie Spinozas, und das
ganze System ist schliesslich nur eine Erklärung und Entwickelung desselben. Was das Selbstbewusstsein dem Descartes war,
ist der Gottesbegriff für Spinoza: der feste Anfangspunkt und die
Grundlage der ganzen Deduction seiner Lehre. Sein Gott ist die
unendliche einzige Substanz, so dass alles, was ist, in Gott ist und
nichts ohne Gott sein und begriffen werden kann. Sein Gottesbegriff ist das Abstracte, das alles bedingt, das Absolute, das in
sich alles enthält. Man sollte sodann glauben, dass die Lehre
Spinozas ganz und gar eine Religionsphilosophie wäre; allein der
ganze religiöse Geist dieses philosophischen Systems macht einen
durchaus befremdenden Eindruck; es ist die Religiosität eines Neu-
platonikers verbunden mit der Moralität eines Stoikers. Selbst
betrachtete er seine Lehre zunächst als eine Ethik; aber seine
Philosophie ist eine wunderliche Verbindung von abstracter Mystik
und mathematischem Denken, die eine Tugend empfiehlt, deren

Inhalt Wissen ist. Erst an diesem Punkte kommt der Denker dazu, das Erkennen zu untersuchen, und er bestimmt dasselbe als das methodische Denken. Aber die Frage, die uns hier beschäftigt, nämlich, worin die Zuverlässigkeit dieser unserer Erkenntniss besteht, dieselbe ist für Spinoza das Natürlichste und Einfachste von allem. Seine Erkenntnisslehre besteht eben darin, alle Erkenntnisslehre wegzuwerfen, um sich unmittelbar auf das einfache, klare und deutliche Denken zu verlassen.

Denken und Ausdehnung waren als die klarest erkennbaren Ausdrücke des Geistes und der Materie bei Descartes in offenem Gegensatze gestellt; bei Spinoza sind sie vereinigt; denn sie sind beide Accidenzen an derselben Substanz, der Gottheit oder Natur, die als Einheit von Denken und Ausdehnung in sich alles umfasst. Die Philosophie Spinozas hat von der Mathematik nicht nur die Methode, sondern ihre ganze Form und Darstellung entlehnt. Die Nothwendigkeit, mit welcher sich die Welt aus der Natur Gottes entwickelt, ist die mathematische Folge, und die wahre Erkenntniss besteht einzig darin, einzusehen, wie aus dem Gottesbegriff sich jeder Erfahrungssatz entwickeln lässt, etwa wie in der Mathematik die Lehrsätze aus der Definition. Alle Erkenntniss ist eine Erkenntniss aus Gründen. Die Gründe, aus welchen wir erkennen, sind entweder richtig oder falsch. Die wahre Erkenntniss hat daher nur eine Form: das Verständniss der Sache aus ihrem wirklichen Grund, und der wirkliche Grund ist der, welcher eine solche Erklärung enthält, dass der betreffende Satz daraus nothwendig folgt. Der Weg ist also ein Denken, dessen Wahrheit sich in der Klarheit und Deutlichkeit der Begriffe und ihrer Verbindungen bezeugt. Die Wahrheit unserer Erkenntniss stützt sich darauf, dass Denken und Ausdehnung nur zwei Seiten desselben Wesens sind. War nicht die Ordnung der Ideen dieselbe ewige und nothwendige, wie die der Dinge, so war alle Erkenntniss unmöglich. Nun haben wir indessen selbst in uns die Ideen des Ewigen und Nothwendigen, die allein eine wahre Erkenntniss gewähren, und erkennen sie mit einer intuitiven Gewissheit. Sodann kann schliesslich alles durch das Denken erkannt werden; die wahre Natur und Beschaffenheit der Dinge liegt uns offen; der Verstand muss nur den richtigen Weg einschlagen, um das Ganze in seinem Zusammenhang zu überschauen. Klarheit, Deutlichkeit und Einfachheit, das heisst keine inneren Widersprüche zu haben, sind die Merkmale des wahren Denkens. Die Gewissheit wieder von der Wahrheit des Gedankens ist immer mit dem wahren Gedanken verknüpft.*) Oder wie es am Schlusse „de intellectus emendatione" heisst: idem est certitudo et essentia objectiva.

Eine specifisch religiöse Form erhält der Cartesianismus bei Malebranche. Wie Descartes geht auch Malebranche von einer unabtrennbaren Verbindung des Selbstbewusstseins und Gottesbewusstseins aus und sieht im Denken die einzige Erkenntnissquelle. Das Wahrnehmen giebt nach ihm keine wahre Gewissheit, die Einbildungskraft ist nur eine Fähigkeit, die Bilder des Wahrnehmens zu wiederholen und zu verbinden; nur das Denken giebt uns Wahrheit und Gewissheit. Dass wir die Gottesidee denken können, ist auch Malebranche der Beweis, dass Gott existirt, und erst im Gottesbewusstsein, wie dunkel es sein möge, werden wir uns unser selber gewiss. In Gott liegt nun das ganze Dasein, in Gott wird es angeschaut und erkannt. Schon Descartes nahm nur die Körperwelt als höchst wahrscheinlich an, bei Malebranche verringert sich diese Wahrscheinlichkeit. Geulinx suchte den Beweis dafür darin, dass Gott nur durch die Vermittelung eines Körpers die Wahrnehmungen in dem Einzelnen hervorrufen könne. Aber diese Einschränkung in der Vollkommenheit der Gottesidee spricht Malebranche nicht zu, und nur in dem Glauben an die Wahrheit Gottes findet auch er die Bürgschaft für den Glauben an die Wirklichkeit. Wie bei Descartes sich alles aus dem Selbstbewusstsein entwickelt, und wir alles durch das Selbstbewusstsein erkennen, so entwickelt sich hier alles aus dem Gottesbewusstsein, und wir schauen und erkennen alles in Gott, in dem alle Wirklichkeit als Ideen liegen. Die Erkenntniss der Körperwelt ist ein Erkennen Gottes durch die Ideen. Weil aber die Gegenstände in der Vermittelung des Erkennens alle Bedeutung verloren haben, tritt mit dem Abfall auch ein Rückgang von Descartes ein. Diesem war der Geist das

---

*) Spinoza: Ethica. II. pr. 43.

Klarste von allem gewesen, von den Körpern dagegen hatten wir nur eine unklare und undeutliche Erkenntniss. Umgekehrt bei Malebranche; die Seele ist ihm etwas, das wir weniger kennen; denn ihre Fähigkeiten und Bestimmtheiten stehen da als zufällige innere Erfahrungen, weil das Selbstbewusstsein und Gottesbewusstsein zusammengeschmolzen sind. Daher ist auch das Ich, das bei Descartes so durchsichtig war, bei Malebranche unklarer und deswegen unerkennbarer. Sowohl unser eigenes irdisches Dasein als die ganze Körperwelt erkennen wir nur in den Ideen. Die Ideen aber haben ihren Ursprung in Gott, und werden nur in ihm erkannt; sie werden nicht alle Augenblicke geschaffen, sondern, vom Bewusstsein verschieden, hat dasselbe das Vermögen sie in Gott zu erkennen. Wie dies geschieht, sucht Malebranche auf folgende Weise zu erklären: der Verstand ist vollkommen passiv; denn nicht nur die Ideen, sondern auch die Wirksamkeit, durch welche sie erkannt werden, liegt ausser uns. Er betrachtet alle unsere Erkenntniss als eine göttliche Erleuchtung: wie die Sonne die Dinge erleuchtet, damit sie gesehen werden, so müssen auch die Ideen unser Bewusstsein erleuchten. Diese Erleuchtung ist aber eine göttliche Eingebung, und wir erhalten sie nur in dem lebendigen Verhältniss zu Gott, das heisst im Gebet.*)

Bei Malebranche ist alle Gewissheit als religiöse Gewissheit gedacht. Der Gegensatz: Selbstbewusstsein — Wahrnehmen, mit welchem angefangen wird, geht in der Entwickelung in zwei Grade über, in welchen dasselbe Verhältniss, und zwar das Verhältniss Gottes zum Einzelnen erfahren wird. Allein, wozu ist dann die ganze Körperwelt oder Aussenwelt da, die in diesem Lehrgebäude weder erklärt wird, noch etwas erklärt? Als eine einfache Folge davon bietet sich die Auffassung dar, die wir bald nachher bei Collier und Berkeley finden.

Allein kann in Bezug auf die hier behandelte Frage die Ansicht Berkeleys als eine Folge der Erkenntnisslehre Malebranches betrachtet werden, so stützt sich doch seine ganze Denkrichtung und Lehre nicht auf die französische, sondern auf die frühere englische Philosophie.

---

*) Malebranche: Rech. d. l. v. III & IV.

Im Gegensatze zu den scholastischen Schematisirungen hatten schon seit dem sechszehnten Jahrhundert die Naturwissenschaften sich eine grössere Bedeutung und ein allgemeineres Interesse erkämpft und schienen immer mehr im Stande wirklich das menschliche Wissen zu erweitern. So strebten die Gedanken der Zeit zu ihnen hin, um einen Weg zu neuer Erkenntniss zu finden. Der aristotelischen Deduction gegenüber hatte Bacon in der systematischen Naturerkenntniss eine neue Methode erblickt, die inductive, und hatte die Theorie derselben in seinen Schriften zu erklären und begründen gesucht. Aber erst mit Locke tritt die Frage nach dem Grund und Recht dieser Erkenntniss in den Vordergrund; mit ihm erhält die neuere Philosophie ihren erkenntnisstheoretischen Character.

Im vierten Buch seines bekannten Werkes*) spricht Locke über den Umfang und die verschiedenen Grade der Gewissheit. Nachdem er nachgewiesen hat, dass der Mensch nicht mit angeborenen fertigen Ideen auf die Welt komme, wie die frühere, namentlich die cartesianische Philosophie, angenommen hatte, sondern wie ein unbeschriebenes Blatt Papier sei, auf welches die Erfahrung allmählich den ganzen Inhalt schreibe, geht er dazu über, das menschliche Erkennen an sich zu untersuchen. Den Inhalt aller Erkenntniss leitet er lediglich von der Erfahrung ab, aber er beschränkt dieselbe nie auf die sinnliche Wahrnehmung, im Gegentheil, die innere Erfahrung ist ihm die wesentliche; allein sowohl die Bedingungen als den Antrieb zu ihrer Thätigkeit erhält die innere Erfahrung durch die Wahrnehmungen und somit durch die Einwirkungen der Aussenwelt. Im Wahrnehmen erfährt indessen der Mensch nicht die Dinge selbst, sondern zunächst seine eigenen Zustände; Geschmack, Farbe, Temperatur u. s. w. liegen nicht in den Gegenständen, sondern im Wahrnehmenden. Indem er sodann diese Eigenschaften von den primären unterschied, unter welchen er an solche wie Grösse, Gestalt, Bewegung u. s. w. dachte, wurden es also nur diese allein von Raum und Zeit bestimmten Eigenschaften, die wir in den Dingen als Abbilder der Wirklichkeit wahrnehmen. Allein wie man deutlich aus der Locke'schen

---

*) J. Locke: Essay concerning human understanding. 1690.

Entwickelung des Substanzbegriffes sieht, liessen sich auch diese nicht mit Bestimmtheit feststellen, was sich schon daraus ergiebt, dass die Unterscheidung der primären und secundären Qualitäten nach dem Eintheilungsgrunde getroffen ist: was wir mit zwei Sinnen, und was wir nur mit einem Sinne wahrnehmen können. Indem wir so unser Erkennen zu erkennen suchen, werden wir an unsere eigenen Zustände gewiesen, weil überhaupt die innere Erfahrung ein richtigeres Abbild unserer Zustände als die äussere von den Gegenständen giebt. Der seelische Zustand des Wissens aber ist die Gewissheit.

Nach Locke besteht die Gewissheit in dem Erfassen der Übereinstimmung oder Nichtübereinstimmung unserer Vorstellungen, und er zeigt, wie überall das Verhältniss dasselbe ist, sowohl in der Mathematik, wie in der Moral. Die Gewissheit ist ihm nicht die Gewissheit der einzelnen Vorstellungen, sondern sie tritt eigentlich erst ein, wenn die Vorstellungen in Urtheile verbunden werden. Locke unterscheidet verschiedene Arten der Gewissheit, je nach dem Grade unserer Zustimmung (degrees of assent). Ob er sich 2 oder 3 Grade gedacht habe, ist verschieden aufgefasst gewesen. Als Beispiele dieser Grade führt er mehrmals an, dass wir von unserem eigenen Dasein eine anschauliche Gewissheit haben, von dem Dasein Gottes eine demonstrative und von allen anderen Dingen eine wahrnehmende.*) Indessen scheinen die erste und letzte in mehreren Beziehungen zusammenzufliessen, und wir finden in dieser Lehre von Locke eigentlich eine eigenthümliche Verschmelzung der Auffassungen von Bacon und Descartes. Im Selbstbewusstsein sah Descartes zunächst den Grund aller Gewissheit, ebenso bei Locke; dann gab es eine Gewissheit, die unabhängig von dieser den Übergang zu aller anderen Gewissheit bildete, es war die Gottesidee; auch bei Locke nimmt diese eine besondere Stellung ein, obwohl er nicht die Gewissheit in dem Gottesgedanken selbst findet, sondern in den verschiedenen Beweisen für das Dasein Gottes. Bei Bacon ist die Gewissheit das glückliche Zusammentreffen von Erfahrung und Reflexion. Wie es sich in seiner Lehre von den prärogativen Instanzen zeigt, dachte er sich die Gewissheit

---

*) Essay c. h. u. IV. c. 9.

hervorgehen, indem der Gedanke mit einem Male an einem einzelnen
Falle alle übrigen Fälle übersieht, und somit in einer einzigen
Erscheinung die Lösung eines sich in vielen Erscheinungen wieder-
holenden Problems findet. Auch damit ist Locke einverstanden.
Er spricht geradezu aus, dass die Gewissheit des Wahrnehmens
so gross ist, wie sie die menschliche Natur den Dingen gegenüber,
mit Ausnahme des eigenen Selbst und Gottes, zu erlangen fähig
ist.*)   Es kann darnach kaum Zweifel daran sein, dass diese zwei
Wahrheiten ihm eine besondere Stellung eingenommen haben,
wenn gleich er sie auch, jede auf eine verschiedene Weise hervorgegangen, dachte, und dass er in diesen beiden die Grundlage alles
Wissens findet.   Nach der verschiedenen Weise, auf welche dieses
erworben wird, unterscheidet er ein anschauliches und ein beweisbares Verfahren (intuitiv und demonstrativ).   Hieran knüpft sich
eine verschiedene Zuverlässigkeit: es giebt eine unmittelbare Gewissheit, die unmittelbar im Augenblick aus der Übereinstimmung
der Vorstellungen gewonnen wird, und eine mittelbare durch die
Beweise des Denkens.   Den höchsten Grad nimmt die Zuverlässigkeit der Anschauung ein, das Bewusstsein kann hier unmittelbar
die Übereinstimmung oder Nichtübereinstimmung vergleichen und
sie sobald erkennen.   Wie von den zwei Grundwahrheiten, das
Dasein des Ich und das Dasein Gottes, die eine intuitiv, die andere
demonstrativ ist, so lässt sich alles Wissen auf diese zwei Arten
zurückführen.   Das über allen Zweifel Erhabene, das allen solchen
Sätzen — z. B. math. Grundsätzen — anhaftet, die niemand bezweifelt,
liegt in der unmittelbaren Anschauung.   Man braucht nicht erst
nach Begründung zu suchen, ob man ihnen beistimmen darf oder
nicht; man wird wie durch eine höhere Geistesthätigkeit verge-
wissert, und Locke denkt sich, dass es eine solche Erkenntniss
wohl sein möge, welche die Engel und Geister in allen Punkten
ihres Wissens haben.   Wo die Gewissheit dagegen auf dem Beweise ruht, kann man nicht mit einmal die Übereinstimmung überblicken; man muss sie durch Nachdenken und Schlüsse ausprüfen.
Durch den Mittelbegriff muss der Verstand jedesmal auf die anschauliche Übereinstimmung zurückgehen, und je mehr Mittel-

---

*) Essay c. h. u. IV. c. 11. § 8 u. 9.

begriffe da eintreten, je leichter kann ein Versehen vorkommen; daraus ergiebt sich, dass obwohl hier ein ebenso sicheres Wissen wie im vorigen Falle möglich ist, es doch nie so klar und einleuchtend wird; denn es hängt überall davon ab, dass die einzelnen Glieder des Beweises auf einen anschaulichen Vergleich zurückgeführt werden können. Das anschauliche und das beweisbare Wissen bilden die zwei Stufen des wirklichen Wissens; was dieses nicht erreicht, ist nur Glauben und Meinen, aber kein Wissen, es kann Wahrscheinlichkeiten gewähren, aber keine Gewissheit. Die mittelbare Gewissheit ist durch ihre Entstehungsweise dem Zweifel ausgesetzt, während die anschauliche eben darin ihren Vorzug zeigt, dass sie allen Zweifel ausschliesst.*)

Allein wenn man die Zuverlässigkeit unseres Wissens im Allgemeinen auf das Selbstbewusstsein und Gottesbewusstsein, im Besonderen dagegen auf das Wahrnehmen und das von diesem abgeleitete Denken gründet, so scheint diese Erklärung in ihrer Ausführung so künstlich, dass sie einfacher und der Theorie nach natürlicher gemacht werden muss. Dieses geschieht durch Berkeley. Das Wahrnehmen und Denken geht bei ihm in Gottesbewusstsein und Selbstbewusstsein über, und aus den gegenseitigen Beziehungen dieser Grundprincipien des Bewusstseins wird alles Dasein erklärt.

Sah man die Auffassung Lockes von dem Wahrnehmen näher an, wie er die primären Eigenschaften den secundären gegenüberstellte, so war schon dadurch der Weg gebahnt. Die Wahrnehmungen der secundären Qualitäten, wie Farbe, Geruch, Kälte und Wärme, Härte und Weichheit u. s. w. waren im Gegensatze zu Grösse, Form und desgleichen nur subjective Empfindungszustände. Indem aber dieser Unterschied unter das schärfere Licht der philosophischen Untersuchung gebracht wurde, erschien die Grenze immer schwankender, und so lag es nah, sie gänzlich aufzuheben und beide nur als verschiedene Grade derselben Thätigkeit zu betrachten. So wird das Selbstbewusstsein der Grund aller Erfahrung und die Reflexion die einzige Thätigkeit alles Erkennens, während die Körperwelt sich in die Vorstellungen des Subjects auflöst. Was den früheren Rationalismus

---

*) IV. c. 17. § 14. s.

verhindert hatte, eine solche Folgerung zu ziehen, so nah sie allerdings bei Malebranche liegt, war der von Plato geerbte Glaube an das Allgemeine der Wirklichkeit, an die Ideen. Indem Berkeley aber nachwies, dass Allgemeinvorstellungen in dem Sinne, wie die frühere Philosophie sie angenommen hatte, in unserem Bewusstsein nicht vorkommen, zertrümmerte er mit den allgemeinen Begriffen auch die materielle Welt. Schopenhauer rühmt ihm nach, dass er der erste war, welcher entschieden den bedeutsamen Satz: die Welt ist Vorstellung! aussprach, oder wie es bei Berkeley heisst: die Dinge sind nicht ausser uns, sondern in uns. Allein wenn auch alles ausser uns als unsere eigene Vorstellung aufgefasst werden muss, so sind wir doch genöthigt eine Ursache aller Vorstellungen der Wirklichkeit zu denken, weil wir sehr wohl die Vorstellungen der Aussenwelt, die uns aufgezwungen werden, — denn wir mögen wollen oder nicht, in jedem Falle müssen wir die umgebende Körperwelt sehen, hören, fühlen, — von unseren freien Phantasievorstellungen unterscheiden. An die Stelle dieser Ursache setzt Berkeley die unmittelbare Einwirkung Gottes auf unsere Seelen. Diesem Princip gemäss sollte man eigentlich nicht von Einwirkungen der Dinge auf uns, sondern nur von einer Einwirkung der Geister sprechen: allein Berkeley macht selbst darauf aufmerksam, dass man mit den Gelehrten denken und mit dem Volke sprechen müsse.*) Alle Realität besteht somit in den Gedanken Gottes, die zur selben Zeit den Willen Gottes bilden. Die Übereinstimmung unserer Vorstellungen mit denjenigen der Gottheit ist die Wahrheit, wie aller Irrthum auf der Nichtübereinstimmung beruht, welche wir dann selbst durch unrichtige Verbindung der einzelnen Theile der Vorstellungen herbeiführen. In dem Grad der Stärke, mit welchem die Übereinstimmung oder ihr Gegensatz von dem Einzelnen festgehalten wird, findet er die Gewissheit. Die Entwickelung dieses Begriffes aber führt in das folgende philosophische System über.

David Hume wird gern als der classische Vertreter des Skepticismus in der neueren Philosophie betrachtet, und insofern mit Recht als in ihm sich die Auflösung der früheren Erkenntniss-

---

*) Berkeley: Principles of hum. knowl. 51.

lehre vollzieht. Als seinen Lehrer der Skepsis giebt Hume deutlich genug Berkeley an,*) der freilich mit seiner Lehre ganz andere
Zwecke im Auge hatte. Mit Locke hat Hume den sensualistischen
Ausgangspunkt, mit Berkeley die nominalistische Erklärung gemein, und dadurch unterscheidet sich dieser Skepticismus von dem
griechischen und dem der Renaissance. Er zweifelt nicht an den
Wahrnehmungen, insofern sie sich auf eine Festsetzung der Thatsachen beschränken; er zweifelt auch nicht an dem Denken, insofern sich dasselbe damit begnügt über die Verwandtschaft oder
Verschiedenheit unserer Vorstellungen zu urtheilen; er zweifelt
aber an allem, was über diese Schranken hinausgeht; denn er be-
streitet dem Verstand alle Berechtigung, durch die eine Art Erkenntniss die andere zu erweitern. Das Wissen ist nach Hume
entweder ein intuitives in der inneren und äusseren Erfahrung
oder ein demonstratives in der Reflexion über die Beziehungen der
Vorstellungen, und die Gültigkeit derselben stützt sich darauf, dass
das Denken dadurch nur seinen eigenen Inhalt untersucht und denselben in andere Formen bringt. Eine zuverlässige Verbindung
von Erfahrung und Reflexion dagegen lehnt er mit aller Entschiedenheit ab, und die Gewissheit der Erkenntniss, die nur im
Wechselwirken beider gedeiht, verkümmert durch die künstliche
Isolation. Von den zwei Arten der Gewissheit, die Hume mit Locke
annimmt, ist die intuitive bis auf die einzelne Wahrnehmung, die
demonstrative auf das analytische Urtheil zusammengeschrumpft.

Die That, mit der er die Brücke abbricht, ist seine Kritik des
Kausalitätsgesetzes. Um überhaupt irgend welche Erfahrung zu
machen, müssen wir Subject und Prädicat in den Kategorien der
Substantialität und Kausalität verbinden können. Ist nun, wie
Hume annahm, die letztere Kategorie, die grundlegende, so fragt
es sich, mit welchem Recht wir die Betrachtungsweise von Ursache
und Wirkung überall in die Dinge hineintragen. Hume nahm
daher in eigentlichem Sinne den Empirismus beim Worte, wenn
er sagte, dass es unzulässig sei, in die Erfahrung mehr einzu-
schieben, als wir wirklich mit den Sinnen wahrnehmen. Wollen
wir über die einzelne Wahrnehmung oder den logischen Schluss,

---

* Hume: Enquiry concerning the hum. understanding. XII. 1.

wo die Prämissen nur verdeckt die Konklusion enthalten, (und so verstand er wie das ganze Zeitalter auch das Verfahren der Mathematik), hinausgehen, so müssen wir das Gesetz der Kausalität anwenden. Dies ist unbedingt das wichtigste Gesetz des Erkennens, auf welches sich die andern gewissermassen zurückführen lassen, weshalb auch Hume in der Umarbeitung seiner Erkenntnisslehre die Untersuchungen auf dieses beschränkte. Nun warf er die Frage auf: woher stammt dieses Gesetz? Wenn ich einen Vorgang für die Ursache eines andern Vorganges halte, gelangen wir nie dahin das ursächliche Verhältniss in dem einen oder in dem andern nachweisen zu können; auch nicht in deren Verbindung kann es liegen; denn ich nehme keine Verbindung, sondern nur eine Aufeinanderfolge wahr. Wir können die Vorstellung eines Dinges oder eines Geschehens noch so sehr in ihre Bestandtheile zerlegen, wir werden nie darin das ursächliche Verhältniss enthalten finden. Andererseits ist es keine nothwendige Denkform. Wäre das Kausalitätsverhältniss ein Gesetz der Vernunft, meinte Hume, so müsse es sich ebenso gut aus einem einzigen Falle wie aus einer ganzen Reihe von Fällen finden lassen, und wenn man aus einer Reihe auf ein solches Gesetz schliesse, wo habe man den Beweis der Gültigkeit für ein solches Verfahren? Im Denken kann dieser nicht liegen; denn das Denken kann nicht mehr erschliessen oder nachweisen, als was schon in dem Inhalte der gegebenen Vorstellungen enthalten ist. Es muss also aus der Erfahrung stammen. Sodann kann es nur aus einer subjectiven Neigung herrühren, vermöge welcher wir eine oft wahrgenommene Verknüpfung als eine nothwendige ansehen. Sein Grund ist somit die Gewohnheit und seine Zuverlässigkeit die Macht der Gewohnheit. Die Anwendung des Kausalitätsgesetzes ist keine nothwendige Wirksamkeit der Vernunft, sondern die zufällige eines Instinctes, den wir mit allen Thieren theilen.

Nach dem Bisherigen verstehen wir schon, dass die Gewissheit, von der Hume spricht, die praktische, nicht die philosophische ist; die Gewissheit ist ihm die allgemeine Sicherheit unserer Erkenntniss, mit der man sich im praktischen Leben begnügt, nicht diejenige, die den Beweisen des Zweifels Stand hält. In seiner

Eintheilung der Gründe*) in beweisende, gewisse und wahrscheinliche, bezeichnen die ersten die analytische Denkoperation, die nebst
den einzelnen Wahrnehmungen in der That das einzige Gewisse
ausmacht. Die zweiten bezeichnen nur die Zuverlässigkeit der
Erfahrung, welche wir dem praktischen Leben entlehnt haben. Sie
beruhen somit nicht auf der Macht der Vernunft, sondern auf der
Macht der Gewohnheit, sie haben daher schliesslich nur einen
hohen Grad der Wahrscheinlichkeit. Der Zweifel hat sein Reich
so erweitert, dass nur ein Schatten von Herrschaft der Gewissheit
zugestanden ist.

Die entgegengesetzten Denkrichtungen der Zeit fanden in der
Philosophie von Leibniz eine gewisse Versöhnung, ihre Durcharbeitung zu einer neuen Lösung aber geschieht erst mit Kant.
Leibniz lässt die angeborenen Ideen im Sinne Descartes' fallen,
allein nur um sie in einer anderen Form wieder aufzunehmen,
durch welche er meint den Rationalismus in seinem ganzen Umfang aufrecht erhalten zu können. Seine Vermittelung zwischen
Descartes und Locke stützt sich darauf, dass er einerseits die
angeborenen Ideen in Anlagen umwandelt, andererseits die Erfahrung als die unerlässliche Bedingung für die Entwickelung
der Anlagen zu einem Wissen annimmt. Aus den „nouveaux
essais", in welcher Schrift Leibniz die Erkenntnisslehre Lockes
einer eingehenden Prüfung unterwirft, und die auch für seine
eigene die wichtigste Quelle ist, erscheint der Gegensatz nicht
als ein unversöhnlicher; denn Locke ist in Bezug auf die Erkenntnisslehre seinerseits kein consequenter Empirist. Allein der
grosse Unterschied liegt darin, dass Leibniz einsah, dass — wie
Goethe sagt — die Erfahrung nur die Hälfte der Erfahrung sei.
Er begriff, dass die Gesetze des Denkens schon in den Erfahrungen
mit enthalten sind, und dass der Mensch überhaupt gar nichts erfahren würde, wenn er nicht von vornherein diese auf den Stoff
der Erfahrung anwendete. Daher wird er auch nicht von der
Kritik Humes getroffen, der nachwies, dass der Kausalitätsbegriff
nicht aus der sinnlichen Erfahrung abgeleitet werden könne, und
dass also der Begriff, wenn es keine angeborenen Ideen gäbe, un-

---

*) Enquiry c. h. u. VI.

möglich wäre. Dieses ist, was er in dem allbekannten Satze aussprach, wenn er dem Grundsatze Lockes: nichts ist im Verstande,
was nicht vorher in den Sinnen war, — das Wort hinzufügte: der
Verstand ausgenommen.

Leibniz wendet die Locke'schen Bezeichnungen der Gewissheit an und unterscheidet eine intuitive und demonstrative, zu
welchen sich die empirische als eine weit geringere Art gesellt,
die eigentlich nur die Wahrscheinlichkeit vertritt. Die intuitive
bezieht sich auf „die ersten Wahrheiten," die nicht aus anderen
abgeleitet werden können, und welche für Leibniz zunächst die
Thatsachen der inneren Erfahrung sind. Die demonstrative lässt
sich von der vorigen ableiten, und alle ihre Urtheile lassen sich
auf den Satz vom Widerspruch zurückführen. Leibniz theilt alle
Wahrheiten in zwei Klassen: die ewigen oder metaphysischen und
die thatsächlichen. Alle Gewissheit, sie mag intuitiv oder demonstrativ sein, bezieht sich auf die ewigen Wahrheiten, die thatsächlichen werden durch die sinnliche Erfahrung erkannt und haben
nur den Namen der Gewissheit, aber die Realität der Wahrscheinlichkeit. Den Unterschied der zwei Reihen darf man sich jedoch
nicht so denken, als wenn die ersten durch den Geist allein, die
anderen durch die Einwirkung der Aussenwelt hervorgebracht
wären; denn von der Einwirkung eines Körpers auf die Seele kann
bei ihm keine Rede sein. Die ewigen Wahrheiten unterscheiden
sich nur durch Klarheit und Deutlichkeit von den thatsächlichen,
wie beide für die Gottheit dieselbe Stufe einnehmen müssen.
Somit ist die logische Gültigkeit in eine metaphysische umgewandelt, indem sie die Bedingung der Möglichkeit bildet. Wie die
Möglichkeit durch den Satz vom Widerspruch, so wird die Wirklichkeit durch den Satz vom zureichenden Grunde erkannt. Das logisch
Gedachte ist nicht allein das Wahre, sondern auch das einzige Wirkliche. Daraus erhellt, dass die Unterscheidung von Wahrheit und
Gewissheit bei Leibniz sich nicht tiefer erstreckt, als dass sie,
wenn man ihr auf den Grund geht, schliesslich auf die unmittelbare Vereinigung Spinozas zurückläuft.

Die Philosophie Kants bringt die vollendende Umbildung aller früheren Erkenntnisslehre. Mit Leibniz ist Kant darin einverstanden, dass dasjenige, was wir Erfahrung nennen, nicht ein so einfaches und nur von aussen gegebenes Produkt unserer Erkenntniss sei, wie man geneigt ist anzunehmen, sondern schon eine geistige Umarbeitung der sinnlichen Bestimmtheiten enthalte. So fasst er die Erfahrung als eine Verbindung von Denken und Wahrnehmen nach ewigen Normen auf. Indem er nun sich nicht mit dem dass begnügt, sondern nach dem wie fragt, gestaltet sich seine Philosophie zu einer Theorie aller Erfahrung, in welcher die alte Metaphysik in Erkenntnisslehre umschlägt, und die Frage nach dem Wesen des Daseins sich in die Frage nach dem Wesen unseres Wissens auflöst. Liegt alle unsere Erkenntniss in den Vorstellungen, so ist das Erste, was in der philosophischen Wissenschaft zu thun ist, die Vorstellungsthätigkeit zu untersuchen. Und dieses muss gemacht werden ohne sich auf andere Voraussetzungen zu stützen als auf solche, welche die Sache selbst erfordert. Denn fanden sich auch solche Untersuchungen in der früheren Philosophie vor, so gingen sie immer von der Annahme aus, dass die Erkenntniss ein Spiegel der Welt sei, und dadurch war immer die erkenntnisstheoretische Untersuchung auf das Gebiet der Metaphysik hinübergelenkt. Die grosse That Kants ist, dass er die Aufgabe in der angeführten Weise gefasst und dem ganzen Umfang nach zu lösen gesucht hat. Er analysirte das menschliche Erkenntnissvermögen und zeigte, wie die verschiedenen Theile dieser complicirten Maschine ineinander greifen, und wie sie die Vorstellungsverbindungen, die wir die Sinnenwelt nennen, zusammensetzen. Dadurch wies er nach, dass die Gesetze, welche wir in der Welt als allgemeine und nothwendige finden, sich nicht anwenden lassen, wenn es gilt die Welt selbst oder die Ideen der sittlichen Weltordnung zu erklären; denn sie gehören der menschlichen Erkenntnissweise an. Die Gesetze, die also die frühere Philosophie als die ewigen Wahrheiten betrachtete, in denen eben die Verbindung mit einer höheren und idealen Welt enthalten wäre, wies er als subjective Denknormen nach, die sich in einen Schein verwandelten, wenn sie über den Kreis der erfahrungsmässigen Vorstellungen hinausgetragen würden. So kann Kant seine Leistung

auf dem philosophischen Gebiete mit der des Copernicus auf dem
astronomischen vergleichen; denn wie Copernicus die Erklärung
der Himmelsbewegungen zu Stande brachte, indem er die Bewegung in dem Zuschauer anstatt in dem Gegenstand suchte, so
schuf Kant die Erklärung aller Erfahrung und Wissenschaft aus
dem Satze, dass unsere Erkenntniss sich nicht nach den Gegenständen,
sondern dass die Gegenstände sich nach unserer Erkenntniss richten
müssen.   Die Lehre Kants ruht auf der Einsicht, dass des Daseins
Anfang und Ende nicht ausser uns, sondern in uns ist.

Kant nimmt zwei entgegengesetzte Quellen unserer Erkenntniss
an: Sinnlichkeit und Verstand, und in beiden apriorische Formen,
die im Wesen des Erkennenden begründet sind.   Die Sinnlichkeit
ist die Fähigkeit, durch Eindrücke von der Aussenwelt Vorstellungen
zu bekommen; diese Vorstellungen heissen Anschauungen im
Gegensatze zu den Vorstellungen des Verstandes, den Begriffen.
In der formlosen Masse der Empfindungen schaffen Raum und
Zeit, die apriorischen Formen der Sinnlichkeit, Ordnung und Gestalt, und somit werden uns vermittelst der Sinnlichkeit die Gegenstände gegeben.   Sie heissen Erscheinungen, weil ihr Stoff aus den
Empfindungen, die Form aus den Anschauungsformen herrührt, und
wir sie demnach nur als Phänomene im Subject erkennen und untersuchen können.

Neben den apriorischen Formen der Sinnlichkeit stehen die
apriorischen Formen des Verstandes.   Sollen aus den Anschauungen
Erkenntnisse werden, muss der Verstand mit seinen Begriffen
hinzutreten.   Die Verarbeitung der empirischen Anschauungen geschieht aber nicht in den logischen Formen der Verstandesthätigkeit, d. h. in Begriffen, Urtheilen und Schlüssen; denn auf diese
Weise werden sie erst als fertige Erkenntnisse verarbeitet.   Die
Formen aber, vermittelst deren der Verstand die Anschauungen zu
Erkenntnissen erhebt, müssen den Principien der Urtheile ent-
sprechen, weil im Urtheilen der Verstand am deutlichsten das
Wesen seiner Thätigkeit kundgiebt.   Diese apriorischen Verstandes-
formen sind die Kategorien, die sich von den Urtheilsformen ab-
leiten lassen, und von denen die wichtigsten diejenigen von der
Substantialität und Kausalität sind.   Was Raum und Zeit für die
Sinnlichkeit, sind diese für den Verstand, die Formen, wodurch der

Verstand denkt, um zu dem Begriff zu gelangen. Die Fähigkeit, die sich der Kategorien bedient, ist die Einbildungskraft, ein Vermögen, das Kant als Bindeglied zwischen Sinnlichkeit und Verstand einschiebt; schliesslich erscheint dasselbe jedoch nur als eine besondere Wirkungsweise des Verstandes und zwar als diejenige, bei der dieser, ohne sich des Zieles oder der befolgten Gesetze bewusst zu sein, Vorstellungsverbindungen vollzieht. Im alltäglichen Leben bezeichnet man mit dem Worte Einbildungskraft die Fähigkeit, aus dem Material der Wahrnehmungen neue Zusammenstellungen zu bilden, diese ist die reproductive Einbildungskraft; wenn sie dagegen die sinnlichen Anschauungen durch die Function der Kategorien zu Erkenntnissen von den Gegenständen erhebt, nennt Kant sie die productive Einbildungskraft. Die Regeln, nach welchen die Einbildungskraft unbewusst verfährt, sind mithin dieselben, welche der Verstand als Kategorien sich zum Bewusstsein bringt.

Nur dasjenige, was unser Erkennen selbst erzeugt, ist uns vollkommen erkennbar; deshalb sind die Gegenstände auch nur, insofern sie unsere eigenen Producte sind, Gegenstände der Erfahrung. So vermag der denkende Verstand wieder die Sinnenwelt durch Anwendung der Kategorien (z. B. der Kausalität) zu erkennen, weil er, ohne es zu wissen, nach denselben Gesetzen vorher das Netz der Erscheinungen zusammengewoben hat. Aus dem Bisherigen ergiebt sich sodann, dass alle Wahrheit nach Kant nur in den allgemeingültigen und nothwendigen Verknüpfungen unserer Vorstellungen besteht. Die reale Beschaffenheit sowohl der Dinge wie unseres eigenen Selbst ist uns unbekannt; denn sie sind Erscheinungen. Allein eine Welt realer Dinge muss da sein, weil sonst unsere ganze Erscheinungswelt zum blossen Schein herabsinken würde. Eine Bestätigung dieser Ansicht findet Kant in den Widersprüchen, in welche sich die Vernunft verwickelt, wenn sie über die Welt der Erscheinungen, mithin über ihre Erfahrungen hinausgehen will. Die Welt der theoretischen Erkenntniss hat an einem bestimmten Punkt eine unüberschreitbare äusserste Grenze, obwohl eine innere Nothwendigkeit sowohl den Einzelnen wie das Menschengeschlecht in immer wieder neue Versuche, diese Grenze zu überschreiten, hinaustreibt; aber die Schranke ist nur da, um ihm eine neue Welt zu öffnen, wo dieses Streben sein Ziel erreichen kann. Der Schwerpunkt des Lebens liegt nicht in der theoretischen, sondern in der praktischen Erkenntniss, in der Erfüllung der ethischen Aufgabe. Diesen seinen Grundgedanken hat Kant mit dem bedeutungsvollen Wort: Primat der praktischen Vernunft über die theoretische, — ausgedrückt.

Wir können uns die Sache in der Kürze so denken: Kant nimmt mit einer glänzenden Umgestaltung den Gedanken Descartes an, dass uns ein böser Dämon so geschaffen habe, dass wir nie die wirklichen Dinge erkennen. Freilich, sagt Kant, wir sind so geschaffen, jedoch von keinem bösen Dämon, sondern von einem liebenden Gott, damit wir uns um unsere wahre Lebensaufgabe bekümmern und nicht die Bestimmung des Menschen in seiner Erkenntniss, sondern in seinem Handeln suchen.

Demgemäss unterscheidet Kant zwei Arten der Gewissheit, die logische und die moralische, von denen die erste auf Erkenntnissgründen, die letztere auf der moralischen Gesinnung beruht.*) Der einen entspricht der Sprachgebrauch: es ist gewiss, der anderen die sprachliche Formel: ich bin gewiss. Es heisst in Kritik d. r. V.: „Die Überzeugung, (dass ein Gott und dass ein künftig Leben sei) ist nicht logische, sondern moralische Gewissheit, und da sie auf subjectiven Gründen (der moralischen Gesinnung) beruht, so muss ich nicht einmal sagen: es ist moralisch gewiss, dass ein Gott sei etc., sondern ich bin moralisch gewiss.“ Beide Arten sind, als Ausdrücke der theoretischen und praktischen Vernunft, mit derselben Gültigkeit im menschlichen Geiste begründet, weil sie mit demselben Bewusstsein der Nothwendigkeit verbunden sind; in Kollisionsfällen aber entscheidet, nach der Lehre vom Primat der praktischen Vernunft, die letztere.

Von diesen zwei Arten ist nun wieder die logische Gewissheit entweder intuitiv, wenn sie in der Anschauung vermittelst der Construction der Begriffe gegeben, oder discursiv, wenn sie im Denken durch blosse Begriffe erzeugt wird. Das erste Verfahren ist das der Mathematik, das zweite das der Philosophie. Die Begriffe der Mathematik gehören zunächst der Sinnlichkeit an, sie

---

*) Kritik der reinen Vernunft. Methodenlehre II. 3. (S. 622—26. Kehrb.; S. 632—40. Kirchm.).

sind anschaulich; die der Philosophie dem Verstande; sie beruhen auf dem Denken. Deshalb kann und muss die Mathematik ihre Begriffe construiren, während die Philosophie die ihrigen nur erklären kann. So nennt Kant*) die philosophische Erkenntniss „eine Vernunfterkenntniss aus Begriffen", die mathematische „ein Vernunftgeschäft durch Construction der Begriffe". Die Gründlichkeit der Mathematik beruht auf ihren Definitionen, Axiomen und Demonstrationen, die nie in demselben exacten Sinne von der Philosophie nachgeahmt werden können.**) Sowohl hinsichtlich der Definitionen als der Axiome vermögen wir in der Mathematik allezeit die Entstehung der Begriffe aus ihren Elementen anzuschauen, und können sie mithin in der Anschauung zusammensetzen und darstellen; wir können uns deshalb jeden Augenblick davon vergewissern, dass die Bestimmungen auch dem Gegenstande völlig adäquat sind. Demgemäss hat allein die Mathematik Definitionen und Axiome, die Philosophie Expositionen und Grundsätze. Ebenso enthält nur die Mathematik Demonstrationen, weil sie aus der apriorischen Anschauung ihre Erkenntniss ableitet, während die Philosophie sich mit Beweisen aus Begriffen begnügen muss.

Der Unterschied zwischen intuitiver und discursiver Gewissheit ist also die verschiedene Art und Stufe der Anschaulichkeit, und der Vorzug der mathematischen (intuitiven) besteht darin, dass diese in der unmittelbaren Verknüpfung der Anschauungen sich allemal ihrer selbst vergewissern kann. Z. B. ich bin gewiss, dass 3 Punkte jederzeit in einer Ebene liegen, und in der Construction der Begriffe kann ich nun jeden Augenblick die ganze Vorstellungsverbindung anschaulich in einer Einheit zusammenfassen. Indem der Gedanke die Fläche durch die Punkte in ihren verschiedensten Stellungen hindurchlegt, schliessen sich die Vorstellungen zu einer einheitlichen Vorstellung zusammen, und es entsteht die Gewissheit. In der anderen Art, in der philosophischen oder discursiven Gewissheit, kann der Verstand nicht in der besprochenen Weise die Vorstellungsverbindungen überblicken, weder innerlich, weil er nicht selbst dieselben aus den Elementen gebildet

---

*) Kritik d. r. V. Methodenlehre I. 1. (S. 556. Kehrb.; S. 559. Kirchm.).
**) Kritik d. r. V. Methodenlehre. I. 1. (S. 558—62. Kehrb.; S. 560—64. Kirchm.).

hat, noch äusserlich, denn der lange Weg durch die Begriffe zurück zu den Anschauungen macht ein solches Verfahren unmöglich.

Der Unterschied darf nicht als ein Unterschied des Grades aufgefasst werden, denn Kant lehrt sonst nirgends Grade in der Gewissheit, — auch nicht in der Gewissheit der Gewissheit, wie die Sache von einigen erklärt ist, — sondern muss als ein Unterschied in der Art bezeichnet werden.

In der Zuverlässigkeit unserer Überzeugungen unterscheidet Kant ein dreifaches Verhältniss,*) das in der „Logik" nach der Modalität der Urtheile als ein problematisches, assertorisches und apodiktisches, oder als folgende drei Stufen: Meinen, Glauben und Wissen bestimmt wird.**)

Das Meinen ist ein Fürwahrhalten, wo die Gründe noch in keiner Hinsicht zureichend sind; dieses kann als ein vorläufiges Urtheilen angesehen werden, das der Wahrscheinlichkeit entspricht. Vom Meinen fangen wir grösstentheils bei allem unserem Erkennen an, aber nur in den empirischen Erkenntnissen ist die Meinung von irgend welcher Bedeutung, dagegen nicht in den Wissenschaften, welche Erkenntnisse a priori enthalten: in der Mathematik, Metaphysik und Moral darf man nicht meinen, da gilt es zu wissen. Im Meinen ist das Fürwahrhalten vorläufig und unzureichend, obgleich sich die Gründe späterhin zureichend erweisen dürfen, und damit das Fürwahrhalten vollständig werden kann.

Das Wort Glaube hat in dem Sprachgebrauche eine doppelte Bedeutung, welche Kant sowohl an und für sich als in ihrem Verhältniss zu einander abzugrenzen sucht. Iu der alltäglichen Rede bedeutet Glaube nur ein stärkeres Meinen; ich glaube, was ich in der Gesellschaft habe erzählen hören, was ich gestern in der Zeitung gelesen habe und dergleichen. Wenn wir dagegen den Begriff genauer fassen und ihn auf die ihm eigentlich angehörigen Objecte beschränken, erkennen wir, dass der Glaube im Unterschied vom Meinen nicht lediglich eine theoretische Wahrscheinlichkeit, sondern eigentlich ein praktisches Verhältniss ausdrückt; wie

---

*) Kritik d. r. V. Methodenlehre II. 3. (S. 622 Kehrb.; S. 634. Kirchm.).
**) Kant: Logik. Einl. IX.

Kant sagt: „Das Glauben unterscheidet sich vom Meinen nicht durch den Grad, sondern durch das Verhältniss, was es als Erkenntniss zum Handeln hat. So bedarf z. B. der Kaufmann um einen Handel einzuschlagen, dass er nicht bloss meine, es werde dabei was zu gewinnen sein, sondern dass er glaube, d. i. dass seine Meinung zur Unternehmung aufs Ungewisse zureichend sei." So wird in einem doppelten Sinne vom Glauben gesprochen, einerseits bezeichnet Glaube ein bloss theoretisches Fürwahrhalten, andererseits ein praktisches Verhältniss in Beziehung auf ein Object, wo wir etwas unternehmen werden. Im ersten Falle wird der Glaube theoretisch, im zweiten praktisch genannt.

Der theoretische Glaube kann zu einer bedeutenden Höhe gesteigert werden, besonders in Fällen, wo wir hinreichende Gründe für unsere Annahme zu haben vermeinen, aber wo es uns an Mitteln fehlt, dieselben der letzten Prüfung zu unterwerfen. Zur Erläuterung giebt Kant in dem oben angeführten Abschnitt in „Kritik d. r. V." folgendes Beispiel: „Wenn es möglich wäre durch irgend eine Erfahrung auszumachen, so möchte ich wohl alles das Meinige darauf verwetten, dass es in irgend einem von den Planeten, die wir sehen, Einwohner gebe. Daher sage ich, ist es nicht bloss Meinung, sondern ein starker Glaube (auf dessen Richtigkeit ich schon viele Vortheile des Lebens wagen würde), dass es auch Bewohner anderer Welten gebe." Der praktische Glaube dagegen ist das subjectiv zureichende Fürwahrhalten in Bezug auf das Handeln, und diese praktische Absicht ist entweder die der Geschicklichkeit oder der Sittlichkeit, die erstere zu zufälligen, die letztere zu nothwendigen Zwecken. Im ersten Falle ist der Glaube ein wahrscheinlicher, und erst der Erfolg entscheidet über die Zweckmässigkeit, so wie wenn der Kaufmann in Hoffnung des Gewinnes ein Geschäft unternimmt, oder ein Arzt bei einem Kranken, der in Gefahr schwebt, irgend etwas verordnen muss, ohne die Krankheit bestimmt zu kennen; er sieht auf die Erscheinungen, urtheilt und trifft seine Anordnungen. Wenn aber unserem Handeln ein Vertrauen auf das Gesetz der Sittlichkeit zu Grunde liegt, so haben wir den moralischen Glauben, und nur diesem Glauben kommt die Gewissheit zu. Hier kann meine Überzeugung von den Mitteln, die angewendet werden müssen, um den

Zweck zu erreichen, nie getäuscht werden; der Zweck ist hier unumgänglich festgestellt, und es ist nur eine einzige Bedingung möglich; und somit ist diese praktische Verbindung über allen Zweifel erhaben.

Der moralische Glaube, den Kant auch als den Vernunftglauben bezeichnet, ist sodann ein freies Fürwahrhalten dessen, was ich aus moralischen Gründen annehme, und zwar so, dass ich gewiss bin, das Gegentheil könne nie bewiesen werden.*) Die Gegenstände dieses Glaubens sind nicht die der empirischen Erkenntniss; denn wo das Fürwahrhalten auf etwas Empirisches bezogen wird, entweder an sich oder durch ein Zeugniss vermittelt, haben wir nach Kant in strenger Bedeutung keinen moralischen, sondern nur einen theoretischen Glauben. Der moralische Glaube ist lediglich Glaube an das Sittengesetz; aber der Glaube an einen Gott und ein künftiges Leben ist, obwohl gewissermaassen theoretischen Ursprungs, dennoch so innig mit der moralischen Gesinnung verwebt, dass er mit derselben die gleiche Zuversicht theilt. Nun liegt allerdings kein Hinderniss dafür vor, dass ein Mensch an Gott und Unsterblichkeit wie auch an seine Pflicht auf dieselbe Weise glauben kann wie an dasjenige, was er gestern in der Zeitung las oder was er zufällig hat erzählen hören; aber dann wird auch nicht dieser Glaube sein Handeln leiten und bestimmen, ist mithin kein praktischer, sondern ein theoretischer. Wir stehen in solchen Fällen einem eigenthümlichen Mangel an moralischem Interesse gegenüber.

Die Behauptungen von dem Dasein Gottes und der Unsterblichkeit der Seele sind Postulate der praktischen Vernunft, d. h. sie sind unumgängliche Bedürfnisse des menschlichen Gemüths, welche unser Verstand freilich nicht beweisen, aber auch nicht verneinen kann. Als theoretische Annahmen erreichen sie nur Wahrscheinlichkeit, als Überzeugungen aus Bedürfnissen der praktischen Vernunft sind sie gewiss, als theoretischer Glaube sind sie zufällig und unsicher, als praktischer allgemein und nothwendig. Allein die Grundlage, auf der sie beruhen, ist nach Kant der Vernunftglaube an das Sitten-

---

*) Logik. Einl. IX.

gesetz, wie überhaupt hier der religiöse Glaube sich auf den moralischen gründet.

Dem apodiktischen Verhältniss entspricht das W i s s e n , welches das Fürwahrhalten aus einem zureichenden Erkenntnissgrunde der Erfahrung oder der Vernunft ist. Unsere Überzeugung ist demnach hier nicht allein für den Einzelnen vollkommen begründet, sondern lässt sich, als nach Erfahrung und Wissenschaft beweisbar, anderen auch mittheilen. Vom Glauben unterscheidet sich das Wissen durch eine innere Nothwendigkeit; das Glauben beruht immer auf einer freien Annahme, das Wissen dagegen auf einer nothwendigen.

In einer gewissen Übereinstimmung mit dem entwickelten dreifachen Verhältniss in der Zuverlässigkeit unserer Überzeugungen, spaltet sich der Begriff der Gewissheit nach Kant in drei Arten; diese sind: die empirische, die moralische und die logische, welche letztere wieder in die philosophische und die mathematische zerfällt.

Die erste dieser Arten ist bei Kant eigentlich nur eine vorläufige Betrachtungsweise und bildet deshalb keinen Gegenstand eingehender Untersuchung. Sie ist entweder eine ursprüngliche, wenn ich aus eigener Erfahrung, oder eine abgeleitete, wenn ich durch fremde Erfahrung, also auf Zeugniss Anderer, einer Sache gewiss werde. Die empirische Gewissheit entspricht somit zunächst dem stärkeren Meinen, das Kant als einen theoretischen Glauben oder in einer besonderen Beziehung — nämlich in Bezug auf das Handeln im äusseren praktischen Leben — als praktischen Glauben bezeichnete.

Die moralische Gewissheit fällt mit dem oben erörterten Vernunftglauben oder moralischen Glauben zusammen, welcher von Kant einerseits als nothwendig bezeichnet wurde, weil er auf dem Bedürfnisse der praktischen Vernunft beruhe, andererseits als frei, weil er in einem freien Fürwahrhalten bestehe, das vom moralischen Interesse des Einzelnen abhängt. Je grösser die moralische Gesinnung eines Menschen ist, desto fester und lebendiger wird auch sein Glaube sein an alles dasjenige, was er aus dem moralischen Interesse in praktisch nothwendiger Absicht anzunehmen und vorauszusetzen sich genöthigt fühlt. Der Gegensatz von Nothwendigkeit und Freiheit, der hier in der moralischen Gewissheit zum Vorschein kommt, ist der in den Fundamentallehren der kritischen Philosophie begründete Gegensatz von sinnlicher und sittlicher Weltordnung, von empirischem und intelligibelem Character, von Erscheinung und Ding an sich.

Die logische Gewissheit ist die stringente wissenschaftliche, deren Garantie in dem wissenschaftlichen Beweise liegt.

Fassen wir nun die gefundenen Bestimmungen übersichtlich zusammen, so ergiebt sich das folgende Schema:

Gewissheit.

A. apodiktisch:

1. Die logische Gewissheit ⎱
  I. (intuitiv) mathem. Gewissh.   ⎰ Wissen
  II. (discursiv) philos. Gewissh.

B. assertorisch:

2. Die moralische ⎱ Moralischer Glaube.
   Gewissheit   ⎰ (Vernunftglaube.)

3. Die empirische Gewissheit ⎱ Theoretischer Glaube
  I. ursprüngliche Gewissheit. ⎰ nebst praktischem
  II. abgeleitete oder historische   Glauben mit Ausn.
  Gewissheit.   des moralischen.

Im Gegensatze zu der moralischen und empirischen Gewissheit ist die logische eine apodiktische; sie ist eine wissenschaftlich beweisbare, aber somit auch nur eine vermittelte, welche die empirische als eine unmittelbare voraussetzt. Von einem höheren Grade kann darum keine Rede sein; wenn man die Arten der Gewissheit in ihrem inneren Verhältniss nach dem Grade schätzen wollte, müsste man die moralische die höchste nennen; denn in Kollisionsfällen trägt sie den Sieg davon und bezeugt sich somit als die stärkere.

Die Sache verhält sich so: die Gewissheit ist, wie Kant ausdrücklich hervorhebt*), immer mit dem Bewusstsein einer Nothwendigkeit vereinigt, allein hier sind zwei verschiedene Formen der Nothwendigkeit vorhanden, in der logischen Gewissheit ist es

---

*) Logik. Einleitung. IX.

die logische Nothwendigkeit, in der moralischen ist es die psychologische Nothwendigkeit, und weil die logische Nothwendigkeit zuletzt auf die psychologische zurückgeführt werden muss, dürfte man hier einen Einblick in die Grundlage für den Primat der praktischen Vernunft über die theoretische gewinnen.

Innerhalb der psychologischen Nothwendigkeit giebt es einen durchgreifenden Unterschied, je nachdem sie auf äusseren oder inneren Vorgängen beruht. Die logische Gewissheit, die auf die empirische zurückweist, theilt mit derselben den sinnlichen Ursprung. Beiden gegenüber steht die moralische als die wahrhaft geistige Gewissheit, daher ihre Macht. Die moralische Gewissheit ist in der That höherer Art; denn sie beruht auf einer inneren Nothwendigkeit, ist mithin übersinnlich, während jede zweite auf eine äussere oder sinnliche Nothwendigkeit ausläutt.

Die praktische Erkenntniss ist nach Kant diejenige, welche das Handeln des Menschen zum Gegenstand hat, sie geht nicht auf das, was ist, sondern auf dasjenige, was sein soll. Die Nothwendigkeit dieser Erkenntniss ist kein Zwang; sie ist Pflicht. Kant nennt sie die Erkenntniss von den Imperativen, d. h. von unserer ethischen Aufgabe und moralischen Verantwortlichkeit. Sie ist kein Ergebniss, das sich durch Begriffe demonstriren lässt, aber ebenso wenig etwas Unvernünftiges; denn sie gründet sich auf das tiefste Bedürfniss der menschlichen Vernunft, deshalb nennt sie auch Kant den Vernunftglauben. Im Bewusstsein seiner Übereinstimmung mit dem Wesen der Vernunft sieht der moralische Vernunftglaube unerschütterlich auf alle theoretischen Beweise herab. „Beim Wissen", sagt Kant, „hört man noch auf Gegengründe, aber beim Glauben nicht; weil es hierbei nicht auf objective Gründe, sondern auf das moralische Interesse des Subjects ankommt."*) Die moralische Gewissheit ist demnach für den Einzelnen etwas so Sicheres, dass alle Beweismittel der Wissenschaft nicht im Stande wären, sie zu vernichten, weil der Gläubige allemal eher an der Fähigkeit seines Erkenntnissvermögens als an seinem moralischen Interesse zweifeln wird. Und dies beruht

---

*) Logik. Einl. IX.

darauf, dass das wahre und eigentliche Wesen des Menschen nicht die erkennende Vernunft, sondern der Wille ist, oder wie es bald nachher in der Philosophie Schellings lautete: „Das Wollen ist die Quelle des Selbstbewusstseins."

Die moralische Gewissheit ist die volle Zuversicht der ewigen Gültigkeit des Sittengesetzes, und somit bezieht sie sich auch auf die Bedingungen und Verhältnisse, unter, denen das Sittengesetz wirkt. An dies Gesetz knüpft sich darum der Glaube an das Ewige und Unendliche. Zunächst ist der moralische Glaube die Gewissheit unserer sittlichen Lebensaufgabe und unserer Verantwortlichkeit; aber hierdurch umfasst sie auch den Glauben an Gott und die Unsterblichkeit. In diesen Lichtgedanken unseres Daseins hat sie ihren Inhalt; aber Grund und Bedingung ist die Freiheit; denn das Sollen des Sittengesetzes ist das Können der Freiheit.

Um so weit möglich das Problem, mit dem wir uns hier beschäftigen, erkenntnisstheoretisch behandeln zu können, ohne uns an irgend eine Metaphysik anzulehnen, wird es nothwendig sein, auf Kant zurückzugehen und die Form, in welche er das Problem bringt, der Untersuchung zu Grunde zu legen. Deshalb können wir uns auf eine kurze Übersicht der Geschichte des Problems in der auf Kant folgenden Philosophie beschränken.

In der Erkenntnisslehre nach Kant lassen sich deutlich drei Hauptströmungen unterscheiden. Die erste Richtung bildet die Begriffsphilosophie, die, von Fichte begründet und von Schelling und Hegel entwickelt, sich der kantischen Philosophie als deren nächste Fortsetzung und Umbildung anschliesst. Die zweite Richtung ist die Wirklichkeitsphilosophie, die so verschiedene Standpunkte wie Schopenhauer, Herbart, Fries und Beneke umfasst; allein das gemeinsame Merkmal aller dieser ist, dass sie sämmtlich aus der kantischen Philosophie in Verbindung mit der Begriffsphilosophie hervorgegangen sind, jedoch als eine Opposition gegen die letztere, und dass sie sämmtlich in der inneren Erfahrung die Realität suchen, welche die Gültigkeit der äusseren Erfahrung bedingt. Die dritte Richtung ist die reine Erfahrungsphilosophie, so wie sie namentlich von J. Stuart Mill dargestellt, und von Bain und Spencer näher entwickelt worden ist.

In der Begriffsphilosophie geht die Gewissheit im Selbstbewusstsein auf, und der Begriff derselben kommt daher nicht zu erkenntnisstheoretischer Untersuchung, sondern zu speculativer Anwendung. Die Gewissheit ist das Wesen des Selbstbewusstseins und deshalb eben nach Fichte der Abschluss der bewusstlosen und der Anfang der bewussten Thätigkeit, die zum Wesen des Ich gehört. Noch deutlicher tritt dies Verhältniss bei Hegel hervor. In seiner Encyclopädie bestimmt er das Bewusstsein folgendermaassen:*) „Das Bewusstsein ist zunächst das Unmittelbare, seine Beziehung auf den Gegenstand daher die einfache unvermittelte Gewissheit desselben;" und von dem Wahrnehmen sagt er weiter, dass die Identität des Bewusstseins mit dem Gegenstande im Wahrnehmen nicht mehr die abstracte der Gewissheit, sondern die bestimmte, ein Wissen, sei. Ebenso heisst es vom Selbstbewusstsein: „Das Selbstbewusstsein so die Gewissheit, dass seine Bestimmungen ebenso sehr gegenständlich, Bestimmungen des Wesens der Dinge, als seine eigenen Gedanken sind, ist die Vernunft, welche als diese Identität nicht nur die absolute Substanz, sondern die Wahrheit als Wissen ist." Überall hier ist die Gewissheit als das Allgemeine des Bewusstseins gesetzt und daher gebraucht, um das Bewusstsein zu erklären, obwohl niemand darüber im Zweifel sein kann, dass die Gewissheit eine einzelne Function des Bewusstseins ist. Allein es ist diejenige Form, in welcher es sich zunächst und am deutlichsten offenbart, und es ist eben die Unmittelbarkeit des Bewusstseins, die damit bezeichnet werden soll. Hierdurch werden jedoch Bewusstsein und Gewissheit so eng verbunden, dass sie nicht mehr geschieden werden können. Der Fehler, den man oft auf anderen Gebieten der Hegel'schen Philosophie zum Vorwurf gemacht hat, tritt hier in der That deutlich zum Vorschein: war Kant mit seinen Unterscheidungen zu weit gegangen, so kam mit der Begriffsphilosophie die Reaction, die auch das an sich Getrennte vereinigen wollte.

---

*) Hegel: Encyclopädie der philos. Wissenschaften im Grundriss. § 418. 420 und 439.

Die Begriffsphilosophie fängt nicht mit der Gewissheit an, dass eine Gewissheit möglich ist, sondern dass sie gegeben ist. Sie ist nicht das Ziel der Erkenntniss, sondern deren Ausgangspunkt, von dem aus man der Wahrheit nachzustreben vermag. So wird das Verhältniss geradezu bei Hegel bestimmt, wenn er sagt:*) „Die Vernunft kommt an die Welt mit dem absoluten Glauben ihre Gewissheit zur Wahrheit erheben zu können;" oder noch deutlicher in der „Phänomenologie des Geistes", wo die Vernunft so definirt wird: „Die Vernunft ist die Gewissheit alle Realität zu sein."

Darauf näher einzugehen, wie diese Auffassung, die eine directe Folge der dialectischen Methode ist, auch an anderen Punkten der Hegel'schen Philosophie wiederkehrt, würde zu weit führen. Aus dem Bisherigen ist ersichtlich, dass dieselbe in der Gewissheit nur das unmittelbare Selbstbewusstsein in seiner Beziehung zur Aussenwelt, zum Individuum und zur Gesellschaft erblickt.

Die bedeutendsten Vertreter der Wirklichkeitsphilosophie sind Herbart und Schopenhauer. An einem Punkt formt sich bei allen beiden der Gegensatz zur Begriffsphilosophie in beinahe wörtlicher Übereinstimmung; sie betonen beide, dass unsere Erkenntniss eine Erkenntniss durch Begriffe, nicht aus Begriffen sei, oder wie es Schopenhauer sagt: die Philosophie ist nicht eine Wissenschaft aus Begriffen, sondern in Begriffen. Beide meinen deshalb auch, dass wir zum Grundgedanken Kants zurückkehren müssen, dass alle unsere Erkenntniss ihren Inhalt vom Wahrnehmen, ihre Form vom Denken erhalte, und beide schliessen sich daher in der eigentlichen Erkenntnisstheorie nah an Kant an. Herbart kommt nicht dazu, die Gewissheit einer grundsätzlichen Prüfung zu unterwerfen; ihm wird darunter zunächst das alles Wissen begleitende subjective Gefühl von Zuversicht und Eigenthum bezeichnet; alles unser Wissen fängt mit der allgemeinen Erfahrung an, und es gilt dasselbe durch logische Bearbeitung zu einer immer höheren Form zu erheben, von kindlichem Glauben zur wissenschaftlichen Wahrheit. Schopenhauer unterscheidet eine doppelte Art der Gewissheit, die unmittelbare und die mittelbare, von welchen die erste an eine intuitive, die zweite an eine demonstrative Erkenntniss geknüpft

---

*) Encycl. § 224.

ist; die erste erhalten wir durch die Anschauungen der Sinnlichkeit
und des Verstandes, die zweite durch die Begriffe der Vernunft.
Weil die Anschauungen wieder doppelter Natur sind, entweder
empirische oder apriorische, ist mithin die unmittelbare Gewissheit
eine zwiefache. Sie beruht im einen Fall auf den Wahrnehmungen;
allein die empirische Anschauung kann zunächst nur einzelne, nicht
allgemeine Wahrheiten begründen; durch vielfache Wiederholung
und Bestätigung erhalten solche zwar auch Allgemeingültigkeit,
jedoch nur eine komparative und mithin zweifelhafte. Absolute
Allgemeingültigkeit gewähren dagegen die apriorischen Anschauungen, unter welchen er die Anschauungen der allgemeinen Formen
alles Wahrnehmens und Denkens, d. h. die des Raums, der Zeit und der
Kausalität, versteht. So sind die geometrischen und arithmetischen
Verhältnisse wie die Denkgesetze allen und allezeit völlig einleuchtend.
„Vollkommen sichere Wissenschaften sind demnach allein Logik und
Mathematik; sie lehren uns aber auch eigentlich nur, was wir schon
vorher wussten. Denn sie sind blosse Verdeutlichungen des uns
a priori Bewussten, nämlich der Formen unseres eigenen Erkennens,
die eine der des denkenden, die andere der des anschauenden.
Wir spinnen sie daher ganz aus uns selbst heraus. Alles andere
Wissen ist empirisch." *)
   Die mittelbare ist die durch Begriffe vermittelte Gewissheit.
Da nun aber die Begriffe durch Abstraction von den Anschauungen
erzeugt werden, muss also auch die mittelbare Gewissheit schliesslich auf die unmittelbare zurückgeführt werden können. „Da alle
Beweise Schlüsse sind, so ist für eine neue Wahrheit nicht zuerst
ein Beweis, sondern unmittelbare Evidenz zu suchen, und nur solange es an dieser gebricht, der Beweis einstweilen aufzustellen.
Durch und durch beweisbar kann keine Wissenschaft sein, so wenig als
ein Gebäude in der Luft stehen kann: alle ihre Beweise müssen
auf ein Anschauliches und daher nicht mehr Beweisbares zurückführen." **) Deshalb meint Schopenhauer auch, dass es irgendwie
möglich sein müsse, jede Wahrheit, die durch Schlüsse gefunden
und durch Beweise mitgetheilt werde, auch ohne Beweise und

---

*) A. Schopenhauer: Die Welt als Wille und Vorstellung. II. Kap. 12.
**) A. Schopenhauer: Die Welt als Wille und Vorstellung. I. Kap. 14.

Schlüsse unmittelbar zu erkennen, wenn man nur den rechten Gesichtspunkt findet. Dies zu thun und also anzuschauen, was die
andern nicht anschauen, ist die Sache des Genies; allein so ist
dennoch zuletzt das Finden des Wahren und Rechten auf eine intuitive Erkenntniss, mithin auf eine geniale Naturbegabung begründet.

Die unmittelbare Gewissheit ist somit nach Schopenhauer von
einer höheren Art und immer weit derjenigen vorzuziehen, welche
sich auf Beweise stützt. Mit der letzteren darf man nur da fürlieb nehmen, wo es zu schwierig sei, die andere herbeizuschaffen.
„Denn die Schlüsse sind zwar der Form nach völlig gewiss, allein
sie sind sehr unsicher durch ihre Materie, die Begriffe.“

Der Boden der reinen Erfahrungsphilosophie ist sowohl in
ihren älteren Vorbildern als der neueren Entwickelung hauptsächlich England. Besonders sind die psychologischen und erkenntnisstheoretischen Forschungen dieser Richtung von den bedeutenden englischen Denkern dieses Jahrhunderts getrieben. Die
Unterscheidung Lockes von einer intuitiven und demonstrativen Gewissheit wird von J. Stuart Mill wieder aufgenommen, und er bringt
diese Distinction auf den schärfsten und genauesten Ausdruck,
welcher derselben zugänglich ist. Im zweiten Buch der erweiterten
vierten und fünften Ausgabe seiner berühmten Logik*) unterwirft
er die Gewissheit überhaupt und namentlich die demonstrative Gewissheit einer eingehenden Prüfung, nach welcher er im Ganzen
die wissenschaftliche Gewissheit bestimmt und characterisirt. Deutlich hat Mill erkannt, dass die wissenschaftliche Gewissheit eine
einheitliche ist, und nicht eine für die Mathematik und eine andere
für die anderen Wissenschaften. In allen Wissenschaften nämlich
ist sie in der Entwickelung demonstrativ, in den Ausgangspunkten
intuitiv.

Die intuitive Gewissheit umfasst nach Mill die Wahrnehmungen
und die einfachen und bestimmten Generalisationen der Wahrnehmungen. Diese Generalisationen sind von der Erfahrung aus-
gezogen und durch dieselbe bestätigt. Aber wie gewiss wir auch
derselben sein mögen, lassen sie sich ebenso wenig als die Wahr-

---

*) J. Stuart Mill: Logic II. 5. 6.

nehmungen selbst beweisen; sie bleiben deshalb immer Hypothesen, aber Hypothesen, auf die wir uns unmittelbar verlassen können, weil wir ihre Wirklichkeit, ob auch nicht ihre Nothwendigkeit einsehen. Selbst in Bezug auf die Mathematik hält Mill die Behauptung aufrecht, dass die Grundsätze, auf welche die Schlüsse dieser Wissenschaft gegründet sind, nur Hypothesen seien und keineswegs den Thatsachen genauer als die Fundamentalsätze anderer Wissenschaften entsprechen, besonders weist er auf die Definitionen von einem Punkt, einer Linie, einem Kreise u. s. w. hin, denen keine reale Dinge der Wirklichkeit entsprechen. Sie sind aus der Wirklichkeit abstrahirt als repräsentative Vorstellungen für eine Reihe von Beziehungen, wie unsere Idee von einem Punkte einfach unsere Idee von dem kleinsten Körper, also von dem sichtbaren Minimum ist. Alle Wissenschaft ist ein System von Schlüssen, auf Hypothesen gebaut, deren Wahrheit die Entwickelung bestätigt oder modificirt. Den Einwand, dass die Grundsätze der Wissenschaften oder als Beispiel die Grundsätze der Mathematik eine andere Nothwendigkeit und Allgemeingültigkeit zeigen, als ihnen die Erfahrung geben könnte, weist Mill zurück. Gegen die Behauptung, dass wir denselben eine ausnahmslose Allgemeingültigkeit zuschreiben, die nicht von der Erfahrung abgeleitet sein kann, macht er geltend, dass die höhere Allgemeingültigkeit, die solche Grundsätze vor allgemeinen Erfahrungsurtheilen besitzen sollten, nur darauf beruhe, dass wir ihre Negation uns nicht vorstellen oder begreifen können. Aber die Begreiflichkeit und Unbegreiflichkeit einer Sache ist etwas so Zufälliges und Relatives, dass man nicht darauf einen absoluten Unterschied begründen dürfe. Aus dem Hinweis darauf, dass der Unterschied nicht in den Phänomenen, sondern im Erkenntnissvermögen der Menschen liege, das zu den verschiedenen Zeiten und Orten verschieden ist, und welches in jedem Falle von der Erziehung, Lebensentwickelung, Begabung und Gewohnheiten abhängig ist, geht demnach hervor, dass man nicht, weil ein Satz einem Zeitalter unbegreiflich erscheint, deshalb dem Gegensatz desselben eine höhere Allgemeingültigkeit beilegen darf. So gab es eine lange Zeit, wo die wissenschaftlich gebildeten Menschen nicht an die Existenz von Antipoden glaubten oder sich eine actio in distans, also eine Wirkungsweise wie die der Anziehungskraft, nicht vorstellen konnten. Die

Unbegreiflichkeit beruhte in diesen Fällen darauf, dass die neue Annahme alten und eingewurzelten Ideenassociationen entgegenlief. Darauf beruht schliesslich immer die Unbegreiflichkeit, und wir können uns festere und in den Gewohnheiten des Menschengeschlechts tiefer begründete Ideenassociationen als die genannten denken. Wo in der Erfahrung die Ideenassociationen keinen Widerstand finden, wo kein einziger Fall der Ausnahme sich einstellt, da bildet sich, nach Mill, eine Ideenassociation, die das Entgegengesetzte für unbegreiflich ansieht.

Überall findet man die Begreiflichkeit von den gegebenen Wahrnehmungen abhängig. „So", führt er an, „können wir uns nie Ewigkeit oder Unendlichkeit vorstellen, weil uns die Erfahrung kein Modell dieser Vorstellungen vor Augen geführt habe." Von der Weise, auf welche sich eine solche höhere Allgemeinheit und Nothwendigkeit zu bilden pflegt, urtheilt er ungefähr so: erst findet ein Zeitalter Schwierigkeiten darin, gewisse Ideen zu verbinden, endlich gelingt es ihm, und etliche Generationen später ist diese Verbindung so alltäglich, dass man sich ein natürliches Band um diese Ideen denkt; es wird alsdann in der Zeit immer schwieriger, dieselben von einander zu trennen, und so wächst schliesslich ein Geschlecht auf, dem diese Schwierigkeit eine Unmöglichkeit wird. Beispiele dieses Vorgangs lassen sich in Menge schon aus der neueren Zeit in der Geschichte der Wissenschaften nachweisen; wie fest und innig müssen sich dann Überzeugungen gebildet haben, die von den frühesten Zeiten des Menschengeschlechts unangegriffen bis in unsere Tage überliefert worden. Anstatt ursprünglicher Bewusstseinsformen haben wir schwerer oder leichter auflösbare Ideenassociationen, die als ein Erbe von früheren Geschlechtern uns erst als eine Disposition angeboren sind, dann in Erziehung, Sprache und Cultur ihre Bestärkung und Entwickelung finden.

In seiner Erkenntnisslehre legt also Stuart Mill das Grundproblem nach aussen; anstatt die Lösung in der inneren Erfahrung zu suchen, will er die Sache der äusseren Erfahrung zur Entscheidung übergeben, mit anderen Worten, anstatt das Grundproblem der Erkenntnisslehre psychologisch bedingt zu formen, stellt er dasselbe anthropologisch. Dadurch erhält seine Er-

kenntnisslehre in dem, was sie darstellt, eine Klarheit und Deutlichkeit sammt einer Bestimmtheit, die ihr Anhang und Eingang
verschafft hat; wendet man sich aber zu einer näheren Untersuchung ihrer Voraussetzungen, die er leider mehr andeutet als
darstellt, so erheben sich mächtige Einwände.

Erstens in Betreff der intuitiven Gewissheit. Schon die Wahrnehmungen als eine lediglich intuitive Gewissheit zu betrachten,
lässt sich schwierig mit der scharfen Distinction einer intuitiven
und demonstrativen Gewissheit, die sonst behauptet wird, vereinigen.
Dem sei jedoch, wie ihm wolle; dass es indessen nicht möglich
ist, die Generalisationen der Wahrnehmungen zu intuitiver Gewissheit hinzuführen ohne die Distinction aufzuheben, ist zweifellos.
Diese Generalisationen können nur durch Urtheile und Schlüsse,
mithin durch Demonstration hervorgebracht werden. Hiermit wird
die intuitive Gewissheit theilweise auf die demonstrative gegründet,
und aus dieser Vermischung erwachsen wichtige Fragen, die alle
unbeantwortet bleiben. Dies ist schon schlimm genug; allein die
Lage wird noch schlimmer, wenn wir die Rolle, die diese Generalisationen in der demonstrativen Gewissheit spielen, beachten. Da
nämlich dieselben die allgemeinen Gesetze enthalten, nach denen
wir das Subject und Prädicat verbinden, wie das Verhältniss des
Dinges zu den Eigenschaften, der Ursache zur Wirkung, des
Ganzen und der Theile, der Kraft und der Äusserungen etc., so
greift an jedem Punkt die intuitive Gewissheit in die demonstrative
ein. Jeder einzige Beweis, mag er inductiv oder deductiv geführt
werden, enthält in jedem seiner Glieder, in jedem seiner Schlüsse
eine intuitive Gewissheit. Aber die intuitive Gewissheit bezeichnet
Mill als eine hypothetische, und da die Generalisationen nun aus
den Wahrnehmungen ohne eine näher zu begründende Demonstration gebildet sind, ist ihr hypothetischer Character eine Bedingtheit zweiter Ordnung; sie sind völlig zweifelhaft, und uns
bleibt nichts übrig als reiner Skepticismus. Das Endergebniss ist:
die intuitive Gewissheit ist hypothetisch, die demonstrative zweifelhaft; mit anderen Worten, es giebt keine wissenschaftliche Gewissheit, sondern nur eine praktische Überzeugung, die man mit
diesem Namen nennt; schliesslich kommt alles auf eine grössere
oder kleinere Wahrscheinlichkeit aus. Die Consequensen der Er-

kenntnisslehre Mills ist eine neue und an einzelnen Punkten ver-
besserte Ausgabe der Skepsis Humes.

Das Unbefriedigende und Schwankende in der Lehre Mills
von der Gewissheit war so auffällig, dass sie selbst innerhalb der
Erfahrungsphilosophie ernste Widersprüche erfahren hat. Die
wichtigste dieser Einsprachen ist von dem bedeutendsten unter den
jüngeren Vertretern der Richtung, Herbert Spencer, erhoben. In
einer Abhandlung in der „Forthnightly Review", später in seinen
„essays" unter dem Titel „Mill versus Hamilton. The test of
thruth" *) gedruckt, weist Spencer das Unklare und Falsche in
Mills Auffassung nach. Die Abhandlung, die „suaviter in modo,
severiter in re" gehalten ist, ist besonders dadurch bedeutungsvoll,
dass sie einen vollständigen Bruch Spencers mit der Erkenntnisslehre Mills in deren wesentlichsten Fragen herbeiführt.

Während Mill die Unbegreiflichkeit und Begreiflichkeit als
etwas durchaus Relatives und Zufälliges hinstellt, findet Spencer
in diesem Verhältniss das alleinige Wahrheitskriterium. Der Gradunterschied innerhalb des Unbegreiflichen, den Mill zugiebt, nimmt
bei Spencer die Form eines absoluten Qualitätsunterschiedes an,
indem er zeigt, wie man hier zwei Begriffe unterscheiden müsse,
die gewöhnlich vermengt werden: das Unglaubliche und das Undenkbare. Dieselben zeigen zwei grundverschiedene Arten von
Ideenassociationen an. Das Unglaubliche ist dasjenige, welches
einer festen, aber dennoch auflösbaren Gedankenverbindung im
Bewusstsein entgegensteht, wie z. B. der Gedanke von den Antipoden bei unseren Vorfahren. Das Undenkbare ist das, welches
einer unauflöslichen Gedankenverbindung entgegenläuft, wie z. B.
die Verneinung des Satzes, dass wenn eine Bewegung vorhanden
ist, auch etwas sein muss, das sich bewegt. Hierdurch stellt
Spencer im Gegensatze zu Mill absolut gültige Gedankenverbindungen auf und weist auf Bestimmtheiten hin, die ausser dem
Bereich der Erfahrung liegen. Mit der Behauptung von unauflösbaren Ideenassociationen ist freilich die Erfahrungsphilosophie von
ihrer ursprünglichen Grundlage vertrieben; denn von rein empirischen Voraussetzungen aus enthält der Ausdruck „unauflösliche

---

*) Herbert Spencer: Essays. Vol. II.

Ideenassociationen" einen Widerspruch; denn sind diese Associationen allmählich in der Zeit entstanden und mithin in der Zeitentwickelung des Menschengeschlechts so fest zusammengeschweisst worden, so ist nicht einzusehen, warum sie nicht in der Zeit auch aufgelöst werden können. Trotzdem spricht sich in dieser Theorie von den unauflösbaren Ideenassociationen eine geistigere Auffassung der Erfahrung und eine tiefere Einsicht in die Bedingungen derselben aus, als die Erfahrungsphilosophie jemals früher zu leisten vermocht hat. Überhaupt ist mit Bain und namentlich mit Spencer die ganze Richtung auf eine höhere Stufe gehoben worden, indem diese Forscher, besonders durch ihre psychologischen Arbeiten dazu veranlasst, sich eingehender mit den Voraussetzungen aller Erfahrungen beschäftigt haben und dadurch schärfer ihre Entstehung ins Auge gefasst haben.

In der neuesten Zeit ist das Problem der Gewissheit besonders von W. Windelband in seiner Habilitationsschrift: „Über die Gewissheit der Erkenntniss. Berlin, 1873" behandelt worden. Diese tiefsinnige und vielverheissende Jugendarbeit des jetzt allgemein bekannten und geschätzten philosophischen Forschers hat schon Sigwart, der sie in seiner Logik rühmlichst erwähnt, zu würdigen gewusst. In mehreren Beziehungen hat diese Schrift einen nicht geringen Einfluss auf die in dieser Arbeit vorliegende Behandlung des Problems geübt, und derjenige, der Windelbands in Seitenzahl kleine, in Inhalt gewichtige Denkarbeit gelesen hat, wird ohne näheren Nachweis den Zusammenhang überblicken. Die vorkantische Unterscheidung einer subjectiven und objectiven Gewissheit, auf welche da die Entwickelung gebaut ist, habe ich mir indessen nach eingehender Prüfung nicht aneignen können, und somit ist schon die nähere Fassung und Stellung des Problems hier eine andere geworden.

In einer philosophischen Studie über dasselbe Thema *) hat G. Neudecker mit Recht betont, dass man nicht die Begriffe

---

*) G. Neudecker: Das Grundproblem der Erkenntnisstheorie. Nördlingen 1881.

Wahrheit und Gewissheit vermengen dürfe, da eine solche Vermengung unerbittlich, wenn sie folgerichtig durchgeführt wird,
zum alten Dogmatismus zurückführe. Er sucht nachzuweisen,
dass man nicht von der Sinnesempfindung noch von der Selbst-
verständlichkeit, sondern vom Selbstbewusstsein ausgehen muss,
wenn man das Problem der Gewissheit verstehen und erklären
will, weil lediglich im Selbstbewusstsein die Verbindung vom
Denken und Sein, aus welcher das Problem hervorgeht, vorhanden ist. Er sagt: „Es giebt weder eine unmittelbar gewisse
Empfindung, noch ein unmittelbar Geltendes: die Gewissheit
beider ist nur mittelbar und hat das Selbstbewusstsein als das
einzig unmittelbar und an sich Gewisse zur Voraussetzung, ohne
die es zu einem Bewusstsein von Erkenntnisswerth und Geltung,
zu einem Wissen und dem Mittel dazu, einem eigentlichen Denken
gar nicht kommen kann." Allein auf das nähere Verhältniss,
worin nun die Gewissheit zum Selbstbewusstsein steht, auf die
Entwickelungsformen und Kriterien der Gewissheit geht die Schrift
nicht ein, sondern beschränkt sich auf sehr unbestimmte An-
deutungen.

In seiner ebenso ausführlichen wie vorzüglichen Erkenntnisslehre*) hat W. Wundt eine in mehrfacher Beziehung wichtige
Erörterung von dem Begriffe und den Kriterien der Gewissheit
gegeben; aber auch hier ist das Festhalten der traditionellen
Unterscheidung von einer subjectiven und objectiven Gewissheit
für die Ergebnisse der Untersuchung verhängnissvoll gewesen. Er
unterscheidet zuerst zwischen einer unmittelbaren und einer mittelbaren Gewissheit, vertauscht aber diese Eintheilung allmählich mit der
vorhin erwähnten. Die unmittelbare Gewissheit verbindet sich nun mit
der subjectiven, die mittelbare mit der objectiven. „Alle objective
Gewissheit," heisst es, „ist mittelbarer Natur. Die bloss subjective
Gewissheit an sich ist von geringem Werthe. Sie führt niemals
hinaus über das erkennende Subject, ja sie ist stets beschränkt
auf einen gegebenen Moment. Die subjective Gewissheit hat daher
überhaupt nur insofern einen Werth, als sie die Grundlage ist, von

*) W. Wundt: Logik. Erster Band. Erkenntnisslehre. Stuttgart 1880.
S. 378. f.

der alle objective Gewissheit ausgeht. Diese aber, welche allein die Gewissheit im wissenschaftlichen Sinne ausmacht, ist stets ein Resultat der Bearbeitung unmittelbar gegebener Thatsachen des Bewusstseins durch das Denken." Hiermit ist die Richtung der Untersuchung gegeben, und mit der Macht der Consequenz wird jetzt die Entwickelung zu dem für allen Dogmatismus characteristischen Schlusse geführt, dass die mittelbare eine höhere Gewissheit als die unmittelbare ist, von der sie abgeleitet wird. Die subjective Gewissheit ist die gemeine oder vorläufige, aus der die objective als eine höhere durch die Wissenschaft gewonnen wird. Allein die Gewissheit an sich ist von der Vollständigkeit der Begründung unabhängig; wäre dies nicht der Fall, so kämen wir alle nicht aus der Skepsis heraus. Für die Gewissheit ist es gleichgültig, wie weit die Erfahrungen, auf welche sie sich stützen, eingehen, wenn sie nur alle übereinstimmen. Die Gewissheit des Alterthums von der Sonnenbewegung um die Erde war, solangs keine Wahrnehmung in entgegengesetzte Richtung wies, in jeder Beziehung derjenigen gleich, die wir von der Erdenbewegung um die Sonne haben. Erst als astronomische Beobachtungen den ersten Zweifel erweckten, verringerte sich die Gewissheit im Vertrauen auf die antike Weltansicht. Gewissheit und Wahrheit sind zwei verschiedene Dinge, die Gewissheit beruht auf der Übereinstimmung der Erfahrungen, die Wahrheit auf der Richtigkeit ihrer Begründung. Der Begriff „objective Gewissheit" ist eine unklare Vereinigung von beiden, was schon daraus erhellt, dass der Unterschied sich nur als ein approximativer bestimmen lässt; denn auch der subjectiven Gewissheit liegt eine — wenn auch kürzere und oberflächlichere Untersuchung — zu Grunde. Man kann deshalb nicht mit Recht behaupten, dass die objective Gewissheit als solche eine andere und höhere Stellung als die subjective einnehme.

Ist die objective Gewissheit von der subjectiven abgeleitet und gewonnen, so liegt es am nächsten, sich das Verfahren als Elimination zu denken. Wundt sagt: „Als objectiv gewiss gilt alles Wahrgenommene, was nicht in dem wahrnehmenden Subject seine Quelle hat." Es gilt somit aus der subjectiven Wahrheit — und hier liegt wieder die Unklarheit der Unterscheidung auf der Hand — die Bestandtheile, die bloss subjectiv sind, abzusondern. Um das Verfahren näher zu erklären, wird auf die Einzelforschung hingewiesen. „Fragen wir uns nun, wie die wissenschaftliche Forschung im Einzelnen verfährt, wenn sie die subjectiven Elemente der Wahrnehmung eliminirt, so zeigt es sich, dass dieses Verfahren in einer vollständigen Umkehrung der erkenntnisstheoretischen Behandlung des nämlichen Problems besteht. Während nämlich die letztere von dem Satze ausgeht, dass die Wahrnehmung ihrem ganzen Inhalte nach zunächst subjectiv sei, und dann nach besonderen Kennzeichen sucht, nach welchen gewisse Thatsachen der Wahrnehmung auf Objecte bezogen werden können, nimmt die Einzelforschung, da sie mit dem Standpunkt der gemeinen Gewissheit beginnt, zunächst alles als objectiv gegeben an, was die wechselseitige Controle der Wahrnehmungen und der Wahrnehmenden als allgemeingültig bestehen lässt.“ Auf diese Weise geschieht die Elimination. „Eine berichtigende Controle schliesst sich hierbei an die andere, und die gesuchte Elimination der subjectiven Elemente der Wahrnehmung, in welcher das Kriterium wissenschaftlicher Gewissheit besteht, kommt so durch nichts anderes zu Stande, als durch die fortgesetzte Anwendung des nämlichen Verfahrens, durch welches schon die gemeine Gewissheit ihr Ziel erreicht, durch die fortwährende Ergänzung und Berichtigung der einzelnen auf den nämlichen Gegenstand sich beziehenden Wahrnehmungen.“ Das Gesammtergebniss dieses Theils der Untersuchung sammelt sich in dem Satze, dass dasjenige objectiv gewiss ist, was sich in aller Wahrnehmung als gegeben bewährt. Auf diese Weise geht aus der unmittelbaren Zuverlässigkeit durch fortschreitende Berichtigung eine objective Gewissheit hervor.

Hierzu kann indessen bemerkt werden, dass es allerdings in vielen Fällen, aber nicht immer gilt, dass die wissenschaftliche Gewissheit durch Elimination gewonnen wird. Selbst nicht auf dem Gebiete, das zunächst zu einer solchen Betrachtung reizt dem naturwissenschaftlichen, gilt der Satz in seiner reinen Allgemeinheit. Man darf eigentlich nicht sagen, dass z. B. die Copernikanische Weltansicht durch Elimination aus der Ptolemäischen gewonnen ist. Aber noch deutlicher springt dies bei allen Grundsätzen in Wissenschaften wie Mathematik und Logik in die Augen. Wundt hat seine Aufmerksamkeit auf die Arbeitsweise der Natur-

wissenschaften gerichtet, und da trifft der Satz im Ganzen genommen zu; er hat ihm aber eine weitere Ausdehnung, als Berechtigung vorliegt, gegeben. Sowohl in der Wissenschaft als
auch ausserhalb derselben wird nicht immer die objective Gewissheit auf diesem Wege gewonnen. Unsere Gewissheit gegenüber
den mathematischen Grundsätzen und logischen Principien, gegenüber unseren eigenen Erlebnissen, zumal alle sittliche und religiöse
Gewissheit ist nicht so entstanden.

Überhaupt ist nicht einzusehen, wie durch Elimination die
sogenannte objective Gewissheit eintreten kann; denn woher erhalten wir die Gewissheit, dass die Elimination eine vollständige
ist? Wundt sagt wohl: „Als objectiv gewiss werden wir diejenigen
Thatsachen bezeichnen, die auf dem Wege fortschreitender Berichtigung der Wahrnehmungen nicht mehr beseitigt werden können."
Aber woher haben wir die Gewissheit, dass nichts mehr zu beseitigen ist? Schon Herbart wirft die bestimmte Frage auf:
„Können wir nun das, was wir in unserem Wissen und Meinen
hineintragen, wieder abrechnen? und bleibt alsdann noch ein wahrhaft objectives Wissen möglich? Oder ist die Abrechnung unmöglich, und ist die ganze Welt, die ganze Natur bloss für uns und
in uns?" Allein kann man sich nicht davon vergewissern, dass
die Elimination im Allgemeinen möglich ist, so kann man es noch
weniger davon, ob sie im Einzelnen vollständig ist. Die Sache
liegt folgendermassen vor: die objective Gewissheit soll aus der
vollständigen Elimination hervorgehen; aber um die vollständige
Elimination in Anwendung zu bringen, muss ich schon eine objective Gewissheit davon haben, dass die Elimination eine vollständige ist. Wie ist es hier möglich, einer petitio principii zu entgehen? Wundt legt indessen nicht diesen Fragen dieselbe Bedeutung
wie Herbart bei. Indem er die Elimination als die Berichtigung
der Wahrnehmungen bestimmt, die bis an den Punkt fortschreitet,
wo nichts mehr beseitigt werden kann, fügt er hinzu: „Dieses
letzte und entscheidende Kriterium der Gewissheit ist nun selbst
kein thatsächliches, sondern ein logisches. Objective Wahrnehmungen können uns immer nur darüber belehren, dass eine
Thatsache bis dahin der Berichtigung widerstanden hat; ob sie
aber auch fernerhin derselben widerstehen werde, dies kann sich

nur aus Schlussfolgerungen ergeben, welche sich freilich ihrerseits auf Wahrnehmungen stützen müssen. **Als objectiv gewiss kann uns darum auch immer erst eine Thatsache gelten, wenn sie Gegenstand eines zwingenden Beweises geworden ist.**"

In dem letzten Satze haben wir kurz zusammengedrängt alle die Irrthümer, die aus der unhaltbaren Unterscheidung einer subjectiven und objectiven Gewissheit entspringen müssen, und insofern ein bezeichnendes Beispiel, wie eine unklare Begriffsunterscheidung selbst bei einem hervorragenden Denker die Untersuchung beeinträchtigen kann. Die Gewissheit als solche ist nämlich niemals vom Beweise abhängig, und in dem betreffenden Satze versteht deshalb Wundt unter objectiver Gewissheit etwas mehr und anderes, als man sonst in den Begriff der Gewissheit hineinzulegen pflegt. Die ersten Voraussetzungen für alle wissenschaftliche Gewissheit — wie die logischen und mathematischen Grundsätze — sind, wie schon Aristoteles in der zweiten Analytik nachweist, nicht Gegenstand eines zwingenden Beweises; denn dasjenige, was bewiesen werden soll, setzt immer etwas voraus, aus dem der Beweis geführt wird. Aber es kann niemandem einfallen zu läugnen, dass Sätze, wie z. B. dass das Ganze grösser als die Theile ist, oder dass das principium identitatis der objectiven Gewissheit angehören. Überhaupt lässt es sich psychologisch nachweisen, wie wir später sehen werden, dass die Gewissheit nie vom Beweise abhängt. Oder um zur Erläuterung gleich ein Beispiel heranzuziehen: niemand meint, dass Anseln von Canterbury, als er den ontologischen Beweis für das Dasein Gottes gefunden hatte, damals erst dessen gewiss wurde, während er es früher etwa nur für wahrscheinlich gehalten hätte. Oder soll man sich etwa denken, dass er vorher nur eine subjective Gewissheit hatte, von dem Augenblicke an aber seine Gewissheit objectiv geworden sei? In dem Falle würde der von Wundt als wesentlich hervorgehobene Unterschied zu einer rein formalen Bestimmung herabsinken. Trotz alle dem Treffenden in der Auseinandersetzung des angesehenen philosophischen Forschers ruht also im Resultate ein Irrthum, der durch die Voraussetzungen bedingt ist.

Es muss festgehalten werden, dass die objective Gewissheit keiner höheren Art als die subjective ist. Mit Recht scheint mir Th. Lipps*) hervorgehoben zu haben, dass jede feste Überzeugung nicht an sich etwas anderes als das wissenschaftliche Wirklichkeitsbewusstsein ist, und er knüpft daran eine Bemerkung, die ich nur wiederholen kann: „Man kann sie" (d. h. die sittlich-religiöse Überzeugung) „subjective Überzeugung nennen. Aber auch damit ist nicht allzu viel gesagt. Auch all unser Erkennen ist subjectiver Natur, insofern es selbstredend aus den Gesetzen des Erkennens, wie sie in unserer Natur liegen, hervorgeht. Selbst kein unmittelbares Wahrnehmungsurtheil käme zu Stande, wenn nicht unsere Natur es aus sich hervorgehen liesse." Die sogenannte objective Gewissheit hat somit keine höhere Begründung oder andere Nothwendigkeit als die subjective, und wir müssen hinzufügen, sie ist auch nicht immer durch Elimination aus derselben abgeleitet. Niemals aber ist die Gewissheit vom Beweise abhängig; denn die allergewissesten Principien, die ersten Grundsätze, auf denen alle Beweise beruhen, lassen sich nicht beweisen, ohne dass man sich eines Cirkelschlusses schuldig macht, das heisst hier, ohne dass man die Grundsätze aus den Sinneswahrnehmungen und diese wieder aus den Grundsätzen ableitet.

In dem letzten Theile seines „Idealismus und Positivismus" behandelt E. Laas**) kürzlich das Problem der Gewissheit von rein empiristischem Standpunkte. Nach Laas ist das Erkennen ein Zurechtlegen des unbegreiflich Gegebenen nach Bedürfnissen, die es selbst rege gemacht. Die vollkommene Durchsichtigkeit besteht nur in Beziehung auf die logische Seite unserer Gedanken; sobald wir über die selbstverständlichen Gesetze der Widerspruchslosigkeit hinausgehen, kommen Thatsachen. Die Gewissheit bezieht sich demnach entweder auf die Thatsachen oder auf die selbstverständlichen Gesetze. Die letzteren sind nun nicht logisch nothwendige Anschauungsweisen der Vernunft, sondern psychologische Bedürfnisse, die aus allemal erfüllten Erwartungen entstanden sind. So wird zuletzt die Erfahrung aus der Erfahrung abgeleitet; aber

---

*) Th. Lipps: Grundthatsachen des Seelenlebens. 1883. S. 403.
**) E. Laas: Idealismus und Positivismus. III. Th. Erkenntnisstheorie. 1885.

dieser Cirkel ist unvermeidlich, das heisst, die Erfahrung ist das Gegebene, dessen Kreis wir nach Möglichkeit erweitern sollen, ohne sein Wesen zu untersuchen.

In mehreren Beziehungen derselben Geistesrichtung verwandt ist die Erkenntnisstheorie O. Casparis,*) welcher jedoch, anstatt zu J. Stuart Mill zurückzukehren, in selbständiger Weise eine Lösung der erkenntnisstheoretischen Grundprobleme in einem Grundgesetze der Ästhetik gesucht hat.

In Anschluss an die älteren katholischen Kirchenlehrer ist das Problem der Gewissheit von H. de Cossoles**) in den zwei Schriften „Du doute" und „La certitude philosophique" behandelt worden, während Ollé-Laprune mehr unter dem Einfluss von Caro und dessen Schrift „Problèmes de morale sociale", 1876, den Begriff der moralischen Gewissheit erörtert hat.***)

---

*) O. Caspari: Die Grundprobleme der Erkenntnissthätigkeit. 1879.
**) H. de Cossoles: Du doute, introduction à l'Apologie du Christianisme. 3 edit. La certitude philosophique. Paris 1883.
***) L. Ollé-Laprune: De la certitude morale, thèse de doctorat. Paris 1880.

III.

Die Elemente der Gewissheit.

Wenn wir die Entstehung der Gewissheit in den einzelnen
Fällen beobachten und ihr Wesen zu erklären suchen, finden wir
zunächst, dass sie eine höchst zusammengesetzte Verbindung bildet.
Dieser Begriff hat die Eigenthümlichkeit an sich, dass er die Einheit und Vielheit des Organismus vereinigt. Die Gewissheit ist
eine Verbindung von Glauben und Wissen, von Wahrnehmen und
Denken, von Verstand und Wille, wir wissen nicht wie, und wir
wissen nicht, ob nicht auch andere Kräfte dabei seien, die wir
gar nicht kennen. Versuchen wir nun die verschiedenen Glieder
der Verbindung zu isoliren, so wird man inne, dass wenn man den
einen Factor gründlich verfolgt, man in einen anderen hineingeräth,
dass man sie also im Gedanken nicht vollkommen trennen kann,
weil sie in der Wirklichkeit nur verbunden vorkommen, und alle
unsere Beobachtungen sich auf eine Weseneinheit beziehen.

Man dachte sich früher gewöhnlich das Wahrnehmen als ein
passives, das Denken als ein actives Verhältniss, jedes für sich mit
seinem besonderen Gebiet. Dies liegt der Unterscheidung Kants
zu Grunde, wenn er die Sinnlichkeit als Receptivität, den Verstand als Spontaneität bezeichnet. Allein dieser Unterschied drückt
nur eine einzelne Seite in der Thätigkeit der zwei Erkenntniss-
formen aus und beruht auf einer äusseren Betrachtung. Das Ich
kennt schliesslich nur sich selbst als das Thätige, nicht das von
aussen Empfangene. Wenn man eine unübersteigbare Scheidewand zwischen Wahrnehmen und Denken errichtete, so ging man
von der Trennung des Äusseren und Inneren aus, und man be-

trachtete das Wahrnehmen als das Äussere, das Denken als das Innere. Das Wahrnehmen war die Erkenntniss, die ich, da sie durch die Organe des Körpers hervorgerufen war, unmittelbar auf eine Aussenwelt bezog; das Denken war die Erkenntniss, die ich durch Bearbeitung dieser Wahrnehmungen und durch das Gefühl meiner eigenen Seelenthätigkeit mir selbst bildete. Ihrem Wesen nach war diese doppelte Erkenntnissart nicht leicht zu unterscheiden, hingegen liess sie sich nach ihrem Inhalte gewissermaassen abgrenzen. Parmenides ist der, welcher am schärfsten und einfachsten diese zwei Thätigkeiten des Erkennens getrennt hat, was indessen dahin führte, dass der Eleatismus die Grundform aller der Philosophie geworden ist, welche die Welt der Erfahrung nicht erklärt, sondern verneint. Zum ersten Mal wurde hier die später wiederholte Behauptung aufgestellt, dass es nur von dem ewig sich selbst Gleichen ein wahres Wissen gebe. Da die Erfahrung sich nur auf das Veränderliche bezieht, war die Entscheidung gefällt, und mit dem Gegensatze von Sein und Schein auch die Geringschätzung der empirischen Forschung im Alterthum gegeben.

Welche Schwierigkeiten jedoch das Trennen von Wahrnehmen und Denken schon dem Plato bereitet, wird jeder wissen, der den „Theätet" gelesen hat. Allein dieser Grundgedanke beherrscht die ganze griechische Philosophie, und durch den Einfluss Platos und Aristoteles', der sich in der Erkenntnisslehre noch viel weiter als in den anderen Disciplinen der Philosophie erstreckt hat, folgt er derselben bis zu der letzten Zeit. Selbst Kant, welcher der früheren Philosophie gegenüber die gleiche Berechtigung und den gleichen Werth des Wahrnehmens und Denkens behauptete, vertheidigte ebenso bestimmt ihren Gegensatz. Dass sie zwei entgegengesetzte, nicht von einander ableitbare Stämme der menschlichen Erkenntniss seien, die vielleicht aus einer gemeinschaftlichen Wurzel entspringen, das ist der Ausgangspunkt Kants und die Überzeugung, auf welche seine Erkenntnisslehre gebaut ist. Der erste angreifbare Punkt in dem merkwürdigen Gebäude, das „Kritik der reinen Vernunft" heisst, ist daher nicht in der transcendentalen Ästhetik, sondern schon in der Einleitung zu suchen, und zwar in dem behaupteten Gegensatze von Wahrnehmen und Denken.

Hauptsächlich unter dem Einfluss der sinnesphysiologischen Untersuchungen ist das philosophische Denken immer mehr zu der Einsicht gelangt, dass der angenommene Unterschied von Wahrnehmen und Denken weder den Umfang noch die Tiefe hat, wie früher behauptet. In allem Wahrnehmen liegt das Denken, und namentlich hat die Optik mehr und mehr gezeigt, dass was die Sinneswahrnehmungen eigentlich constituire, eben das Denken ist. Der kantischen Distinction, nach welcher die Sinnlichkeit auf Affectionen, das Denken auf Functionen beruhe, kann die heutige Wissenschaft nur mit Beschränkungen beistimmen. Andererseits hat es sich in den philosophischen Untersuchungen gezeigt, dass der Antheil der Sinnlichkeit am Denken grösser ist, als früher angenommen wurde, und namentlich ist die vollkommene Abhängigkeit unserer Begriffe von den Wahrnehmungen allgemeiner eingesehen worden. Ein gemeinsames Resultat ergiebt sich von beiden Seiten: in der Physiologie der Sinnlichkeit erscheint das Denken im Wahrnehmen als dasjenige Element, welches zu dem unmittelbar gegebenen Empfindungsinhalt hinzukommt und somit gegenüber der objectiven Wirklichkeit als subjectiver Bestandtheil der gegenständlichen Vorstellung in gewissem Grade der Täuschung ausgesetzt ist. In der philosophischen Untersuchung des Denkens erscheint das Wahrnehmen als das Zusammenbindende und Grundlegende, auf welches in jedem Falle zurückgegangen werden muss. Somit ist denn das Verhältniss in der Gegenwart gerade das entgegengesetzte von dem im Alterthum geworden, wo die Wahrnehmung die Welt des Scheins, das Denken die Welt der Wahrheit bezeichnete. Man muss immer zum Wahrnehmen zurück, sowohl um anzufangen als um sich des Ergebnisses zu vergewissern; dennoch ist es schliesslich der Bereich des Denkens, der gewachsen ist; denn was dem Wahrnehmen seine Bedeutung verleiht, ist eben das Denken darin. Allein überall tritt uns die Thatsache entgegen, dass sie beide eine unauflösliche Verbindung bilden.

Man konnte deshalb Wahrnehmen und Denken nur als verschiedene Grade derselben Thätigkeit bezeichnen; allein dass das Erkennen sich in verschiedenen Graden ausdrückt, wird von uns als verschiedene Erkenntnissweise aufgefasst werden müssen. Es ist auch eine alte Frage, ob nicht überhaupt alle Stärkeunterschiede

als Qualitätsunterschiede aufzufassen sind. Wir stehen deshalb
zuletzt an demselben Punkt, gleichviel ob wir den Unterschied als
einen graduellen oder qualitativen bezeichnen. Kant macht in der
Einleitung zur „Kritik der reinen Vernunft" darauf aufmerksam,
dass alle Wirksamkeit ein Hinderniss fordert, was er mit dem bekannten Gleichniss von der Taube erläutert, die indem sie den
Widerstand der Luft fühlt, meinen könnte, dass es ihr im luft-
leeren Raum noch viel besser gelingen werde, während sie da gar
nicht fliegen könnte, weil dieser Widerstand zugleich ihr Stütz-
punkt ist. So setzt alle Wirksamkeit ein Hinderniss voraus, das
eine um so grössere Kraftanstrengung fordert, je grösseren Widerstand es zu leisten im Stande ist. Im Denken ist dieses Hinderniss kleiner, weil dasselbe mit einem Stoff arbeitet, welchen die
Sinne schon bearbeitet haben, in der Sinnlichkeit ist das Hinderniss grösser, weil da ein fremder Stoff in Erkenntniss geformt
werden soll.

Alle unsere Urtheile sind zuerst Wahrnehmungen; sie haben
nur für uns selbst Geltung; nachher geben wir ihnen einen weiteren
Umfang und wollen, dass sie eine bleibende Bedeutung sowohl
für uns selbst als für andere haben sollen. Alle Allgemeingültigkeit gründet sich auf das Denken. Schon aus der Verschiedenheit
der Wahrnehmungen bei den einzelnen Individuen lässt sich dies
folgern. Allem Anschein nach ist zwischen den Sinnesvorstellungen
der Menschen und der Thiere ein gewisser Unterschied, wie wir
ihn schon bei den schärferen Gesichts- und Gehörswahrnehmungen
der Raubthiere, den Geruchsempfindungen des Jagdhundes beobachten können. Auch unter den Menschen weichen in gewissen
Beziehungen die Wahrnehmungsbilder ab, wie es in auffallender
Weise bei den Kurzsichtigen, Farbenblinden, Schwerhörigen u. s. w.
der Fall ist. Allein es fällt dem Einzelnen keinen Augenblick ein,
daran zu zweifeln, dass im Allgemeinen die Gegenstände und Verhältnisse von allen gesunden Menschen auf dieselbe Weise aufgefasst werden müssen, wie er sie selber wahrnimmt. Nach alle-
dem, was wir verstehen können, sowohl aus der Beschreibung der
Wahrnehmungen als von der Untersuchung der Sinnesorgane bei
den verschiedenen Individuen, in krankem und gesundem Zustande,
weichen die Wahrnehmungen in vielen Fällen merkbar ab, und

die Abweichung erscheint oft nicht nur als ein Intensitätsunter-
schied, sondern als ein Qualitätsunterschied, — z. B. in der Farben-
blindheit. Am nächsten liegt es hierbei anzunehmen, dass die
Verschiedenheit in dem Empfindungsinhalte begründet ist, die
Übereinstimmung aber in den Gesetzen und Regeln, nach welchen
derselbe verarbeitet wird. Dass das Abweichen durch die Empfindungen veranlasst wird, erhellt aus der Natur derselben; denn
im Wesentlichen weichen die Wahrnehmungen grade bezüglich
der Intensität, Lebhaftigkeit und Genauigkeit ab. Diese Beobachtung
spielt in der Ästhetik Schopenhauers eine bedeutsame Rolle. Die
verschiedene Freude, welche die Menschen aus der Naturbetrach-
tung schöpfen, führt er darauf zurück; denn während einige eine
schöne Aussicht oder Umgebung als einen wahren Genuss schätzen,
sind andere dabei ganz gleichgültig. Schopenhauer meint nun,
dass sie in der That etwas Verschiedenes sehen, und vergleicht die
abweichenden Wahrnehmungen mit dem ersten und letzten Ab-
drucke einer stark gebrauchten Kupferplatte; auch die Fähigkeit
zum Nachbilden der Wahrnehmungen im Zeichnen und Malen
leitet er aus derselben Ursache ab. Innerhalb des gegenständlichen
Vorstellens können wir so wieder ein Wahrnehmen und Denken,
oder Empfindungen und Reflexion, unterscheiden. Die Empfindungen
geben dann das Verschiedene, die Reflexion das Einheitliche, die
Empfindungen das Individuelle, die Reflexion das Allgemeine.

In dem eigentlichen Denken werden nun die Wahrnehmungen
einer neuen Bearbeitung unterzogen. Wenn wir indessen sagen,
dass die Thätigkeit des Denkens einen Stoff behandelt, welcher im
Wahrnehmen schon verarbeitet ist, müssen wir uns erinnern, dass
das Denken nicht nur die Aussenwelt, sondern auch die inneren
Zustände des Einzelnen und seine eigene Thätigkeit zum Gegenstand seiner Untersuchungen erwählen kann; das Denken tritt dadurch in ein Verhältniss nicht allein zum Stoff, sondern zu sich
selbst. Alles Denken ist ein Unterscheiden eines gegebenen Stoffes,
somit auch ein Unterscheiden seiner selbst vom Stoff. Bestimmt
man nun das Denken als ein solches Sichunterscheiden und wieder
als ein Unterscheiden des Stoffes, so kommt man nothwendig auf
das Selbstbewusstsein zurück. Jetzt aber erscheint eine eigenthümliche Schwierigkeit. Man kann sich freilich einerseits vor-

stellen, dass das Selbstbewusstsein entsteht, indem der Stoff unterschieden wird, andererseits muss das Selbstbewusstsein schon da
sein, um unterscheiden zu können. Alles Urtheilen führt auf eine
Thätigkeit im Subjecte zurück, von der wir nicht urtheilen können,
ohne uns derselben Vorstellung zu bedienen. Der Sinneseindrücke
bin ich mir nur gewiss, indem ich ein Ich voraussetze, des Bewusstseins aber bin ich nur gewiss, wenn ich etwas voraussetze, dessen
das Ich sich bewusst wird. Einerseits tritt erst das Ich durch die
Vorstellungen hervor, deshalb ist jede Vorstellung meine Vorstellung; umgekehrt setzen die Vorstellungen ein Ich, das sie erfährt, voraus. Die Sache stellt sich somit folgendermaassen dar:
fange ich mit den Vorstellungen an, so merke ich, wenn ich das
Verhältniss näher untersuche, dass ich auf irgend eine Weise, in
irgend einer Form ein Ich, das die Vorstellungen bedinge, eingeschoben habe, fange ich mit dem Ich an, so muss ich, wenn es
mehr als einen leeren Wortklang bedeuten soll, Vorstellungen einschieben. Diesen dialectischen Widerspruch könnte man die Antinomie des Selbstbewusstseins nennen.

Jeder dialectische Widerspruch ist indessen immer das Zeichen
einer unberechtigten oder falschen Abstraction, und jede unberechtigte Abstraction lässt sich immer darauf zurückführen, dass
man ein Subject ohne Object oder ein Object ohne Subject gedacht
hat; in beiden Fällen ist der Fehler derselbe, weil diese Bestimmtheiten sich gegenseitig voraussetzen und nur in und mit einander
existiren. Alle dialectischen Widersprüche entspringen einer unberechtigten Abstraction, was beim Eingehen auf das Wesen des
Denkens immer klarer wird. Unmittelbar können wir dies an den
kantischen und hegelschen Antinomieen beobachten, am deutlichsten jedoch an Humes Kritik des Kausalitätsgesetzes; das Ver-
führerische in seinen Beweisen liegt überall darin, dass er jedesmal Ursache und Wirkung von einander trennt und jede als etwas
für sich denkt. In grösserem Stil sehen wir dasselbe in Schopenhauers Trennung von Willen und Intellekt. Hier steckt auch das
Täuschende seiner Darstellung darin, dass er zwei Individuen in
das Individuum einführt, von welchen der eine Wille heisst und
wesentlich Wille ist, jedoch mit einem kleinen Separatintellekt,
der andere heisst Intellekt, allein mit einem kleinen Separatwillen

versehen. Erst wo der Denker die ethischen, mithin praktischen Consequenzen seiner Lehre ziehen soll, in der Selbstverneinung des Willens, bricht die Falschheit der Abstraction offen hervor.

Zwischen der berechtigten und unberechtigten Abstraction ist es indessen unmöglich eine Grenze zu treffen; denn der Unterschied ist nur relativ, das Unberechtigte hängt immer irgendwie der Abstraction an. Allein dieselbe ist nothwendig; denn sie ist die Arbeitsweise des Denkens. Nur dadurch, dass wir den Gegenstand aus seiner Verbindung herausnehmen, können wir uns ihn nah genug bringen, um ihn zu untersuchen, jedoch dürfen wir nie vergessen, dass er nur in der Verbindung existirt. Die Philosophen thun, wenn sie abstrahiren, dasselbe wie die Zoologen, wenn sie das Thier tödten, um es zu untersuchen. In der Abstraction raubt man den Vorstellungen das Leben, um ihre Formen und Bestandtheile erforschen zu können. Glücklicher Weise kann der Zoologe nicht vergessen, dass die Organe des Thieres nicht so getrennt in der Wirklichkeit existiren, wie er sie da im Secirsaal von einander scheidet, sondern dass sie sich gegenseitig bedingen; die Philosophen aber vergessen es bisweilen, wenn sie die Begriffe von einander gelöst haben, dass diese in dem Leben der Wirklichkeit nur in innerer Verbindung existiren.

Je unbestimmter und verbreiteter ein Begriff angewendet wird, desto schwieriger ist die Analyse. Stuart Mill sagt in seiner Logik, wo er der schwankenden Bedeutung vieler Gemeinnamen erwähnt, dass ein Wort, wie z. B. Civilisation, welches eine gemeinschaftliche und dennoch gewissermassen unbestimmte Eigenschaft darstellen soll, selten in zwei Personen dieselben Vorstellungen erweckt. Selbst wenn es von einer Person oder Nation ausgesagt wird, so weiss weder ein anderer noch der Sprechende selbst, was er damit zu behaupten vorhat. Viele andere Wörter, wie z. B. das Wort Ehre, Glück, Loyalität, zeigen diese Unbestimmtheit noch viel auffallender. Allein in keiner Beziehung giebt es nun gefährlichere Begriffe als solche, wie Bewusstsein, Denken, Wahrnehmen und dergleichen; denn sie werden in dem häufigen Gebrauch nicht immer mit constanter Bedeutung verwendet, so dass die feineren Nüancen ihnen abgestreift werden, und man sich an das Unbestimmte, wie an etwas dem Begriffe Zukommendes, gewöhnt. Scharfe Defini-

tionen aufzustellen, würde das Ungeeignetste von allem sein; denn
entweder würden diese, wenn sie sich der Anwendung der Begriffe
anschliessen sollten, nichts klar machen, oder sie würden die Begriffe auf eine Weise beschränken und begrenzen, der niemand
würde folgen wollen.

Die Falschheit der Abstraction, auf welcher der dialectische
Widerspruch im Selbstbewusstsein beruht, ist das definitive Trennen
der Vorstellungen vom Vorstellenden. Wahrnehmen, Denken und
Bewusstsein sind schliesslich nicht drei, sondern eins; ebenso sind
Selbstbewusstsein und Bewusstsein nicht zwei, sondern eins. Deshalb ist der Widerspruch des Selbstbewusstseins die eindringliche
Abmahnung, dass man nicht, wenn man die verschiedenen Seiten
einer Sache einzeln hervorzieht, um sie näher zu untersuchen,
sie geschieden stehen lasse, ohne die Verbindung mit den übrigen
und dadurch die Einheit durchgedacht zu haben. Wenn wir daher
im Folgenden die Abstraction benutzen wollen, so ist es mit der
stetigen Voraussetzung in Gedanken, dass sie eine unrechtmässige
und nur vorläufige ist.

Nach Kants Unterscheidung der Erkentnisskräfte in Sinnlichkeit, Verstand und Einbildungskraft unterscheiden wir eine drei-
fache Gewissheit:

I. Die Gewissheit des Wahrnehmens.
II. Die Gewissheit des Denkens.
III. Die Gewissheit der Erinnerung.

Hier sind nun nicht drei verschiedene Arten der Gewissheit,
sondern die Gewissheit auf drei verschiedenen Entwickelungsstufen,
nämlich die Gewissheit als die werdende, die seiende und die ge-
wordene. Desshalb lassen sie sich nicht als Theile desselben Dinges,
sondern nur als Seiten derselben Sache von einander scheiden.
Die Gewissheit des Wahrnehmens gründet sich auf die Gewissheit
des Denkens, und diese war unmöglich ohne die Gewissheit der
Erinnerung, die wieder die Gewissheit des Wahrnehmens voraussetzt; so enthält die eine die andere. Wenn wir sie dennoch zu
unterscheiden versuchen, so geschieht es, weil auf den verschiedenen
Gebieten die Gewissheit verschieden umgestaltet erscheint, und wäre
diese Veränderung auch nur eine kleine und schwierig bestimm-
bare, so ist es dennoch nothwendig, den Unterschied in Betracht

zu ziehen, wenn man die Elemente der Gewissheit suchen will.
Die folgende Behandlung der einzelnen Seiten wird daher an jedem
Punkt von der Totalität bestimmt werden, und sollten dadurch
kürzere Wiederholungen vorkommen, müssen diese ihre Entschuldigung darin finden, dass sie für die Wahrheit und Richtigkeit
unserer Begriffsentwickelung nothwendig waren.

1. Die Gewissheit des Wahrnehmens.

Man betrachtet gewöhnlich die Gewissheit, die wir von den
Wahrnehmungen haben, als eine einfache Wirkung des Sinnes-
eindruckes; wir unterliegen einem unwiderstehlichen Zwang oder
haben ein Gefühl von etwas, dem wir uns nicht entziehen können.
Allein die Frage ist eben, worin dieser Zwang bestehe, und ob wir
nicht klarere Bezeichnungen und Bestimmungen zu finden vermögen, durch welche wir tiefer in das Wesen und die Wirkungsweise dieses Zwangs Einblick gewinnen können.

Jede Wahrnehmung, die zu meinem Bewusstsein gelangt, erscheint als eine Verbindung von einer Mehrheit von Vorstellungen,
deren jede sich wieder als eine Verbindung findet, und wie weit
wir auch herabgehen, können wir nie der Einfachheit der letzten
Elemente gewiss werden. Immer bleibt der Einwand zurück, dass
dasjenige, was wir als das Einfache annehmen, das Ergebniss einer
Verbindung ist, die sich nur unter der Schwelle des Bewusstseins
vollzogen hat. Als die einfachste Verbindung denken wir uns gern
die Empfindung. Jede Wahrnehmung, z. B. einer beliebigen Farbe,
mit Ausnahme der Grundfarben, ist eine Verbindung von Farben-
empfindungen, und in jeder dieser Empfindungen, so kurz und einfach sie erscheint, müssen wir wieder eine Reihe von Eindrücken
sehen. Auch was den Gehörsinn betrifft, sind die Wahrnehmungen
zusammengesetzt. Jeder Ton unserer Musikinstrumente besteht aus
einer Reihe von Eindrücken, deren jeder eine Verbindung von
einem Grundton mit schwächeren Obertönen enthält. Auch bei
den niederen Sinnen sind die Empfindungen gewöhnlich zusammen-

gesetzter, als wir uns vorstellen. Beim Heben einer Last sind wir
geneigt, die begleitende Empfindung für eine einzige zu halten,
während hier Druck, Muskelanstrengung und Berührung sich zu
einem Ganzen vereinigen. Sehr oft sind Geruchs-, Geschmacks- und
Tastempfindungen auf das engste verbunden, und die Abhängigkeit der Geschmacksempfindungen von den Gesichtseindrücken ist
allbekannt. Herbert Spencer hat die Anschauung aufgestellt, dass
überall dasjenige, was wir einzelne Empfindungen nennen, eine
Verbindung von Elementarempfindungen ist, und er meint, dass
sich für diese eine gemeinsame Form finden lasse, wie bei der
physicalischen Erklärung der Gesichts- und Gehörswahrnehmungen
die Elemente schon auf den nämlichen Typus, auf Schwingungen,
reducirt sind. Der bewusste Sinneseindruck ist schon eine Umarbeitung der einzelnen Sinnesempfindungen; er ist das zusammengesetzte Bild, das aus den Berichten der Sinnesorgane an das
Bewusstsein hervorgeht.

Einen solchen Sinneseindruck dürfen wir uns auch nicht als
etwas an sich Unabhängiges denken; denn sowohl seine Existenz
als sein Inhalt ist durch die Verbindung mit anderen Sinnesein-
drücken bedingt. Vollkommen continuirlicher Eindrücke werden
wir uns nicht bewusst. Wir bemerken allein den Luftdruck bei
Veränderungen, und die Unterschiede der Temperatur nehmen
wir nur wahr im Verhältniss zu dem Wärmegrad der Haut. Ein
Stoff schmeckt nur, wenn sein Geschmack von dem des Speichels
verschieden ist, und die schwächeren Farben und Schatten werden
nur durch Gegensätze bemerkt. Jede Wahrnehmung hat, um in
das Bewusstsein einzutreten und sich zu halten, einen fortgesetzten
Kampf zu bestehen, einen Kampf des Angriffs mit ihren Vor-
gängern und einen Kampf der Vertheidigung mit ihren Nachfolgern. Auf dem Verlauf und Ausgang dieses Kampfes beruht
die innere Kraft und äussere Lebensweise der einzelnen Wahrnehmung im Bewusstsein. Diese Beobachtung von der gesetz-
mässigen Relativität der Wahrnehmungen benutzt eine besondere
Wissenschaft, die Psychophysik, zur Lösung ihrer Probleme. Was
wir hier in diesem Zusammenhang zu bemerken haben, ist, dass
jede Wahrnehmung nicht an sich selbst, sondern durch andere
Wahrnehmungen bestimmt wird.

Wir finden also, dass die Wahrnehmungen zusammengesetzt und nur beziehungsweise bestimmbar sind. Wie lässt sich nun auf dieses Ergebniss eine Gewissheit gründen? Je mehr wir den Wahrnehmungen auf den Grund gehen, um so unsicherer erscheint derselbe. Alles scheint aus einander zu gleiten; denn die Wahrnehmungen lösen sich in Empfindungen auf, und diese sich wieder in andere Empfindungen, und ihre Beschaffenheit wird von so wechselnden Bedingungen sowohl von aussen als von innen bestimmt, dass es unmöglich scheint, etwas Festes auf einem so lockeren Boden zu bauen, und die Gewissheit muss jedenfalls etwas Festes sein.

Die Gewissheit gründet sich nun auch nicht auf die von aussen kommenden Eindrücke, sondern auf die eigene Thätigkeit des Ich, die den Eindrücken entspricht. Wie man in der Physik gezwungen wird, alle Erklärung auf die Bewegung der Materie zurückzuführen, so ist in der Erkenntnisslehre die Gegenbewegung das, was als einheitliches Moment der Empfindungen, Sinneseindrücke und Vorstellungen gesucht werden muss. Auch in dem Ohr eines todten Körpers wird das Trommelfell durch einen Kanonenschuss erschüttert, auch in die Augen eines todten Körpers fallen die Bilder der Gegenstände ein; allein da entsteht keine Wahrnehmung, das Leben ist geschwunden, das heisst, die Fähigkeit der Gegenbewegung ist verloren.

Was ist es also, das vor sich geht, wenn mein Bewusstsein Gegenstände der Aussenwelt erfasst? Durch Wahrnehmungen und Vorstellungen erkenne ich die Gegenstände; d. h. ich erkenne meine Wahrnehmungen. Die Gegenstände selbst können wir nie mit unseren Vorstellungen vergleichen; denn wir können nichts von den Gegenständen erfassen, ohne eben durch Wahrnehmungen und Vorstellungen. Diese seine eigene Thätigkeit aber bildet das Erkennen des Einzelnen nach bestimmten Gesetzen zu den Formen und Eigenschaften der Dinge um. Wenn ich so einen Sinneseindruck von der grünen Farbe des Baumes oder dem Klang der Glocke habe, so ist diese Wahrnehmung von Grün oder Klang in mir durch die eigene Thätigkeit des Erkennens hervorgebracht, durch Empfindungen und Vorstellungen; sie werden indessen nicht auf das Innere bezogen, sondern nach aussen zu einem anderen

Ort hin projicirt, zu dem Baum oder Kirchthurm. So führen wir die Empfindungen unseres Leibes nicht auf das Gehirn hin, wo sie empfunden werden, sondern auf die Stelle des Leibes, von welcher das Gehirn durch Nervenleitung Meldung von dem Eindruck erhalten hat. Wenn ich mich in den Finger steche, fühle ich den Schmerz im Finger und nicht im Gehirn, wo allerdings die Empfindung ist. Mit welcher unmittelbaren Zuverlässigkeit wir dies thun, erhellt daraus, dass Menschen, die Arme oder Beine verloren haben, oft Schmerzen in den amputirten Gliedern spüren, wenn die zerschnittenen Nerven der Extremitäten gereizt werden. Wenn wir also den ganzen Inhalt der Sinneseindrücke ausser uns verlegen, machen wir einen Fehler, es ist allein die Bedingung oder der Anstoss, der ausser uns liegt.

Wenn ein Lärm oder eine Tonreihe gehört wird, wenn etwas eine bestimmte Farbe hat, wenn etwas süss oder sauer schmeckt u. s. w., so wird damit gesagt, dass gewisse Empfindungen in mir durch gewisse Gegenstände hervorgerufen werden; diese Empfindungen sind eigentlich das verschieden modificirte Gefühl des Organismus von seiner eigenen Thätigkeit; das Erkennen aber baut aus denselben seine Vorstellungen von den Formen und Verhältnissen der Aussenwelt. Dass diese Eigenschaften nicht etwa den Gegenständen gehören, ergiebt sich schon daraus, dass dieselben Wirkungen aus anderen Reizen der Sinnesorgane hervorgerufen werden können, so der Eindruck von immensen Lichtmassen beim Durchschneiden des Sehnerven. Sie sind nur die sprachlichen Ausdrücke, mit welchen wir die verschiedene Weise, auf welche der Organismus sich seiner eigenen Thätigkeit bewusst wird, bezeichnen. Wenn wir jedesmal mit solcher Bestimmtheit das Wirken auf die Gegenstände beziehen, so gründet sich dieses Phänomen zunächst auf das unmittelbare Gefühl des Übergangs von Ruhe zur Thätigkeit, dann auf die mittelbare Erfahrung, dass dieselben Gegenstände immer dieselben Wahrnehmungen mit sich bringen. Vermittelst Erfahrung des constanten Verhältnisses von Gegenstand und Wahrnehmung unterscheiden wir nämlich die Wahrnehmungen von allen Hallucinationen, die indessen immer, je nachdem das Gefühl der Thätigkeit des Organismus mitspielt, im ersten Augenblick als wirkliche betrachtet werden. Schon im alltäglichen

Leben erfahren wir auf manche Weise, dass die Eigenschaften nicht selbständig an sich in den Dingen liegen, sondern erst durch unser Verhältniss zu den Gegenständen hervortreten. Rein physikalisch erklärt sind Farbe und Schall Schwingungen, und existirte kein sehendes Auge, kein hörendes Ohr, so würden Licht und Schall, wie wir sie empfinden, nicht vorhanden sein. Allein die Sicherheit, mit welcher wir die Vorstellungen auf die Aussenwelt, und mithin die Eigenschaften auf die Dinge, beziehen, beruht darauf, dass wir die eigene Thätigkeit als eine bestimmte Gegenbewegung des Organismus gegen eine von aussen herkommende Bewegung fühlen. Was wir fühlen, ist jedenfalls unsere eigene Kraftaufwendung, aber dieses Gefühl ist durch das Wiederholen bestimmt. Worin diese Bestimmtheit der Wiederholung besteht, sagt uns die Reflexion: für dieselben Wahrnehmungen finden wir dieselben Ursachen.

Im Wahrnehmen kennt also der Einzelne nur seine eigene Thätigkeit; allein der Widerstand, welcher diese Thätigkeit bedingt, und den dieselbe aufzuheben sucht, giebt uns die Gewissheit der Wahrnehmungen. Deshalb ist der Tastsinn auch der Grundsinn, und es ist ein alter Gedanke, dass die anderen Sinne sich aus demselben entwickelt haben. Was wir aber durch diesen Sinn erfahren, erscheint uns als die handgreifliche Wirklichkeit der Aussenwelt, die wir somit eben in dem Widerstand der Dinge erfahren. Auch das Wort Gegenstand bedeutet, was entgegensteht. Dass der Einzelne den Widerstand erfährt, heisst, dass er seine Kraftaufwendung fühlt. Eben das Gefühl des eigenen Kraftaufwands, der nach verschiedenen Graden wechselt und im Schlaf entweder ganz aufhört oder auf ein Minimum herabsinkt, erscheint uns als das Zwingende der Wahrnehmungen.

Allein da besteht ein Unterschied zwischen den Vorstellungen, die uns die Sinneseindrücke geben, und der Reflexion, durch welche wir die Gültigkeit derselben einsehen. Die Reflexion der Gültigkeit wird von dem Gefühl des Kraftaufwands bedingt, weshalb sie auch in allen Traumvorstellungen fehlt. Als Unterschied zwischen Traum und Wirklichkeit bietet sich also die Thatsache dar, dass in den Träumen die Reflexion über die Gültigkeit nicht aufkommt, weil das Gefühl einer Kraftaufwendung fehlt. Das Eigenthümliche an dem Traum ist es eben, dass wir darin alles für gute Waare nehmen, wir sprechen mit schon längst Verstorbenen, wir fliegen, wir sind bald an einem Ort, bald an einem anderen, in veränderten Umgebungen u. s. w. und es fällt uns gar keinen Augenblick ein, über die Gültigkeit uns Gedanken zu machen. Wenn eine solche Reflexion eintreten würde, so würde dies das Zeichen sein, dass eine Kraftaufwendung gespürt wird, das heisst das Zeichen eines Austretens aus dem Traum in die Wirklichkeit, mithin eines Erwachens.

Wenn wir von den Wahrnehmungen des Erwachsenen sprechen, setzen wir ausser Betracht, dass die Sinne erzogen werden müssen, und dass diese Erziehung eine der wichtigsten Thätigkeiten ist, die in der ersten Lebenszeit des Kindes ausgeführt wird. Dass die Sinne geleitet und gebildet werden, erhellt schon aus der eigenthümlichen Weise, auf welche operirte Blindgeborene den Gesichtssinn erziehen müssen und anfangs gleichsam von der Sprache der geübten Sinne in die des neuen übersetzen. So scheint zuerst alles, was sie sehen, das Auge zu berühren, und es ist ihnen schwierig, die verschiedenen Dinge, die sie gesehen haben, zu unterscheiden, besonders sie zu den bekannten Vorstellungen hinzuführen. So ist die Geschichte von dem operirten Blindgeborenen bekannt, der, nachdem er mehrmals durch das Gesicht Hund und Katze verwechselt hatte, die Katze aufhob und betastete und sie wieder herabsetzte, indem er sagte: „Künftig werde ich dich wiedererkennen."

Dieselbe Erziehung der Sinne findet sich beim Kinde, und erst durch eine Reihe von Täuschungen werden die Sinne erzogen. Wir sagen freilich, dass wir oft im Leben getäuscht werden; dies kann jedoch nur eine Kleinigkeit sein, gegen die Massen von gründlichen Täuschungen, die wir in dem Lebensalter durchmachen, aus dem wir, wahrscheinlich glücklicherweise, uns nichts ins Gedächtniss zurückrufen können. Es ist kein Wunder, dass die kleinen Kinder so sehr weinen; wenn wir als Erwachsene so grosse und viele Täuschungen wie sie durchlebten, würde zweifellos uns alle das Leben zu ärgsten Pessimisten machen. Allein auf diese Weise erlernen wir die Sinneseindrücke zu beurtheilen. Wenn so ein kleines Kind alles, was es bekommt, in den Mund steckt, so schliesst es von einer Wahrnehmung auf die andere und zwar in den meisten Fällen irrig, aber eben dadurch erlernt es, den Unterschied von Möglichkeit und Wirklichkeit und somit die Wahrnehmungen zu beurtheilen. Es schliesst durchgehends, wie Höffding sagt,*) positiv in der zweiten Figur und bestätigt durch das Weinen die Warnung des Aristoteles gegen ein solches Verfahren. Die Schlüsse sind nach ihrem Character falsche Analogieschlüsse, der falsche Analogieschluss aber gründet sich auf unvollständige Wahrnehmungen. Solange das Kind nur einzelne Seiten der Dinge wahrgenommen hat, sollte es eigentlich gar nicht schliessen. Allein diese Forderung lässt sich nicht erfüllen; denn der Erkenntnisstrieb erhebt immerhin Anspruch auf Einheit. Mögen die Wahrnehmungen vollständig oder unvollständig sein, jedenfalls müssen sie vereinigt werden; denn der Grundzug in allem Erkennen ist Einheit zu schaffen, eine Thatsache, die wir im folgenden Abschnitt näher betrachten werden.

In der Reflexion über die Gültigkeit der Wahrnehmungen haben wir zunächst eine Reflexion über die Kraftanwendung, und sie besteht in einem einfachen Messen; sie taxirt, so zu sagen, den Unterschied des Kraftaufwands in den verschiedenen Fällen. So betrachten wir den Tastsinn als einen zuverlässigeren Zeugen als den Gesichts- oder Gehörsinn und schon aus diesem Messen des Unterschieds ergiebt sich, warum wir dem Zeugniss zweier Sinne so sicher vertrauen. Das Abschätzen und Bestimmen des Kraftaufwands können wir die Reflexion über die Quantität der Empfindungen nennen. Mit dieser verbindet sich aber auch eine Reflexion über die Qualität, das ist über die Übereinstimmung der Empfindungen. Die Erklärung, die wir denselben geben, wird durch den Bewusstseinsinhalt bestimmt. Wir können uns so die Empfindungen nur als einfache Vorstellungen denken, aus denen unsere Wahrnehmungen zusammengesetzt sind. Damit jede dieser einfachen Vorstellungen sich zu einer einheitlichen Wahrnehmung verbinde, muss sie mit den übrigen derselben Art, die in der Wahrnehmung enthalten sind, übereinstimmen. Allein thatsächlich ist das Verhältniss noch complicirter; denn in dem Maasse als neue Empfindungen zukommen, wachsen und entwickeln sich die Vorstellungen, wodurch nicht allein die einzelnen Empfindungen in derselben

---

*) H. Höffding: Psykologi i Omrids. 1882.

Vorstellung, sondern der ganze Bewusstseinsinhalt einen Einfluss auf sie ausübt. Man darf sich nämlich keineswegs die Sache so vorstellen, dass sich die Empfindungen zuerst in Wahrnehmungen ordnen und dann in das Bewusstsein hineinspazieren, wie eine Deputation zu einer Audienz eintritt. Die Empfindungen sind nur Empfindungen im Bewusstsein und die Vorstellungen nur Vorstellungen im Bewusstsein. Die Vorstellungen gehen nicht aus einer mechanischen Ordnung, sondern aus einer organischen Entwickelung hervor. Die Vorstellungen erzeugen Vorstellungen, aber sie entwickeln sich und erhalten ihr Material von den Empfindungen; ihre Wirklichkeit verdanken sie den Empfindungen, ihre Möglichkeit anderen Vorstellungen. Jeder Empfindung, die in die Vorstellungsbildung eingeht, tritt eine Reflexion über deren Beziehungen zu anderen Empfindungen und Vorstellungen entgegen, und ihre Gültigkeit als Glied in der Vorstellung wird durch den gegenwärtigen Bewusstseinsinhalt geprüft. Dies ist die Reflexion über die Qualität der Empfindungen. Aus dieser Doppelreflexion geht die Gewissheit des Wahrnehmens hervor. Die Reflexion über die Quantität bedingt jedoch die Reflexion über die Qualität, wie überhaupt das Gefühl einer Kraftaufwendung aller Reflexion zu Grunde liegt. Das Gefühl des Kraftaufwands ist, so zu sagen, der jedesmalige Einlassschein zum Bewusstsein, der von der Reflexion über die Gültigkeit controlirt wird. Durch das Wiederholen erhält diese eine hochgradige Übung darin, die Empfindungen allemal gleich in dem Bewusstseinsinhalte den Beziehungen gemäss einzuordnen. Wir meinen deshalb gewöhnlich auch kein Überlegen anzuwenden, sondern völlig fertig scheint uns die Empfindung selbst die betreffenden Kenntnisse zu enthalten. In demselben Augenblicke, wo eine neue hinzukommende Empfindung nicht mit der von der Erfahrung gegebenen Erklärung in die Verbindung eingehen kann, also nicht mit den übrigen übereinstimmt, entsteht der Zweifel, der auf eine neue Wahrnehmung ohne Aufschub dringt.

Sowohl in dem activen als in dem passiven Verhältniss, sowohl bei inneren als äusseren Zuständen finden wir dieselbe Reflexion wieder. Dass die Sinne erzogen werden, heisst nichts anderes, als dass die Reflexion entwickelt und geschärft wird. Im Wahrnehmen ist die Reflexion über die Gültigkeit zunächst ein Vergleichen der Empfindungen der einzelnen Wahrnehmung, aber auch die verwandten Vorstellungen greifen mit ein und gewissermassen der ganze Bewusstseinsinhalt. Während indessen im Denken sich diese Reflexion offen kundthut, ist im Wahrnehmen dieses Vergleichen und Entscheiden in den meisten Fällen so wenig bewusst, dass wir nur an besonderen Anlässen, wo die Vorstellungen in einfache Vorstellungen zerfallen, die Spuren derselben beobachten können.

Am besten eignen sich die Sinnestäuschungen zu einer solchen Beobachtung.

So ist es eine bekannte Sinnestäuschung, dass wir, in einem Eisenbahnzug sitzend unsere Bewegung auf einen andern ruhig daneben stehenden Zug übertragen, oder umgekehrt auch selber zu fahren glauben, wenn wir, in einem stille stehenden Wagen sitzend, einen andern Zug vorbeifahren sehen. Die Verschiebung der Netzhautbilder bevorzugt die Wahrnehmung, dass das Gesehene das Bewegte ist, allein nun gerathen die Empfindungen in Streit und die Reflexion über die Gültigkeit muss die Sache entscheiden. Wenn die Empfindungen hier übereinstimmten, würde die Wahrnehmung keinen inneren Streit in sich, sondern erst einen äusseren mit anderen Wahrnehmungen darstellen, und man hätte eine Kollision der Vorstellungen, die in den logischen Formen des Denkens entschieden werden würde. Man würde in dem Falle erst durch ein Überlegen der mit der Abreise verbundenen Nebenumstände zu dem Schlusse gelangen, dass nicht das Gesehene, sondern dass ich selbst das Bewegte sei. Aber in der Wirklichkeit braucht man nicht so weit zurückzugehen, um sich über die Lage zu orientiren; denn indem die eine Empfindung gegen die andere streitet, entscheidet die Reflexion über die Gültigkeit, indem sie alle Empfindungen in der Conclusion, die sie vereinigt, sammelt: z. B. es ist nicht das Gesehene, sondern ich selbst, was sich bewegt.

Nehmen wir ein anderes Beispiel. Wenn man Mittel- und Zeigefinger über einander legt, dass sie sich kreuzen, und dann deren einander zugekehrten Flächen mit einer kleinen Korkkugel berührt, die man darüber führt, so glaubt man zwei Kugeln zu fühlen. Hierbei wissen wir nun, dass die Finger sich kreuzen, und

wir können noch so genau wissen, dass es nur ein e Kugel sei,
wenn wir nur nicht den Vorgang sehen, — die Täuschung ist dennoch
jedesmal vollständig. Die Sache wird gern so erklärt, dass weil
wir diese Lage der Finger bei der gewöhnlichen Betastung der
Gegenstände niemals wählen, so wissen wir mit derselben die
Tastempfindungen nicht in Einklang zu bringen und legen nun
die letzteren so aus, wie es der gewöhnlichen Stellung der tastenden Finger entsprechen würde. Dies ist wahr; aber es ist nicht
zureichend, um das Verhältniss zu erklären; denn wir empfangen
sonst nicht abweichende Sinneseindrücke, wenn die Glieder in
ungewöhnlichen Stellungen sind. Das Eigenthümliche in dem vorliegenden Falle ist, dass sämmtliche Empfindungen übereinstimmend
sind, aber wegen der ungewöhnlichen Stellung der Finger in dem
objectiv unwahren Resultat übereinstimmen, dass da zwei Kugeln
seien; die ganze Reihe der Empfindungen lässt sich nur in der
Conclusion vereinigen: es sind zwei; was in diesem Fall die Gewissheit des Wahrnehmens giebt. Gegen diese steht nun eine andere
Gewissheit, die jedoch nur von mitwirkender, nicht von entscheiden-
der Bedeutung ist. Die in den Vorstellungen des Bewusstseins
liegende Gewissheit, dass nur eine Kugel da ist, wirkt allerdings
mit, was wir daraus erschliessen müssen, dass die Täuschung
immer unsicherer ist, wenn man selbst, als wenn ein anderer die
Kugel führt. Allein die Gewissheit des Wahrnehmens, die lediglich nach den Empfindungen urtheilt, ist, solange kein Widerspruch vorliegt, die stärkere; daher haben wir auch, selbst wenn
wir überzeugt seien, dass nur eine Kugel vorhanden sei, dennoch
eine vollständige Wahrnehmung von zwei, wenn wir z. B. die
Hände auf den Rücken halten. Halten wir dagegen die Hände
so, dass wir alles deutlich sehen können, so fällt die Sinnestäuschung weg; denn die Empfindungen streiten dann unter einander, und die Reflexion über die Gültigkeit schlichtet den Streit
in einer versöhnenden Entscheidung.

Die Wiederholung und die Beziehungen geben die Regeln,
nach welchen die Reflexion die Übereinstimmung zu Stande bringt.
Wenn wir daher eine vermeintliche Sinnestäuschung aufzudecken
suchen, gehen wir jedesmal denselben Weg zurück. So wenn etwas
im Wasser gebrochen erscheint, bei Schätzung aufgegebener Ab-

stände nach der Luftperspective und dergleichen; ebenso wenn wir im Finstern etwas bestimmmen wollen und glauben, dass wir uns irren. So forschen wir bei einem leise vernommenen Klang danach, ob es ein ferner klingendes Geläut oder nur ein im eigenen Ohr entstandenes Geräusch ist. Beim Geruch und Geschmack bemerken wir etwas Ähnliches. Überall hier liegt eine Reflexion vor, welche die Empfindungen vergleicht und nach den früheren Erfahrungen bestimmt, um sie zu einem einheitlichen Gebilde zu vereinigen.

In der Gewissheit des Wahrnehmens finden wir so zuerst ein Gefühl des Kraftaufwands, dann eine Reflexion, die dasselbe bestimmt. Allein dieselbe muss jedoch mehr Momente enthalten; denn die Aussenwelt oder die Gegenstände erregen immer eine Kraftaufwendung in uns, ohne dass in jedem Falle diese Reflexion über die Gültigkeit eintritt. Dazu wird noch eine Bedingung erfordert, nämlich Aufmerksamkeit.

Wir haben alle Augenblicke eine Menge von Empfindungen, aber nur ein Theil derselben erreicht das Bewusstsein und nur ein Theil dieser wird wieder Gegenstand der Aufmerksamkeit. Denken wir uns, dass wir in einer Wohnstube sitzen und eine lebhafte Strasse ansehen, wir hören dem im Zimmer geführten Gespräch zu, und es wird vielleicht ein Musikstück im Nebenzimmer gespielt, so ist hier eine ganze Menge zugleich einströmender Sinneseindrücke. Es ist ein unaufhörliches Durcheinander von Empfindungen, aber nur wenige gelangen dahin, in geprüfte Wahrnehmungen aufgenommen zu werden. Wir haben Empfindungen von dem Stuhl, auf dem wir sitzen, von dem Boden, auf den wir treten, von der Fliege an der Hand, von dem Schreien der Kinder auf der Strasse u. s. w., während wir dem Gespräch und der Musik zuhören und das Strassenleben ansehen. Jeder weiss nun, dass je mehr er sich dem Genuss der Musik ergiebt, um so weniger werden ihn die Conversation und das Strassenleben fesseln und umgekehrt, und will er darauf hören, was auf der Strasse gerufen wird, muss er sich alles andern zu entledigen suchen. Dieses Anspannen und Richten des Bewusstseins auf eine einzelne Vorstellung nennen wir Aufmerksamkeit. Mit Hülfe des Bildes vom inneren Sehen bezeichnet Wundt treffend die Erkenntniss des Sinnesein-

druckes als das Eintreten der Vorstellung in das Blickfeld des Bewusstseins, das Hinwenden der Aufmerksamkeit darauf als ein Eintreten in den Blickpunkt des Bewusstseins. Von den in einem
Augenblick gegenwärtigen Wahrnehmungen wird es dann heissen,
sie befänden sich im Blickfeld des Bewusstseins, während die einzelnen oder die mehreren, denen die Aufmerksamkeit zugekehrt
ist, im Blickpunkt seien. Die äusseren Reize concurriren, um im
Blickfeld des Bewusstseins Empfindungen hervorzurufen, und von
da streben die Empfindungen den Blickpunkt einzunehmen. Der
Einfluss, unter dem die Aufmerksamkeit das Object erwählt, kommt
theils von aussen, theils von innen und kann von der Richtung
des Auges, von dem stärkeren Klang u. s. w. bedingt sein; wir
wissen aber zugleich, dass wir uns ein einzelnes Object erwählen
können, um die Aufmerksamkeit darauf zu richten, und dazu werden
wir durch die Ähnlichkeit des Eindruckes mit einem früheren oder
etwas desgleichen veranlasst. Das Motiv der Aufmerksamkeit wird
uns sowohl im Denken als im Wahrnehmen gegeben.

Nun hat man indessen eine willkürliche und eine unwillkürliche
Aufmerksamkeit unterschieden, welche man als zwei verschiedene Vor-
gänge hat erklären wollen, indem die willkürliche auf dem Willen,
die unwillkürliche auf den Empfindungen und Gedankenassociationen
beruhen sollte. Allein auch die letztere hat im Willen ihren Grund.
Wenn wir vor einem Blitz, einem Schuss oder einer unerwarteten
Berührung zusammenfahren, ist die Aufmerksamkeit auch eine
Willenshandlung. Es ist ein Gefühl von Furcht, Hoffnung, Neu-
gier oder dergleichen, das sie hervorruft. Diese unwillkürliche
Aufmerksamkeit wird also ebenfalls durch das Interesse bestimmt und wird — wie schwach es auch sein möge — durch
Lust und Unlust bewegt. Der dänische Philosoph Höffding giebt
in seiner Psychologie bei Erwähnung dieser Thatsache dem Gedanken den treffenden Ausdruck: „Wie die Pflanze sich an das
Licht bewegt, so bewegen sich unsere Vorstellungen an das hin,
was Lust und Interesse erweckt und von dem Entgegengesetzten
weg." Sowohl die willkürliche als die unwillkürliche Aufmerksamkeit wurzelt im Willen, und eine eingehendere Untersuchung wird
zeigen, dass Wundt Recht behält, wenn er behauptet, dass immer
die Aufmerksamkeit eine unter der Herrschaft des Willens stehende

Thätigkeit sei und jene Unterscheidung erst aus einer Reflexion über ihre Motive entspringe.

Durch die Aufmerksamkeit werden die Wahrnehmungen vom Willen bestimmt: wir nehmen nur das wahr, was irgendwie unser Interesse erweckt. Wenn Condillac die Aufmerksamkeit als ein exclusives Wahrnehmen ansah, lag darin die richtige Beobachtung, dass die Aufmerksamkeit ihrer Form nach keine positive, sondern eine negative Thätigkeit des Willens enthält; der Wille erzeugt nichts darin, er erwählt nur; wir müssen sehen, sind aber nicht genöthigt zu betrachten. Aber diese beschränkende und erwählende Thätigkeit giebt im Bewusstsein ein positives Ergebniss: wir können nur wahrnehmen, wenn wir wahrnehmen wollen, oder wir beachten nur, was uns irgendwie interessirt.

Dasjenige, was die Gewissheit des Wahrnehmens constituirt, ist also zuerst ein Gefühl der Kraftaufwendung, dann eine Reflexion über die Gültigkeit der Empfindungen und schliesslich die Aufmerksamkeit. Wie das erste Element ein Gefühl ist, gehört das zweite dem Intellekt und das letzte dem Willen. In der Gewissheit des Wahrnehmens bedingt das Gefühl den Stoff, der Verstand die Ordnung, der Wille die Begrenzung.

---

2. Die Gewissheit des Denkens.

Wie das Wahrnehmen durch Sinneseindrücke bewegt sich das Denken durch Begriffe. Man bezeichnet gern die Wahrnehmungen als Einzelvorstellungen, die Begriffe als Allgemeinvorstellungen. Wenn man indessen gemeint hat, dass die Begriffe von den Wahrnehmungen erzeugt werden, ist der Irrthum dieser Behauptung augenfällig. Allerdings werden die Begriffe durch Abstraction gewonnen, aber sie werden nicht dadurch geschaffen. Alle Abstraction ist eine Zusammenziehung des jedesmal Wesentlichen und eine Wegwerfung des Unwesentlichen, damit der Gedanke mit einzelnen klaren Bestimmtheiten arbeiten könne. Sollen die Begriffe durch Abstraction gewonnen werden, müssen sie von vornherein schon da sein; aber auf diese Weise kommen sie zum Vorschein und werden erkannt. So meinte auch Socrates die Jünger nichts Neues zu lehren, wenn er sie nöthigte die Vorstellungen in bestimmte Begriffe zu sammeln und ordnen, sondern sie nur dahin zu bringen, sich auf das zu besinnen, was sie schon wussten.

Die Abstraction ist immer eine Auflösung des Lebendigen, um es erkennen zu können. Wahrnehmungen sind Erkenntnisse mit der frischen Beweglichkeit des Lebens, Begriffe Erkenntnisse in starrer Form. Beide enthalten das nämliche, in den Wahrnehmungen aber bunt wechselnd und verwebt, in den Begriffen bestimmt und geordnet. Demgemäss ist es auch ein Irrthum zu glauben, dass die Begriffe nicht die Wahrnehmungen decken können, dass immer ein Rest zurückbleibe, der nicht in die Begriffe eingehe, wodurch diese immer bis zu einem gewissen Grade unwahr bleiben müssen. Das ist freilich oft der Fall; allein die Schuld liegt dann nicht im Wesen des Begriffs, sondern in der Urtheilskraft des Einzelnen. Wir sehen in so vielen Fällen die Begriffe in sich den ganzen Stoff der Wahrnehmung aufnehmen, dass wir schliessen müssen, dass wo es sich nicht so verhält, die Schuld beim Einzelnen liege; aber was die Begriffe nicht aufnehmen können, ist die lebendige Beweglichkeit der Wahrnehmungen. Deshalb können die Begriffe wohl die Wahrheit der Wahrnehmungen wiedergeben, nicht aber deren Natürlichkeit und Schönheit. So gründet sich alle dichterische Production darauf, dass die Begriffe durch ihre Verbinduug den Wahrnehmungen näher gerückt werden so, dass sie gleichsam wie etwas von deren Natur annehmen; die Gedanken formen sich zu Bildern, die wir in der Phantasie anschauen können, während sie zur selben Zeit eine allgemeine Geltung besitzen, die unser Interesse in Anspruch nimmt. Wie in der dichterischen Production, so beruht in aller Darstellung in Schrift und Rede die Anschaulichkeit und Anmuth auf der genaueren Verbindung der Begriffe und Wahrnehmungen; denn nie wird uns eine Sache so deutlich erkennbar, als wenn wir eben den Punkt ins Auge fassen, wo, so zu sagen, die Wahrnehmungen sich vereinigen und in Begriffe überspringen; desshalb giebt ein einziges Beispiel mehr als eine lange Erörterung und erläutert ein schlagender Vergleich oder ein treffendes Bild oft besser als eine lange Erklärung.

Solange man Sinnlichkeit und Verstand als zwei durchaus verschiedene Erkenntnissweisen ansah, war es nothwendig die Begriffe den Wahrnehmungen gegenüberzustellen. Dennoch stellten sich hier immer Inconsequenzen ein, sobald man die abstracten Redensarten aufgab, um im Einzelnen diese Auffassung durchzuführen. Um den Unterschied scharf hinzustellen, musste man eine einzelne Art der Begriffe herausnehmen und in derselben den Begriff des Begriffes finden. Als solche wurden die eigentlichen Gattungsbegriffe aufgestellt; denn lediglich diese waren in der Definition berücksichtigt, und nur mit einer Übertragung der Bedeutung konnten andere darunter einbegriffen werden. Höchst uneigentlich sind Begriffe wie Gerechtigkeit, Widerstand, Ungehorsam u. s. w. als Gattungen aufzufassen. Folgte man daher dem Satze, dass je grösser der Inhalt ist, desto kleiner der Umfang des Begriffes, bis zu dem Punkt, wo der Umfang am kleinsten, und mithin der Inhalt am grössten ist, so fand man ein ziemlich weites Grenzgebiet, wo Begriffe und Wahrnehmungen durcheinander gingen, ohne dass sich die Logiker über den Unterschied verständigen konnten. Fragte man so, ob ein bestimmter Nerv im thierischen Körper, ein gewisser Tag von den Zeitbestimmungen oder eine geographische Ortsbestimmung Wahrnehmung oder Begriff sei, lautete die Antwort unklar und zweifelhaft. Schon an bestimmten Farben und Tönen wird die Antwort verschieden ausfallen: so, wenn man fragt: ist „gelb" oder der Ton c eine Wahrnehmung oder ein Begriff? Allein hier ist noch eine Gattung vorhanden; „gelb" enthält verschiedene Abstufungen oder Nüancen der gelben Farbe und c bezeichnet mehrere Töne von verschiedener Höhe. Noch lästiger wird deshalb die Frage, wenn man sie so formt: ist „schwefelgelb" oder „das dreigestrichene c" eine Wahrnehmung oder ein Begriff? Die Philosophen, die eine scharfe Grenze zwischen beiden festhalten, sind hier in die Enge getrieben. So sagt Schopenhauer*), dessen Erkenntnisstheorie auf dem Gegensatze von Anschauung und Begriff gebaut ist: „Was man als Beispiele von einfachen Begriffen anzuführen pflegt, sind gar nicht mehr Begriffe, sondern theils blosse Sinnesempfindungen, wie etwa die einer be-

---

*) Schopenhauer: Die Welt als Wille und Vorst. II. Kap. 6.

stimmten Farbe, theils die a priori uns bewussten Formen der Anschauung." Neulich hat auch J. Rehmke,*) der auf dem Titel-
blatte seines Werkes die Erkenntniss in „Wahrnehmung und Begriff" einzutheilen scheint, im Buche selbst jedoch zwischen beiden
die Vorstellung im engeren Sinne eingeschoben.

Denken und Wahrnehmen sind so eng verbunden, dass sie
nicht nur einander gegenseitig voraussetzen, sondern dass das eine
in dem anderen gewissermaassen enthalten ist. Deshalb kann man
auch nicht mit Schopenhauer sagen, dass die Menschen Begriffe,
die Thiere nur Anschauungen haben. Das musste vielmehr heissen:
nur die Menschen sind sich der Begriffe als selbstständiger Denkresultate bewusst, während die Thiere sich allein der Anschauungen
bewusst sind. Allein auch dieser Ausspruch muss näher begrenzt
werden, weil sowohl Individuen z. B. Idioten, wie Volksstämme
z. B. die Pescheräer vorkommen, von denen man nicht behaupten
darf, dass sie in der That begrifflich denken, sondern denen man
nur die Möglichkeit dazu nicht absprechen dürfe. Was wir beobachten ist, dass die Menschen eine Sprache und dadurch eine
geistige Cultur haben, was den Thieren fehlt. Das Richtige in der
Bemerkung Schopenhauers beschränkt sich somit darauf, dass der
Umstand, dass die Thiere keine Sprache haben, damit zusammen-
hängen muss, dass das Denken bei den Thieren sich nur durch
Wahrnehmungen und nicht durch losgelöste Begriffe bewegen kann.

Alles was wir anschauen, müssen wir entweder als ein Seiendes
oder ein Werdendes (Vergehendes) anschauen, das heisst, alles
Wahrnehmen entsteht in den Kategorien der Substantialität oder
Causalität.

Aller Inhalt unserer Gedanken kommt mittelbar oder unmittelbar von der Erfahrung; aber die Regeln, nach welchen wir diesen
Inhalt in Urtheilen verbinden und trennen, liegen im erkennenden
Intellekt. Selbst in der einfachsten Wahrnehmung muss auf irgend
eine Weise ein Subject mit einem Prädicat verbunden sein, und
selbst in den Wahrnehmungen der Thiere wie des neugeborenen
Kindes ist diese Verbindung in einfachster Form vorhanden; denn
ohne dieselbe war keine Wahrnehmung und keine Erfahrung möglich.

---

*) J. Rehmke: Die Welt als Wahrnehmung und Begriff. Berlin 1880.

Bei allem Wahrnehmen fragen wir, wie schon Aristoteles sagt, entweder nach einem Was oder nach einem Warum. Aristoteles findet nun, dass diese beiden Fragen eine Einheit bilden, weil erst durch die Beantwortung des Warum das Wissen des Was ein allgemeines und nothwendiges wird. In ihrem Entstehen lassen sie sich indessen unterscheiden, je nachdem der Erkenntnisstrieb von der einen oder anderen Seite seine Arbeit anfängt. Alles Wahrnehmen muss seinen Gegenstand entweder als ein Seiendes oder ein Werdendes anschauen, mithin eine von den zwei Grundformen alles Erkennens: Substantialität oder Kausalität, anwenden. Was nun zunächst unsere Begriffe von denjenigen des neugeborenen Kindes und der Thiere unterscheidet, ist, dass wir uns ihrer als selbständiger Denkresultate bewusst sind. Jeder Begriff wird auf der frühesten Entwickelungsstufe nur durch einen Theil seiner Merkmale vertreten. Wir haben die Fähigkeit ihn aus der Wahrnehmung loslösen und absondern zu können, um ihn in Verbindung mit anderen Begriffen oder Wahrnehmungen zu setzen, und erst dadurch werden die Begriffe allmählich erkannt. Sodann ist es wahr, dass sie durch Abstraction gewonnen werden, insofern wir sie zuerst auf diese Weise zu erkennen vermögen; aber die Begriffe liegen schon in den Wahrnehmungen, sonst konnten sie nicht durch ein Abziehen oder eine Abstraction entstehen.

Wie die Wahrnehmung einen einzelnen Fall umfasst, vertritt der Begriff eine Reihe von Fällen, daher ist er die erste Bedingung einer Sprache; aber die Sprache ist wieder die Bedingung für die Entwickelung des Begriffes. Die Wörter sind Zeichen für Vorstellungen, deren man sich erinnern kann, und wie eine Sprache entsteht, können wir gewissermaassen bei den Kindern beobachten. Das Kind greift in dem ihm dargebotenen Worte einzelne Züge des Begriffes heraus und ergänzt dann die Vorstellungen, die sich dem Worte anknüpfen, allmählich durch neue Wahrnehmungen. In jedem Wort ist eine oder ein Paar der eigenthümlichen Merkmale zu den vorherrschenden gemacht; dies ist bei der Bildung des Wortes vom ganzen Volke gethan und wird wieder von jedem Einzelnen wiederholt, wenn er das Wort empfängt. Daher rührt die Macht, welche die Sprache über die Gedanken jedesmal übt, eine Macht, die durch das Erlernen mehrerer Sprachen allerdings gehemmt, aber nie aufgehoben werden kann.

In der Sprache bleiben immer die Spuren der Begriffsbildung stehen; denn die Sprache ist das allgemeine bildsame Material, in welchem die Menschen ihre Wahrnehmungseindrücke zum Denken ausarbeiten. Zwei Wortklassen entsprechen gewissermaassen den Wahrnehmungen, nämlich die Eigennamen und die Interjectionen, welche auch die ersten Sprachlaute des Kindes ausdrücken wollen; die anderen Wortklassen entsprechen den Begriffen. Dennoch bezeichnen selbst die Eigennamen und Interjectionen etwas Allgemeines und stehen somit schon auf dem Wege der Begriffsbildung. Der Eigenname bezeichnet das Einzelne in seinen verschiedenen Zuständen und Beziehungen und die Interjection ein gewisses Gefühl in verschiedenem Grad und in verschiedenen Verbindungen; beide werden also als etwas Allgemeines auf eine Mannigfaltigkeit bezogen.

Wir können uns hiernach eine Vorstellung davon machen, wie die Begriffe erkannt werden, indem wir sehen, wie sowohl in der geschichtlichen Entwickelung der Sprache wie beim Kinde die Eigennamen zu Gemeinnamen erweitert werden. Bei dem kleinen Kinde entwickeln sich die Begriffe auf diese Weise für das Erkennen, wenn es z. B. das Wort Papa — im Munde des Kindes ein Eigenname — alle älteren, bärtigen, wohl angezogenen Herren umfassen lässt, oder wo es den Hund von der Strasse in dem des Bildes oder der Porcellanfigur wieder zu erkennen glaubt und dergleichen. Am häufigsten erscheinen die Begriffe durch eine Zusammenhäufung von Einzelvorstellungen entstanden, dennoch ist ein solcher Vorgang nicht nöthig; aber nothwendig ist es, dass eine Auswahl oder eine einzelne der Vorstellungen, von denen der Begriff gleichwie auskrystallisirt ist, ihn begleitet und fortwährend Anlass einer bestätigenden Controle bietet. Diese den Begriff begleitenden Vorstellungen hat man stellvertretende Vorstellungen genannt. Man hat sie mit den Figuren zum mathematischen Beweis verglichen, und das Gleichniss ist treffend in den Fällen, wo der mathematische Beweis nur eine weitere Erklärung von der Definition der im betreffenden Falle berücksichtigten Raumgrössen enthält. Aber überall wird man finden, dass das Wesen des Begriffes in dem jeweiligen Festhalten der wesentlichen Züge liegt, während die Vertreter wechseln können. Der Unterschied zwischen Begriff und stellvertretender Vorstellung erhellt alsdann schon daraus, dass ich unter den Begriff neue Vorstellungen einfügen kann, wodurch derselbe erweitert und vervollständigt wird. Je weniger Wahrnehmungen einem Begriffe zu Grunde liegen, je schneller und bestimmter springt die stellvertretende Vorstellung hervor. So habe ich eine bestimmtere stellvertretende Vorstellung vom Löwen als vom Hund, aber einen vollständigeren Begriff vom Hund als vom Löwen.

Der Unterschied zwischen abstracten und concreten Begriffen beruht ebenfalls auf dem Verhältniss des Begriffs zu seiner stellvertretenden Vorstellung. Bei den concreten Begriffen ist dieselbe einfach und genau, bei den abstracten zusammengesetzt und unbestimmt.

Die Begriffe sind in beständiger Entwickelung und zwar sowohl beim Einzelnen wie bei dem ganzen Menschengeschlecht. Bei dem Kind können wir den Vorgang beobachten. Dem Kind ist der Hund zuerst nur ein Wesen, das bellt und beisst, späterhin sieht es Beweise seiner Wachsamkeit und Treue, und der Kreis der Vorstellungen erweitert sich. Allein während die Vorstellungen des Kindes vom Hunde in einigen Zeilen enthalten sein können, sind die des Zoologen im Stande, einen ganzen Band zu füllen. Um den Begriff Hund von anderen Begriffen zu unterscheiden, brauche ich nur einige Merkmale, soll er aber wissenschaftlich bestimmt und erklärt werden, könnte eine Erörterung längere Zeit in Anspruch nehmen, wie Schopenhauer bemerkt, dass der Begriff „Katze" im Kopfe Cuviers hundertmal mehr als in dem seines Bedienten enthalten habe. In der Kinderstube kann man das Wachsthum und die Erweiterung der Begriffe im Erkennen beobachten; denn da sehen wir in grossen Zügen den Vorgang, der sich in allem, was erlernt und erfahren wird, wiederholt. Das Kind erhält die Begriffe in den Wörtern gegeben und füllt nun diese mit Merkmalen aus seinen eigenen Wahrnehmungen, wodurch oft auf eine eigenthümliche und unerwartete Weise die einzelne Vorstellung den Begriff vertritt, wie schon Jean Paul Richter auf die sinnreich witzigen Vergleichungen der Kinder aufmerksam machte.

Demgemäss haben wir auch immer ein Gefühl davon, dass die Begriffe in uns gebildet, die Urtheile von uns gefällt werden, obwohl beides in letzter Linie dieselbe Thätigkeit ausdrückt. Dennoch ist der Begriff gleichsam der Ruhepunkt des Denkens, das Urtheil die Bewegung desselben. Das Denken ist wie ein rhythmisches Wechseln von Urtheilen, die sich in Begriffe sammeln, und Begriffen, die sich in Urtheile auflösen. Aber das Ziel der Bewegung des Denkens ist die Gewissheit, die Verbindung der Urtheile und Begriffe, durch die es erlangt wird, der Beweis.

Blicken wir nun auf die mathematischen Beweise, die physischen Erklärungen, die logischen Schlüsse u. s. w., so finden wir, dass die Gewissheit mit einer Übereinstimmung der Begriffe verbunden ist. Solange ihre Verbindung im Bewusstsein einen Widerspruch enthält, muss der Erkenntnisstrieb mit ihnen arbeiten, was als Unruhe, als Zweifel empfunden wird, im Gegensatz zu der Übereinstimmung, die sich als Ruhe, als Harmonie einstellt. Hiergegen könnte nun der Einwand erhoben werden, dass auch die Nichtübereinstimmung eine Gewissheit gebe und zwar davon, dass da nichts zu erkennen sei. Wie die Übereinstimmung Gewissheit einer Erkenntniss, so giebt die Nichtübereinstimmung Gewissheit einer Nichterkenntniss. Allein wie schon Seite 7 und 8 dargethan ist. wird die Gewissheit und der Zweifel als Seelenzustände unmittelbar gefühlt, und der Einwand beruht daher auf einer falschen Abstraction. Mit anderen Worten: das Gefühl der Übereinstimmung ist nicht die Ursache der Gewissheit, sondern das wesentliche Moment derselben; das Gefühl des Widerspruchs ist nicht die Ursache, sondern das wesentliche Moment des Zweifels.

Das erste Moment, das wir alsdann in der Gewissheit des Denkens entdecken, ist das Gefühl der Übereinstimmung als das eines Übergangs von Unruhe zu Ruhe. Allein ein Gefühl der Übereinstimmung ist kein einfaches, sondern ein zusammengesetztes Gefühl, eine Mischung von Gefühl und Erkenntniss, wo die Bestandtheile so innig verbunden sind, dass sie sich nicht ausscheiden lassen. Im Denken verknüpfen wir nämlich nicht nur die Eindrücke, wie sie die Wahrnehmung darbietet, sondern die zufälligen Vorstellungen werden ausgesondert und die zusammengehörigen durchgearbeitet, bis die letzteren im Bewusstsein als ein einheitliches Gebilde, in welchem die Rechtsgründe ihrer Verknüpfung mitenthalten sind, dastehen. Ausser dem unmittelbaren Empfinden ist in diesem Gefühl der Übereinstimmung eine Reflexion enthalten, in welcher dasselbe erst erkennbar erscheint. Worin nun diese besteht, werden wir näher untersuchen.

Die Bewegung des Denkens ist Urtheilen. Alles Urtheilen ist ein Vergleichen, wobei wir entweder eine zusammengesetzte Vorstellung auf ihre Theilvorstellungen oder diese auf einander oder auf die Gesammtvorstellung beziehen. Die Urtheile werden deshalb in der mathematischen Logik treffend als Gleichungen bezeichnet. Die Urtheile können nun wahr oder falsch sein, auch zugleich in einer Beziehung wahr, in einer anderen falsch; unsere Gewissheit von ihrem Vorhandensein aber ist davon unabhängig; denn sie beruht in jedem Falle auf der einheitlichen Verbindung der neuen Vorstellung mit dem Bewusstseinsinhalt. Je nachdem dieser eine grössere Menge oder bestimmtere Ordnung der Vorstellungsverbindungen enthält, ist die Vereinigung schwieriger und complicirter, die neue Vorstellung muss jedesmal eine schärfere Prüfung bestehen, um aufgenommen zu werden. Dem Kinde ist zunächst alles gewiss, und der Uncivilisirte und Ungebildete ist nach einer einfachen und oberflächlichen Untersuchung seiner Sache vollkommen gewiss. Mit dem Alter, also sobald eine grössere Menge Erfahrungen vorliegen, erhält die Prüfung einen grösseren Umfang und durch die Geistesbildung eine grössere Genauigkeit. Diese zwei Bedingungen sind selten in ihren höchsten Graden bei einem Einzelnen vereinigt. Wenn Künstler und Gelehrte oft im Leben leichtgläubig erscheinen und ohne Schwierigkeit selbst von dem intellectuell niedriger Stehenden hintergangen werden, beruht es gewöhnlich darauf, dass die jeweilige Prüfung, obwohl eingehend genug, dennoch nicht den gebührenden Umfang hatte. Das Erkennen des Menschengeschlechts, das heisst die Wissenschaft, hat die Aufgabe beide Bedingungen vollkommen zu vereinen. Bei dem Einzelnen wird immer die eine Seite in der Reflexionsprobe gegenüber der andern vorherrschen. Überhaupt wird die Reflexion jedem einzelnen Urtheil gegenüber von dem Umfang und der Ordnung der Erkenntnisssumme im Bewusstsein bedingt sein. Durch die Gesammtheit aller früheren Erfahrungen und Gedanken des Einzelnen wird die Reflexion über die Übereinstimmung bestimmt, und auf eine doppelte Weise, dem Umfang und der Ordnung entsprechend, prüft das Bewusstsein das jedesmal vorliegende Urtheil, einerseits seinen Inhalt nach den dazu gehörigen Erfahrungen, andererseits seine Form, das heisst die begriffliche Ableitungs- und Verbindungsweise, an den allgemeinen Gesetzen, die sich in allen Erfahrungen wiederfinden.

Den ersten Theil dieser Prüfung, die des Inhalts, haben wir der Hauptsache nach in dem vorhergehenden Abschnitt von der Gewissheit des Wahrnehmens betrachtet, wo wir die auf dem Gefühl des Kraftaufwandes gegründete Reflexion über die Gültigkeit behandelten; denn um die Übereinstimmung mit dem Inhalte der Erfahrungen zu prüfen, muss das Denken immer auf die Wahrnehmungen zurückgehen. Das geht auf die Weise vor, dass das Denken die Begriffe in die stellvertretenden Vorstellungen auflöst, durch Beobachten oder Vergleichen ihre Reihen erweitert und sie alsdann an den neuen Wahrnehmungen oder in der Erinnerung prüft. Die Reflexion über die Übereinstimmung weist somit auf die über die Gültigkeit zurück, hat aber auch eine besondere Seite, die Prüfung der Begriffsverbindung. In der Erfahrung kommt eine unmittelbare Kenntniss der Grundgesetze des Denkens zum Vorschein, und durch den Irrthum lernt der Einzelne die augenfälligsten Regeln des richtigen Denkens; an diesen wird nun die einzelne Gedankenverbindung geprüft, deren der Einzelne erst dann gewiss ist, wenn sie keiner anderen Gewissheit widerspricht.

Diese Gesetze und Regeln in ihrem Zusammenhang bilden die Wissenschaft, die wir Logik nennen. Die Logik erklärt uns, wie das Denken ein richtiges Denken wird. Während der Inhalt unserer Urtheile in den Wahrnehmungen geprüft wird, so wird die Form selber im Denken geprüft, und hier kommen schon die allgemeinen Normen gewissermassen in der Sprache zum Vorschein. Deshalb hat die Logik in der genauen Verbindung mit der Grammatik eine so frühe Entwickelung und kann schon bei Aristoteles in einer verhältnissmässig vollendeten Gestalt hervortreten. Als die Sophistik allen die Thatsache klargelegt hatte, dass auch durch die Verbindungen der Vorstellungen der Irrthum einschleichen könnte, wurden, besonders durch Platos dialectisches Verfahren,

diese Beziehungen so blossgelegt, dass die Ableitung und Zurückführung der gemachten Erfahrungen auf allgemeine Gesetze wie
mit einem Schlag in dem aristotelischen Organon hervortreten konnte.
Die Aufgabe der Logik ist den Irrthum auszuschliessen, insofern
er in der Verbindung der Vorstellungen steckt; sie lehrt uns nicht,
was man denken soll, sondern wie man denken soll, um richtig
zu denken. Das Denken prüft hier sich selbst an sich selbst; die
logische Prüfung ist eine Prüfung der Übereinstimmung der Begriffe; dadurch wird untersucht, ob die zu berücksichtigende Verbindung den in allen Erfahrungen gemeinsamen Formen des Denkens
entspreche.

Die Grundformen, die allem Denken zu Grunde liegen, selbst
auf der Stufe, auf welcher dasselbe sich nur in den Wahrnehmungen
kundthut, sind die der Substantialität und der Kausalität. Wir müssen
alles entweder als ein Sein oder ein Werden anschauen, entweder
als Ruhe oder Bewegung vorstellen; im ersten Fall brauchen wir
die Denkform der Substantialität, im letzteren die der Kausalität.
In der einen werden die Begriffe, in der anderen die Urtheile gebildet. Darum werden die Formen richtig als der Substanzbegriff,
aber als das Kausalitätsgesetz bezeichnet. Substanz ist kein Begriff,
dem ein Gegenstand oder Gegenstände entsprechen, sondern die
Form, in welcher Begriffe gebildet werden. Die Nöthigung, dieselbe von vornherein anzuwenden, waltet überall da ob, wo wir uns
Objecten der Erkenntniss gegenüber finden, also sowohl in der
äusseren wie in der inneren Erfahrung. Der Substanzbegriff ist
alsdann nichts weiter als die allgemeine Anschauungsform, welche
das Denken als begriffsbildende Thätigkeit auf die Erkenntniss-
objecte anlegt. Von diesem Gesichtspunkte wird es ersichtlich, in
welche Widersprüche man hineingerathen musste, wenn man die
Eigenschaften für sich von demjenigen, was man „das Ding an
sich" nannte, ausschied und einen Gegensatz unter dem Namen:
die Substanz und die Accidenzen, bildete. Ebenso ist die Kausalität
kein äusseres Gesetz, sondern die Bewegung des Denkens oder bestimmter: das Denken als urtheilbildende Thätigkeit. Man hat
gegen Kants Lösung von Humes Kausalitätsproblem eingewendet,
dass wir nach derselben alle zeitlich auf einander folgenden Vorgänge kausal auffassen müssten, so z. B. den Tag als die Ursache

der Nacht oder umgekehrt. Ist indessen die Kausalität eine Denkform, in der die Objecte als Werdende oder Vergehende, wie in
der Substanz als Seiende, erfasst werden, fällt dieser Einwand weg,
denn die Frage wird dann nicht: warum folgen Tag und Nacht
einander? sondern warum entsteht der Tag oder warum schwindet die Nacht? Nur als ein Grundgesetz des Denkens, nach dem
wir Subject und Prädikat verbinden, ist die Kausalität erklärlich.
Wie Begriffe und Urtheile die Ausdrücke des Denkens sind, so sind
Substanz und Kausalität die Grundformen, welche diese Ausdrücke
bedingen. Theilen wir alle Erkenntnissurtheile in erzählende und
erklärende ein, — nach Analogie der Leibniz'schen Eintheilung
aller Wahrheiten in wirkliche und ewige, — so ist in den er-
zählenden eine Begriffsbildung, in den erklärenden eine Urtheils-
bildung enthalten, in den ersteren ist der Substanzbegriff, in den
letzteren das Kausalitätsgesetz das Princip der Synthese.

In ihrer vollendeten Form ist die Reflexion über die Übereinstimmung eine Prüfung des Beweises, wie die Gewissheit des
Denkens letztlich die Gewissheit des Beweises ist. Der Beweis ist
der Nachweis, wie ein Urtheil aus einem anderen abgeleitet ist,
mithin die jeweilige Erkenntniss einer realen Beziehung und der
formalen Verbindung derselben. Da die formale Verknüpfung der
Begriffe und Urtheile allgemein ist, zwingt der Beweis mich zu
seiner Annahme; auf dieser Denknothwendigkeit beruht die überzeugende Kraft des Beweises. Die Berechtigung und Grenze aller
dieser Verbindungen weist die Logik nach, indem sie ihre Bestandtheile als Begriffe, Urtheile und Schlüsse untersucht. Nur
darf man nicht diese Eintheilung so verstehen, wie man nach einer
weniger glücklichen Darstellung der Logik bisweilen glauben
könnte, dass man aus Merkmalen Begriffe baut, aus Begriffen
etwa mit Hülfe einer Copula wieder Urtheile zusammensetzt und
aus Urtheilen endlich sogenannte Vernunftschlüsse verfertigt; denn
es wird leicht eingesehen, dass schon in der Begriffsbildung, ja
gewissermaassen in den Wahrnehmungen Urtheile und Schlüsse
angewendet werden. Dass Begriffe und Urtheile sich gegenseitig
voraussetzen, ist oftmals hervorgehoben, besonders von Schleier-
macher und Troxler. Thatsächlich setzen die Begriffe als Resultate und zugleich Bedingungen des Denkens sich selbst voraus,

und andererseits kommt sowohl im Wahrnehmen als im Denken ein Urtheilen vor. Dieser scheinbare Widerspruch löst sich jedoch, wenn man bedenkt, dass sie beide keinen einzelnen Gegenstand, sondern ein sich fortwährend entwickelndes Verhältniss bezeichnen. Die Eintheilung in Begriffe, Urtheile und Schlüsse gründet sich darauf, dass die Logik ein in Regeln ausgedrücktes Wissen von dem Verfahren des Denkens ist.

Was in aller Logik geprüft wird, ist die Form der Erkenntniss. Das Princip der jeweiligen Entscheidung ist der Satz vom Widerspruch. Daher ist die logische Prüfung allemal eine negative. Wie die Reflexion über die Gültigkeit im Wahrnehmen positiv prüft, so prüft die Reflexion über die Übereinstimmung im Denken negativ. Wir empfinden nämlich immer den Widerspruch als das Treibende und Bewegende, die Übereinstimmung nur als das Aufhören des Widerspruchs. Auf der untersten Stufe ist deshalb die Prüfung der Übereinstimmung zunächst nur ein Gefühl des Übergangs von Bewegung zu Ruhe; aber je nachdem wir zu einem immer höheren Grad von Umfang und Ordnung des Bewusstseins aufsteigen, wird die damit verbundene Reflexion stärker und nimmt allmählich einen bestimmteren logischen Character an, bis sie in der Wissenschaft die vollkommenste Form erreicht. Allein wir sehen hiermit wieder, wie unmöglich es ist in der Gewissheit des Denkens das Gefühl der Übereinstimmung von der Reflexion, in welcher dasselbe sich bewusst wird, zu trennen. Sie sind unzertrennlich verbunden, und wir können nur beobachten, dass in der Entwickelung anfangs das Gefühlselement, späterhin das Erkenntnisselement das stärkere ist.

In der Weise, wie die Übereinstimmung durch Ableitung in eine andere Vorstellungsverbindung gebracht wird, und wie sie sich also von Begriff zu Begriff, von Urtheil zu Urtheil ausdehnt, thut sich ein neues Moment in der Gewissheit des Denkens kund. Die Reflexion der Übereinstimmung ist begriffliches Denken, und jeder Begriff ist eine Einheit von einer ganzen Menge möglicher Vorstellungen, von welchen bei dem einzelnen Menschen immer einige den Begriff begleiten, um ihn vertreten zu können. Auf der Wahl der stellvertretenden Vorstellungen beruht die Erzeugung des neuen Begriffes, der das Ziel des Gedankenganges bildet; denn

sie giebt den Ausschlag dafür, welche Seite des Begriffes weiter
entwickelt werden soll.*) Diese Wahl der stellvertretenden Vorstellungen, die die Richtung der Denkbewegung angiebt, ist Sache
des Willens. Die Willensentscheidung ist allemal mit dem Interesse
verknüpft; aber dies Interesse kann gereinigt und geläutert werden
dass es sich nicht als das Interesse des Einzelnen, sondern als dasjenige des Menschengeschlechts einstellt, was wir also Interesse
für die Wahrheit nennen. Je mehr das persönliche Interesse des
Einzelnen den Willen leitet, um so willkürlicher, je mehr das
allgemeine Interesse, um so unwillkürlicher erscheint die jeweilige
Willensentscheidung.

Von diesem Thatbestand sieht oft der Einzelne eigenthümliche
Äusserungen in seinem eigenen Geistesleben. Nicht selten bemerken
wir in einer Gedankenreihe, die wir durch lediglich sachliche
Rechtsgründe verknüpft meinten, wenn sie auf ernstere Probe gestellt wird, dass zur einheitlichen Verbindung auch ein verstecktes
persönliches Interesse mitgeholfen hat; andererseits werden wir
über die Macht in Verwunderung gesetzt, mit welcher ein theoretisch anerkanntes Raisonnement oft unser ganzes Handeln beherrschen kann. Im einen Falle ist es Überredung, im anderen
Überzeugung. So können wir bisweilen selbst glauben überzeugt zu sein, wo wir nur überredet sind; die Gedanken sind wie
durch ein fest verknüpfendes, aber doch nur äusserliches Band geordnet und zusammengehalten; wird nun dies an einem Punkt zerrissen,
so löst sich die ganze Gedankenverbindung auf, wie ein Gewebe
auseinander geht, wenn ein Faden zerreisst.

Während eine Überzeugung erst allmählich und durch Kämpfe
und mancherlei Untersuchungen sich ändert, wie sie auch durch vielfache Erfahrungen und besonnenes Nachdenken errungen wird, so ist
sowohl die Bildung als die Zerstörung einer Überredung die Sache
eines Augenblicks. Die Überredung ist die lockere, die Überzeugung

---

*) Der Begriff ist nämlich nie eine so constante Grösse im Bewusstsein,
wie oft vorausgesetzt wird. Zunächst unterscheidet man psychologische
Begriffe d. i. die Begriffe wie der Einzelne sie jedesmal hat, von den logischen
Begriffen, d. i. den Begriffen, wie sie sein sollen. Aber auch nach den Vorstellungen, die vorhergehen und nachher folgen, ändert sich gewissermaassen
der Begriff im Bewusstsein.

die festere Verbindung, beide aber sind durch die Vorstellungsmasse im Bewusstsein des Einzelnen bedingt und tragen das Gepräge der Individualität. Daher ist alles begriffliche Denken, wie allgemein und nothwendig es fortschreiten mag, doch immer individuell gefärbt. Denn der Übergang von einem Begriff zum anderen, von einem Gedanken zum anderen geschieht allemal, indem der Wille eine oder mehrere Vorstellungen bevorzugt und eine Menge andere ausschliesst. Alle Erfahrung geht deshalb darauf aus, die Vorstellungen so vollständig, wie möglich, zu sammeln, alle Logik darauf, den Übergang von einem Begriff zum anderen so unwillkürlich, wie möglich, vorgehen zu lassen, d. h. die Übereinstimmung des Erwählten mit dem Erwählenden zu controliren.

Diese Erwählung der Vorstellungen, die schon in die Begriffsbildung hineinspielt, hat sodann in der Begriffsverbindung ihr eigentliches Gebiet. Das Ziel aller Wissenschaft ist die individuelle Begriffsverbindung zu einer allgemeinen, die willkürliche zu einer nothwendigen zu erheben. Allein dies Ziel wird immer nur annäherungsweise erreicht werden. Denn gelingt es auch, das rein Individuelle wegzuräumen, so ist jedoch die Entwickelung an jedem Punkt dem Einfluss des Zeitbewusstseins und der Sprache unterworfen. Wie die Darstellung der Überzeugung individuell, so ist die der Wissenschaft vom Zeitbewusstsein gefärbt; die Wissenschaft steht in demselben Verhältniss zum ganzen Menschengeschlecht, wie die Überzeugung zum Einzelnen. Die Sache verhält sich so, dass der Wille überall nur die Begriffsverbindungen erwählen, nicht schaffen kann; in der Überzeugung ist die Wahl an die ganze Vorstellungsmasse im Bewusstsein des Einzelnen, in der Wissenschaft an diejenige im Bewusstsein des jedesmal gegenwärtigen Menschengeschlechts gebunden.

In der Gewissheit des Denkens finden wir somit folgende Elemente: ein Gefühl der Übereinstimmung der Begriffe mit einer Reflexion über ihre Übereinstimmung verbunden sammt einer Wahl des Überganges, indem von den stellvertretenden Vorstellungen einige bevorzugt und andere ausgeschlossen werden.

Sowohl in der Gewissheit des Denkens als in der des Wahrnehmens ist ein Gefühl, das sich in Reflexion kundgiebt, und dieser Process wird durch einen wählenden Willen begrenzt.

3. Die Gewissheit der Erinnerung.

In der Gewissheit des Wahrnehmens und Denkens finden wir in letzter Linie eine Zurückbeziehung auf das Ich. Allein das Ich ist keineswegs ein so einfacher und bestimmter Begriff; er bezeichnet die eigene Geistesthätigkeit bald als Substanz, bald als Subject. Was jedoch den Begriff in allen Beziehungen begleitet und aus demselben nie weggenommen werden kann, ist die Einheit des Selbstbewusstseins. Einmal entstanden, vergehen die Sinneseindrücke nicht sogleich wieder; aber ihr Verhalten zu der erkennenden Thätigkeit unseres Geistes ist ein verschiedenes, je nachdem dieselbe sich dem einen zuwendet und den anderen unbeachtet lässt. Alle unsere Vorstellungen aber schreiben wir uns selbst zu und sehen sie als in unserem Bewusstsein verbunden an. Dieses Band können wir nicht wahrnehmen, und dennoch sind wir uns seiner so gewiss, dass es uns nie selbst in Träumen einfällt, daran zu zweifeln, ja wir können nicht einmal daran zweifeln, ohne es im selben Augenblick anzuerkennen. Kant bemerkte, dass die Einheit des Bewusstseins die Bedingung sei, unter welcher lediglich das Mannigfaltige einer gegebenen Anschauung sich in den Begriff eines Objects vereinigen könne. Das: ich denke, sagt er, muss alle meine Vorstellungen begleiten können, sonst würden sie mir nicht durchgängig zugehören. Allein diese Einheit des Selbstbewusstseins ist, was wir sonst Erinnerung im weitesten Sinne des Wortes nennen. Mit Erinnerung denken wir gern an eine Wiederherstellung früherer Vorstellungen, die durch einen längeren Zeitraum von den gegenwärtigen getrennt sind, aber schon, um eine Wahrnehmung zu bilden, ist es nothwendig, dass eine oder mehrere Empfindungen festgehalten werden, während andere percipirt werden und, um einen Begriff zu erkennen, muss wenigstens eine, gewöhnlich mehrere Vorstellungen bleiben, um mit anderen verglichen zu werden. Hier haben wir also in einfacheren Beziehungen und in einem besonders kurzen Zeitraum dieselbe Geistesthätigkeit, die wir sonst Erinnerung nennen. Hieraus wird auch ersichtlich, wie innig mit allem Wahrnehmen und Denken die Erinnerung verwoben ist, ja wie sie das constituirende Moment in diesen beiden

Formen der Geistesthätigkeit ist, von welchen sie ebenso wenig, wie jene selbst von einander, getrennt werden kann. Deshalb: ohne Erinnerung keine Erkenntniss! Denn diese unerlässliche Bedingung aufgehoben, — und das Ich würde mit dem einzelnen Urtheilsact verschmelzen, und es würde kein einheitliches Bewusstsein zu Stande kommen.

Die Geistesthätigkeit der Erinnerung beziehen wir als eine Einheit auf eine besondere Kraft, die Einbildungskraft, die bald frei als Phantasie, bald an die Associationsgesetze gebunden, als Gedächtniss, die einzelnen Vorstellungen zu Erkenntniss verbindet; daher Kant in der Synthesis der Einbildungskraft den Grund der Möglichkeit aller Erkentniss sieht. Die Erinnerung ist nun nichts weiter als bei irgend einem seelischen Vorgang sich eines gleichen wieder bewusst zu werden. Man hat sich die Erinnerung als ein Aufbewahren von Bildern wie etwa in einer Gemäldegallerie gedacht; allein, abgesehen von allen anderen Schwierigkeiten dieser Theorie, wird dadurch nichts erklärt; denn alle vergleichende Thätigkeit des Geistes setzt eine Erinnerung voraus, und der Unterschied ist nur, dass im einen Falle eine längere, im anderen eine kürzere Zeit dazwischen abläuft. Die Erinnerung besteht nun nicht in der Summe der Erinnerungsbilder, sondern ist eine fortwährende Thätigkeit, die man nicht mit dem blossen Sammeln von Bildern, höchstens mit einer Fähigkeit, Bilder auf einen gewissen Reiz zu entwerfen, vergleichen dürfte. In Bezug auf die Vorstellungen erscheint die Erinnerung als eine Disposition, die durch Wiederholung gebildet und entwickelt wird, wie wir in der Gewohnheit und der durch Übung erworbenen Fertigkeit am deutlichsten diesen Process beobachten können. Man könnte sich demnach versucht fühlen, die Sache so zu erklären, dass in der wiederholten Vorstellung ein wegen des geringeren Kraftaufwandes verändertes Gefühl liege, das sich in die Vorstellung einer Veränderung umsetze; allein auch hier ist die Erinnerung vorausgesetzt; denn woher weiss ich, dass das Gefühl ein verändertes sei, wenn nicht aus der Erinnerung. In der That ist es der beste Beweis von der Einheit der Erinnerung und des Bewusstseins, dass alles Ausscheiden und Ableiten der ersteren von dem letzteren auf eine Dialelle ausläuft. Was wir beobachten können, beschränkt sich darauf, dass

die einzelne Vorstellung durch die Geistesthätigkeit, die wir Erinnerung nennen, mit dem Ich fest verknüpft wird, und dass diese
Verbindung um so fester ist, je mehr sie mit dem ganzen Bewusstsein des Einzelnen übereinstimmt.

Nach dieser Beziehung auf das Ich werden die Vorstellungen in
der Erinnerung qualitativ bestimmt. So wissen wir, dass die Vorstellungen, deren wir uns am besten erinnern, immer in irgend einer
persönlichen Beziehung zum Einzelnen stehen, und wie man so viele
vergessen, deren Verbindung nur eine losere gewesen ist. Alle die Gedanken, die sich auf unsere theuersten Interessen beziehen, werden
leicht erregt, und alle darauf bezüglichen Thatsachen prägen sich
unserem Gedächtniss fest ein; selbst der unbedeutendsten Umstände
erinnern wir uns lebhaft, wenn sie mit besonders glücklichen oder
unglücklichen Ereignissen in unserem Leben verknüpft waren. Jede
wiederbelebte Vorstellung kann nicht isolirt in unserem Bewusstsein auftauchen, sondern strebt immer die Vorstellungsverbindungen,
mit denen sie ein Ganzes bildete, mit sich zu bringen. Dies gelingt niemals vollkommen; wir wissen, dass immer in unserer Erinnerung einzelne minder beachtete Theile ausfallen; allein insofern
die damaligen Vorstellungen, Gefühle und Strebungen im Laufe
des Lebens irgend einen bestimmenden Einfluss auf die späteren
ausgeübt haben, werden sie die nöthigen Bedingungen haben, um
in das Bewusstsein zurückzukehren. Wir erinnern uns nur der
Vorstellungen, die unser Ich bereichert haben. Scheint es nun
auch, als ob sowohl das Ich als die Intensität der Vorstellungen,
diese Bereicherung dem Ich zuführen können, so ist der Vorgang
jedoch allemal von dem ganzen Bewusstseinsinhalt bedingt, d. i.
von alle dem, was der Einzelne gewollt und gedacht hat; denn nur
so bedingt kann eine Vorstellung in das Bewusstsein eingehen.
Der vollständige Grund für die Gestalt jeder gegenwärtigen Vorstellungsverbindung liegt in dem vollständigen Gesammtzustande
unserer Seele im Augenblicke der Perception, wie die Erhaltung
einer Vorstellungsgruppe von der Entwickelung dieses Gesammt-
zustandes bedingt ist. Das Erinnerte ist deshalb das Erlebte, oder
wir können es auch so ausdrücken: nur an die Vorstellung erinnert
man sich, die im Bewusstsein Consequenzen mit sich führte.

Eben in diesen Folgerungen der Vorstellung liegt der Grund dafür, dass sie leicht wieder im Bewusstsein emportaucht.

Jede Vorstellung, die wir gehabt haben, bleibt als Disposition, als eine Fähigkeit zum Wiederholen. Nur eine kleinere Anreizung ist daher nothwendig, um die Thätigkeit hervorzurufen, durch welche die Vorstellung als ein Erinnerungsbild im Bewusstsein emporsteigt. Der erforderliche Druck scheint sowohl von aussen als von innen, sowohl von dem Willen als den Wahrnehmungen zu kommen. Man hat deshalb zwischen einer absichtlichen und unabsichtlichen Wiederherstellung alter Vorstellungsreihen unterschieden. Gehen wir aber der Sache näher nach, so zeigt sich, dass diese Distinction ebenso wenig hier wie in der Aufmerksamkeit sich durchführen lässt, weil wir in der unwillkürlichen Erneuerung das Willensmoment, in der willkürlichen feste Gesetze der Vorstellungsreproduction antreffen, und der Unterschied somit nur ein Gradunterschied ist. Wie die Aufmerksamkeit ist auch die Erinnerung eine unzertrennliche Vereinigung von Willen und Erkenntniss; denn beide sind Geisteshandlungen, aus dem ganzen Gemüth hervorgegangen. Wenn Plato sich die Erinnerung als ein Aufbewahren von Bildern veranschaulichte, so war dies eine Allegorie, die als solche ihre Berechtigung hat; denn eine Ähnlichkeit mit vorgeführten Bildern haben allerdings die Vorstellungen der Erinnerung, wie auch die entschiedensten Gegner dieser Bilderhypothese die Ausdrucksweise derselben benutzen. Allein weil alles Erkennen Selbstthätigkeit ist, bleiben keine Eindrücke als solche, sondern nur eine erworbene Disposition zur Wiederherstellung.

Man hat die Einbildungskraft als eine productive und eine reproductive bezeichnet. Diese Eintheilung kann jedoch einer falschen Auffassung Vorschub leisten, wenn man die eine aus einer willkürlichen, die andere aus einer unwillkürlichen Thätigkeit herleiten möchte, etwa als wenn im einen Falle die Einbildungskraft aus sich selbst, im anderen aus den Wahrnehmungen die Synthese schaffe. Diese Auffassung hat mit Kants Verwendung der betreffenden Eintheilung nichts gemeinsam. Kants productive Einbildungskraft ist eine Hypothese, um die Begriffsbildung zu erklären, und wenn er die productive als eine apriorische, die reproductive als eine aposteriorische Geistesthätigkeit auffasste, so bedeutet das hier: eine unbewusste und eine bewusste. Allein auch so verstanden ist die Distinction ohne besondere Bedeutung, weil wir alle Mittel vermissen, um die unbewusste Einbildungskraft zu beobachten.

In der in der Erfahrung erkennbaren Einbildungskraft bemerken wir einen anderen Unterschied, nämlich den zwischen einer gebundenen und freieren Thätigkeit, zwischen Erinnerungsvorstellungen und Phantasievorstellungen. In den letzteren sehen wir, wie die Einbildungskraft die Wahrnehmungen aufzulösen und sie wieder in veränderter Verbindung nach dem Befehl des Willens zusammenzusetzen vermag. Hierbei zeigt es sich am deutlichsten, dass die Erinnerung nicht auf aufbewahrten Bildern, sondern auf einer erworbenen Disposition beruhe. Die gebundene Thätigkeit der Einbildungskraft nennen wir Gedächtniss, die freie, Phantasie; zwischen beiden liegen eine Reihe Übergangsformen, durch welche sie verbunden werden, wie sie auch niemals isolirt vorkommen; kein Gedächtniss ohne Hineinmischung der Phantasie, keine Phantasie ohne Elemente aus dem Gedächtniss. So sind auch nicht Schopenhauer und Feuerbach so uneinig, wie es aussehen möchte, wenn Schopenhauer behauptet, dass die Thiere nicht sprechen können, weil ihr Gedächtniss mangelhaft entwickelt sei, Feuerbach andererseits als Grund dafür annimmt, dass ihnen die Phantasie fehle.

Die Beharrung der Vorstellungen ist eine Grundbedingung für die Wirksamkeit unseres psychischen Mechanismus. Das Wahrnehmen ist nur möglich, wenn es eine Erinnerung giebt; denn wir müssen immer unsere neuen Vorstellungen den entsprechenden früheren zuordnen; dadurch werden sie freilich verändert, aber erst so treten sie hervor. Ebenso ist das Denken nur möglich, wenn wir eine Vorstellung festhalten können, während wir eine neue anknüpfen. So wird es ersichtlich, dass, um das Wahrnehmen und Denken zu erklären, wir die Erinnerung brauchen, und um die Erinnerung zu erklären, wieder das Wahrnehmen und Denken. Gehen wir nun auf die Ursachen dieses Widerspruches zurück, so kommen wir wieder auf die Antinomie des Selbstbewusstseins, die Einheit und Vielheit im Ich. Unser Bewusstsein wird erst ein Bewusstsein wie unser Leben ein Leben dadurch, dass alle unsere

Vorstellungen, Gefühle und Willensäusserungen auf ein Ich bezogen werden. Das Ich ist dasselbe heute wie gestern, dasselbe jetzt als in seiner Kindheit und Jugend, und dennoch weiss das Ich sehr wohl, dass es sich sowohl äusserlich als innerlich bedeutend verändert habe. Aber eben die Thatsache, dass es dies weiss, zeigt uns, dass im Ich etwas Unveränderliches sein muss. Wir finden also im Ich Unveränderlichkeit und Veränderung, Einheit und Vielheit, Zusammenhang und Trennung, und wir können in keinem Falle das eine Glied derselben ausscheiden, ohne das Ich aufzuheben. Wir können uns darum auch nicht durch irgend eine Abstraction die Entstehung oder Zusammengesetztheit des Ich erklären; denn das eine Glied setzt immer das andere voraus. Dies ist die Antinomie des Selbstbewusstseins, auf die wir immer zurückgeworfen werden, wenn wir die Entstehung des Bewusstseins untersuchen wollen. Nur durch eine eingehende Untersuchung der Ichvorstellung kann der dialectische Widerstreit überwunden werden. Im Übersehen dieser Thatsache liegt der Grundfehler des sogenannten erkenntnisstheoretischen Monismus; dieser begnügt sich damit, von dem Widerstreite abzusehen, und indem er sich wohl hütet, die Ichvorstellung zu untersuchen, arbeitet er mit derselben, als ob sie die einfachste und durchsichtigste Vorstellung von der Welt wäre.

Dieser Zwiefachheit im Ich sind wir uns alle wohl bewusst und sie ist oft von den Philosophen hervorgehoben worden. So sagt Kant, dass der Gedanke, ich bin mir meiner selbst bewusst, ein zwiefaches Ich enthalte. Die Dichter sprechen oft von einer inneren und einer äusseren Seele. Unsere Gedanken formen sich oft vollkommen, wie ein inneres Gespräch, wo der Einzelne sich selbst als fremdes Object betrachtet, in Begriffen wie Selbstbeherrschung und Selbsttäuschung denkt man sich das Ich als zwei, und das religiöse Leben betrachtet sich als einen Kampf zweier Mächte im Menschen. In Wörtern wie Zweifel und Verzweifelung hat derselbe Gedanke Spuren in der Sprachbildung abgesetzt. Ja, wir beachten selber viel zu wenig, wie geläufig uns eigentlich diese Betrachtung ist, weil jeder den anderen immer und sich selbst allemal im Augenblicke des Handelns als eine Einheit erscheint und erst nachher, wenn er in sich selbst einkehrt, eine

Entzweiung vorfindet, und somit diese Erscheinungen nicht con-
frontirt werden. Allein nichts zeigt vielleicht diese Thatsache
besser als die Verbreitung und der Einfluss der schopenhauerischen
Philosophie, deren durchgreifende Widersprüche in dieser psychischen
Eigenthümlichkeit immer einen Versteck suchen.

Diese Zwiefachheit im Ich ist der Gegensatz zwischen dem
Vorstellenden und den Vorstellungen, welche letzteren, in dem
einen Augenblick sich mit dem Ich identificirend, in dem nächsten
zum Gegenstand für eine andere Reihe sich mit dem Ich identi-
ficirender Vorstellungen gemacht werden können. Diese psychologische Thatsache tritt logisch als die Antinomie des Selbstbewusstseins auf, die uns früher von einer anderen Seite entgegentrat; da
galt es die Entstehung des Bewusstseins, hier seine Einheit in der
Erinnerung. Allein die Antinomie zeigt immer eine falsche Abstraction an und kann jedesmal nur dadurch gelöst werden, dass
das im Denken Getrennte wieder durchgedacht und in seiner Verbindung als eine Gesammtheit verstanden wird. Auch hier finden
wir, wenn wir uns die Voraussetzungen klarlegen wollen, dass
Wahrnehmen, Denken und Erinnern so innig vereinigt sind, dass
wir sie mit keinem logischen Secirmesser ausschneiden und stückweise vorzeigen können.

Je nachdem die Erinnerung an das Wahrnehmen oder Denken
geknüpft ist, nehmen wir eine gewisse Abweichung im Wesen
derselben wahr. Diese Abweichung, die sich auf den Unterschied
zwischen Wahrnehmungen und Begriffen stützt, zeigt jedoch den
bedeutenden Umfang der Erinnerungsthätigkeit. Ich erinnere mich
z. B. eines verstorbenen Freundes und einer Meinung, die er ge-
legentlich ausgesprochen hat. Von dem Freunde habe ich ein leben-
diges Bild, das ich heraufbeschwören kann; bezüglich der geäusser-
ten Meinung kann ich mich allerdings seiner Stimme, Geberden
und der besonderen Verhältnisse, unter denen er dieselbe vorbrachte,
erinnern; von dem Inhalte der Äusserungen aber ist kein Bild
vorhanden, und dennoch erinnere ich mich seiner Gedanken sehr
wohl. Ich kann mich also nicht allein einer Empfindungs-
verbindung, d. h. einer Wahrnehmung, sondern auch einer Gedankenverbindung erinnern. Diese Thatsache, so einfach und
augenfällig sie ist, scheint jedoch mehreren Psychologen entgangen

zu sein. Wir wollen im folgenden die Erinnerung in dieser ihrer doppelten Beziehung betrachten.

Das einfachste Erinnerungsverhältniss ist die Nachempfindung und die Entstehung der Nachbilder. Die Nachempfindung ist lediglich eine Fortdauer der Empfindung, nachdem der entsprechende Reiz zu wirken aufgehört hat, und kommt wahrscheinlich bei allen Wahrnehmungen vor, wie die Saiten eines musikalischen Instruments nie sogleich zu vibriren aufhören, wenn der Anschlag vorüber ist. Sie sind somit die unmittelbaren Nachwirkungen der Empfindungen, unter deren Einfluss ein Erinnerungsbild festgehalten wird. In Betreff der sogenannten Nachbilder liegen nur für die Gesichtsempfindungen nähere Beobachtungen vor. Solche optische Nachbilder, die im bildlichen Sinne zur Verdeutlichung der Gedächtnissfunction verwendbar sein dürften, entstehen gewöhnlich nach einem intensiven Ansehen eines Gegenstandes und beruhen auf physiologischen Vorgängen in der Netzhaut. Die mit einer kräftigeren Phantasie begabten Personen können zu jeder Zeit Erinnerungsbilder in voller gegenständlicher Frische und Klarheit erzeugen, hingegen vermag eine ärmere Einbildungskraft nur dasselbe, wenn sie sich der Nachempfindungen bedient. Es liegt nun nah, alle Erinnerung als eine verlängerte oder wieder in Wirksamkeit tretende Nachempfindung zu erklären. Aber mit Recht macht Horwics*) darauf aufmerksam, dass die bedeutende individuelle Differenz, die hier erscheint, einer Erklärung des Wesens der Erinnerung aus diesen bildartigen Phänomenen widerspreche. Die Richtigkeit dieser Bemerkung müssen wir schon daraus erkennen, dass die Erinnerung ein viel weiteres Feld hat, als das hier beobachtete Phänomen uns erschliessen kann, dagegen kann es nicht geläugnet werden, dass in den Nachbildern des Gedächtnisses vor allem dasjenige Element der Wahrnehmung überwiegt, welches optische Nachbilder zu erzeugen im Stande ist. Die Gesichtsbilder und nächst ihnen die Tastempfindungen spielen nämlich in unserem Erinnerungsleben eine unvergleichlich bedeutendere Rolle als die Schalleindrücke und die Wahrnehmungen der niederen Sinne, deren willkürliche Reproduction meist geradezu mit Schwierigkeiten ver-

---

*) A. Horwics: Psychol. Analysen II. 1. S. 173.

knüpft ist. Wo die Gegenstände alle bestimmte Formen verlieren, und
somit kein eigentliches Bild entworfen werden kann, da schwindet
auch die sinnliche Erinnerung. So haben wir eine höchst unvollkommene Erinnerung von einem Mangel oder Unwohlsein. Jedermann,
der Gänsebraten gegessen hat, kann sich doch den Geschmack gewissermassen in die Erinnerung zurückrufen, aber die Empfindungen des
Hungers nicht. Eines Schmerzes, der uns durch einen Gegenstand zu-
gefügt ist, z. B. ein Schlag, ein Stich und desgleichen, können wir uns
oft sehr wohl erinnern, viel weniger der Schmerzen einer Krankheit,
die wir durchgemacht haben. So haben wir auch ein viel deutlicheres
Erinnerungsbild von dem Zahnausziehen als von den Zahnschmerzen.
Allein so lange der Schmerz an einen bestimmten Ort des Körpers
gebunden ist, giebt es indessen gleichsam einen Anhaltspunkt; bei
solchen Zuständen, wie Müdigkeit, Hunger, Unwohlsein fehlt auch
dieser. Von solchen Wahrnehmungen können wir uns kein Bild vergegenwärtigen; die Erinnerung an dieselben ist, so zu sagen, ganz
leer. Aber die Gewissheit der Erinnerung ist davon nicht abhängig; sie kann dieselbe sein, gleichviel ob die Bilder verwischt
und abgeblasst, oder hell und farbenfrisch sind. Ich kann ganz
gewiss sein, dass ich zu einer bestimmten Zeit Hunger oder
Müdigkeit empfunden habe, ohne mir die Empfindungen vergegenwärtigen zu können; ich gehe dann in dem Zusammenhang des
Erlebten zurück, und wenn ich mir alle die betreffenden Umstände
klarlege, so ist der Vorgang ein so nothwendiges Glied in den
Vorstellungsverbindungen, dass ich es nicht entbehren kann, weil
es zum Zusammenhang der Vorstellungen erforderlich ist. Die
Gewissheit hat hier eigentlich keine Beziehung auf eine sinnliche
Wahrnehmung, sondern auf eine Verbindung von Wahrnehmungen,
mit anderen Worten, sie stützt sich auf die Reflexion, nicht auf
die Empfindungen. Hingegen bemerke ich, wo ich bestimmte
Erinnerungsbilder der Wahrnehmungen habe, einen ganz entschie-
denen Einfluss der Empfindungen. Mit der Erinnerung an eine
erlebte Begebenheit vermischt sich ein Nachklang des Gefühls,
das wir in demselben Augenblick hatten, aber dadurch geändert,
dass wir wissen, dass diese Vorstellungen in unserem Bewusstsein
ihre Consequenzen mit sich gebracht haben. Indem wir uns nun
lebhaft bewusst werden, wie ganz anders jene Gefühle in ihrer

unmittelbaren Frische waren, als unser jetziges abgeblasstes Erinnerungsbild, tritt uns die Vergänglichkeit unseres Lebens anschaulich
vor das Bewusstsein; daher die Wehmuth der Erinnerung.

Noch deutlicher macht dieses Gefühlsmoment sich beim Wieder-
sehen von Dingen oder Personen geltend, von welchen ich im
Augenblick mich nicht entsinnen kann, unter welchen Verhältnissen ich sie getroffen habe; dennoch kann ich sehr wohl wissen,
ob sie mir einen angenehmen oder unangenehmen Eindruck machten.
Sobald ich sie wiedersehe, habe ich ein Gefühl der Freude oder
des Unwillens, ohne dasselbe näher bestimmen zu können, weil
ich mich nicht auf die frühere Beziehung besinnen kann. Dies
Gefühl kann mir wieder ein Hülfsmittel werden, um auch das
frühere Verhältniss zurückzurufen; aber erst indem ich in der Verbindung die Beziehungen wiederfinde, wird mir mit dem Grund
auch das Gefühl klar. Dies Gefühl ist also zuletzt die persönliche
Beziehung der Vorstellung auf das Ich, was wir früher mit dem
Ausdruck bezeichnet haben, dass dieselbe im Geistesleben des
Einzelnen Consequenzen mit sich geführt hat. Damit eine Vorstellung reproducirt werde, ist eine solche Beziehung nothwendig,
aber um der einzelnen Erinnerung gewiss zu sein, muss ich im
Gedanken den Zusammenhang derselben übersehen können.

In der Erinnerung des Wahrnehmens ist ein Gefühl, das den
Nachempfindungen entspricht, ein wesentliches Moment; auf diesem
Gefühl beruht die Frische und Lebhaftigkeit des Erinnerungsbildes;
allein das Verständniss seiner selbst findet dasselbe in der Reflexion
über die Verbindung. In der mit dem Denken verknüpften Erinnerung tritt dieses Element noch schärfer hervor.

Ist nun das Erinnerungsbild in der Wiederherstellung des
Wahrgenommenen, die Verbindung in der Wiederherstellung des
Gedachten als das wesentliche Element bestimmt, so muss es dennoch
festgehalten werden, dass sie immer nur mit einander verbunden
vorkommen. An die Erinnerung des Gedachten knüpft sich alsdann die Erinnerung von den Verhältnissen, unter welchen es
gedacht wurde. Wie genau diese Verbindung ist, kann man schon
daraus ersehen, dass man bisweilen, wenn man sich auf etwas Ge-
lesenes nicht besinnen kann, dasselbe herausbringt, wenn man weiss,
wo es auf der Seite im Buche steht. Durch Wiederholung wird

das Bild getrübt, die Verbindung aber wird gestärkt. So habe ich oft ein deutlicheres Bild von einem Menschen oder einem Ort, wenn ich denselben nicht wiedersehe, ich werde aber der Vorstellungsverbindungen sicherer durch Wiederholung. Auf Grund dieser Beobachtungen hat man Erinnerung und Gedächtniss unterschieden, das letztere sollte das mechanische Aufbewahren der Erfahrungen, die erstere dagegen die Fähigkeit zu freierer Wiederherstellung sein. In keiner Sprache ist jedoch dieser Unterschied beobachtet, auch nicht in der griechischen, wo ebenfalls Plato und Aristoteles den Unterschied zwischen $\mu\nu\eta\mu\eta$ und $\mu\nu\eta\sigma\iota\varsigma$ sammt $\alpha\nu\alpha\mu\nu\eta\sigma\iota\varsigma$ betonen. Schliesslich lässt sich nur ein relativer Unterschied aufstellen, indem die Erinnerung sich mehr auf das Wahrgenommene, das Gedächtniss sich mehr auf das Gedachte bezieht. Während sie immer gewissermassen vereinigt sind, hat bei dem einzelnen Menschen bald das eine, bald das andere Element das Übergewicht. Das Gedächtniss hält sich mehr an das Zeichen als ein Bild der Verbindung, die Erinnerung an die Verbindung der Bilder.

Durch absichtliches Wiederholen gewinnen die Vorstellungsverbindungen an Stärke. Was innerlich zusammenhängt, braucht keine künstliche Verbindung, um so mehr, was nur äusserlich auf einander bezogen ist, z. B. Jahreszahlen zu den historischen Begebenheiten und Namen zu den Personen oder Orten. Alle Gedächtnisskünste gehen darauf aus, nicht allein in der innerlichen Verbindung der Vorstellungen, sondern auch in einer äusseren bildlichen Verknüpfung ein Hülfsmittel für die Wiederherstellung derselben zu schaffen. So sucht man, wo die Vorstellungen abstracter und lediglich durch den logischen Zusammenhang zu reproduciren sind, auch ein Bild für diese Verbindung sich einzuprägen. Im Sprachgebrauch werden indessen dem Wort der Erinnerung gern zwei Bedeutungen beigelegt, eine engere, in welcher sie dem Gedächtniss coordinirt wird, und eine weitere, in der sie dasselbe umfasst. Dass dem so ist, erhellt daraus, dass als Gegensatz zu Erinnerung sowohl Vergessen als Hoffnung sich findet. Im weitesten Sinne des Wortes bedeutet Erinnerung jedwede Beziehung des Ich auf das im Leben Empfangene, gleichviel ob dies als Wahrnehmungen oder Gedanken ins Bewusstsein eingegangen ist. In beiden Fällen unterstützen sich gegenseitig das räumlich-zeitliche Zusammensein und der innerliche Zusammenhang. Zum Wiederherstellen einer Gedankenreihe ist oft die beste Hülfe, sich auf die begleitenden Umstände zu besinnen; so erinnern wir uns einer Rede, indem wir uns das Bild des Redners zurückrufen.

Wie das Gefühl im Bilde, hat die Reflexion in der Gedankenverbindung ihr besonderes Gebiet. Keine Vorstellung wird vereinzelt angeeignet, sondern immer in Verbindung mit anderen, durch die sie bestimmt wird. Wie in allem Erkennen ist deshalb auch in der Erinnerung ein Vergleichen und Unterscheiden enthalten, aber dasselbe geht leichter von Statten, wir spüren, der Weg ist angebahnt. Jede Gedankenverbindung drängt in den Vordergrund des Bewusstseins diejenige Seite, die am geeignetsten ist, zu den weiteren überzuführen. Die Reflexion über die Verbindung besteht demnach jedesmal darin, die Gesammtheit zu übersehen und das Einzelne einzuordnen.

Damit wir uns einer Sache erinnern, muss sie für uns ein gewisses Interesse haben; allein dies braucht kein persönlich-egoistisches zu sein. Wenn wir uns Begebenheiten aus der alten Geschichte Ägyptens oder Griechenlands vergegenwärtigen, so knüpft sich daran kein persönliches Interesse für den Einzelnen, und ebenso in vielem, das wir hören oder lesen. Dennoch muss da ein Interesse vorhanden sein, wenn auch nur ein mittelbares, denn darauf beruht die Kraft, die von vornherein nothwendig war, um neue Vorstellungen mit älteren zu verbinden. Gewöhnlich ist es auch nicht schwierig, dasselbe zu entdecken.

Das Interesse hat allemal die Einheit geschaffen, welche die Reflexion verwirft oder bestätigt. Dadurch erscheint wieder dieselbe als das wichtigste Element in der Gewissheit der Erinnerung; denn ist die Frische und Lebendigkeit der Erinnerung an die entworfenen Bilder, so ist die Gewissheit der Reihenfolge zunächst an die Reflexion gebunden. Wenn deshalb Aristoteles am Schluss der Analytik, Kunst und Wissenschaft aus der Erinnerung entstehen lässt, so können wir dies in der Weise näher bestimmen, dass die Kunst dem sinnlichen Moment, den Bildern, die Wissenschaft, dem geistigen, der Verbindung, entspreche.

Wir erfahren oft, dass uns die Erinnerungen täuschen. Die Prüfung ihrer Wahrheit ist allemal der feste und übereinstimmende

Zusammenhang, in dem wir sie zu wiederholen vermögen. Wenn wir uns auf etwas, das dem Gedächtniss entfallen ist, zu besinnen suchen, so gehen wir die Reihe der Verbindungen durch, um zu sehen, ob da keine merkbare Lücke sei, die wir dann mit einer aus den nächstliegenden Erinnerungsvorstellungen construirten Conjectur auszufüllen versuchen. Ebenso sind wir einer Erinnerung um so gewisser, je nothwendiger dieselbe im eigentlichen Zusammenhang erscheint. Daher sind uns gewöhnlich die Erinnerungen an das Nächstvorhergegangene am sichersten, weil sie in dem gegenwärtigen Bewusstsein die stärksten Bindeglieder bilden; ebenso sind im Greisenalter die Erinnerungen aus der Blüthezeit seiner Jahre dem Menschen die deutlichsten, weil sie die wichtigsten seines Lebens waren. Wir vertrauen lediglich dem continuirlichen Zusammenhang der Gedankenverbindungen; denn wir wissen unmittelbar, dass sie dadurch entstanden sind, dass das Bewusstsein jedesmal das irgendwie mit sich Übereinstimmende aufgenommen hat. Deshalb ist die Erinnerung auch kein Bild, das hervorspringt, sondern eine Construction, die wir ausführen, was wir bisweilen, wenn wir einen Gedächtnissirrthum entdecken, deutlich erkennen können. Immer eignet sich das Bewusstsein nur dasjenige an, das mit seinem Inhalt stimmt. Wenn wir ein Buch lesen, bleibt nur das sitzen, was auf irgend eine Weise unseren gegenwärtigen Gedankenverbindungen angepasst ist. Je fester und einheitlicher das Bewusstsein ist, um so mehr werden die Combinationen beschränkt. Hier ist schon ein grosser Unterschied zwischen Kindern und Erwachsenen, zwischen einem verworrenen und einem geordneten und abgeklärten Bewusstsein. Ein Kind assimilirt sehr schnell und lernt deshalb viel leichter auswendig als der Erwachsene; derjenige, welcher sich schon ein wissenschaftliches System gebildet hat, ist sehr ungeschickt zum Einprägen fremder Gedanken.

Genauer besehen ist nun die Disposition zur Wiederherstellung einer früheren Vorstellung nur eine Bezeichnung der Festigkeit und Einheitlichkeit der Vorstellungsverbindungen. Man hat sich die Erinnerung als eine Niederlage von Bildern gedacht, eine Auffassung, die schon im platonischen „Theätet" ihren Grundtypus hat, späterhin als eine Fähigkeit des Ich, seine Vorstellungen durch

besondere auf das Selbst bezügliche Nebenvorstellungen bezeichnen
zu können, und so, wenn eine frühere Vorstellung wiederkehrt,
das verbindende Zeichen in ein Gefühl der Wiedererkennung um-
zuwandeln. Kommt nun auch diese Erklärung dem Sachverhalt
näher, so dürfen wir uns dennoch nicht wohl dieses Zeichen oder
diese auf das Ich bezügliche Nebenvorstellungen als an und für sich
bestehend denken; denn dadurch wird nur die innige Festigkeit
der zugehörigen Gedankenverbindungen bezeichnet. Damit reimt
sich auch besser die Thatsache, dass wir verschiedene Grade der
Erinnerung haben; am deutlichsten aber bezeugen die Phantasievorstellungen dieselbe Auffassung. In der Phantasie benutzen wir
die Erinnerung zu freien Vorstellungsverbindungen unter der
Herrschaft des Willens. Wir vermögen darin die früheren Wahrnehmungen einer willkürlichen Verknüpfung zu unterziehen und
sie in mannigfaltige Beziehungen zu setzen, allein die ursprüngliche Verbindung macht sich fortwährend geltend und lenkt irgendwie den Flug der Phantasie. Wie das Gedächtniss die sammelnde,
so ist die Phantasie die auflösende Fähigkeit des Bewusstseins,
und wie die Verschiedenheit der Gedanken dem Gedächtniss, so
widerstrebt die einheitliche Verbindung der Phantasie. Je mehr
wir darum die innere Verbindung aufheben wollen, desto mehr
muss der Wille seine Herrschaft geltend machen, und dennoch
gelingt es ihm nur unvollkommen. Nicht auf die Weise, dass
wir uns nicht ebenso leicht ein Märchen als einen Sommerausflug
oder Spaziergang vorstellen können; sondern so, dass wir selbst
im wildesten Märchen die Vorstellungsverbindungen der Erfahrung
zu verfolgen vermögen. Selbst im märchenhaft Wunderbaren
erhebt die Phantasie gleichsam nur die Vorstellungsreihen in eine
andere Sphäre, wo sie dann unzerrissen wiederkommen, wie wir
in den Volksmärchen oft das Bauernleben, in den mittelalterlichen
Gedichten das Ritterleben in phantastisch veränderter Form wieder
erkennen, oder wie Göthe in der Schilderung Lavaters vom Einzug
des Antichristen, den Einzug der Churfürsten zu Frankfurt bei der
Krönung Josephs II wiederfand.

Wenn man deshalb glaubt, dass die Phantasievorstellungen
eine reine willkürliche Schöpfung der Einbildungskraft seien,
während die Erinnerungsvorstellung ein unwillkürlich bestimmtes

Bild des Erlebten darstelle, so ist dies entschieden falsch. Beide
Arten sind von Willen und Wahrnehmungen hervorgebracht; die
Elemente sind dieselben, aber in einer andern Gruppirung und mit
abweichender Stärke. Der Wille ist in den Phantasievorstellungen
das vorherrschende Element, jedoch in hohem Grad gehemmt und
bestimmt durch die Gedankenverbindungen, die Reflexion ist das
vorherrschende Element in den Erinnerungsvorstellungen, aber nicht
weniger gehemmt und bestimmt durch das Interesse.

In allem Erinnern liegt ein Interesse, was wir vorhin als eine
Beziehung auf das Ich bezeichnet haben. Nicht die Anzahl der
ähnlichen Züge, welche irgend eine vergessene Vorstellung mit
der eben herrschenden theilt, erweckt sie wieder, sondern erst im
Gefühl des Interesses wird die Verwandtschaft bewusst. Hierdurch
erhält nun auch die ergänzende Phantasie in der Erinnerung einen
grösseren Spielraum. Da die Vorstellungsverbindungen im Wahrnehmen viel bestimmter als im Denken gegeben sind, wird die
Wirklichkeit als eine Nothwendigkeit, die Phantasie als eine Freiheit empfunden. Um die Vorstellungsverbindungen verschieben
zu können, muss der Wille mit Erinnerungsvorstellungen operiren.
Sobald nämlich das Gegenwärtige in das Vorzeitige übergegangen
ist, erweitert der Wille seine Herrschaft über die Vorstellungen.
So ändern sich die Erinnerungen in der Zeit, das Interessante wird
interessanter, die überstandenen Gefahren grösser, jeder bewegte
Lebensabschnitt nimmt unter dem Einfluss des Willens eine
frischere Farbe an, wie schon die Erzählungen der Krieger, Jäger
und Reisenden oft genug bezeugen. Von der Wahrheitsliebe des
Einzelnen abgesehen, zügelt schon Bildung und geschulte Kritik
eine solche Thätigkeit der Phantasie; die Übertreibungen der Gebildeten sind immer massvoller. Bei Kindern finden wir oft eine
durchgängige Neigung zum Lügen; sie übertreiben selbst da, wo
es äusserst schwierig ist, eine Spur vom Vortheil entdecken zu
können. Dennoch mischt sich auch hier das Interesse unbestimmt
unter die Vorstellungen ein. Dass, je leidenschaftlicher jemand
erregt ist, desto unzuverlässiger sein Zeugniss ist, das ist eine Thatsache, die wir alle Tage beobachten können. So verfälscht der
Wille die Erinnerung, und erst Übung und Kritik kann dieses
unterdrücken. An sich selbst wird jeder gewissenhafte Beobachter

diese Thatsache untersuchen können, am leichtesten ist sie den Wahrnehmungen gegenüber zu constatiren. Wenn wir nach den Orten zurückkommen, wo wir eine glückliche Zeit zugebracht haben, finden wir uns oft getäuscht; sowohl die inneren als die äusseren Verhältnisse waren damals ganz anders, meinen wir. Von den menschlichen Verhältnissen ist es immer überaus schwierig, nachzuweisen, dass unsere Behauptungen falsch seien, aber in Anschung der örtlichen Verhältnisse lässt sich oft zu Genüge beweisen, dass wir uns irren. Allein wir sind davon überzeugt, dass sie in unserer Erinnerung ganz anders als in der Wirklichkeit dastehen, das heisst, das Interesse hatte sie verfälscht.

Um diese unbeabsichtigte Verfälschung der Erinnerungsbilder auszuführen, braucht die Einbildungskraft Zeit. Damit das Interesse die Vorstellungen umgestalten kann, muss sich das Ich denselben gegenüberstellen, was es im Augenblick des Wahrnehmens nie vermag. Nur bei einem geringeren Grad von gegenwärtiger Lust oder Unlust vermögen wir dieselbe vom wahrnehmenden Ich zu unterscheiden, während wir dagegen das vergangene Freudes- oder Schmerzensgefühl selbst in den höchsten Graden sehr wohl von demselben unterscheiden können.

Die Einbildungskraft ist das grosse Mittel, durch welches uns immer das Interesse die Vorstellungen verfälscht, das Zukünftige durch die Phantasie, das Vergangene durch die Erinnerung. Je mehr sich deshalb der Mensch daran gewöhnt, seine Erkenntniss auf diese beiden Weisen zu trüben, um so missvergnügter wird er mit der gegenwärtigen Wirklichkeit. Daher je weniger Wirklichkeitssinn einer hat, desto mehr neigt er zum Pessimismus. Die Menschen beschäftigen sich nämlich gern viel mehr mit der Zukunft und der Vergangenheit als mit der Gegenwart, und wenn sie von diesen Ausflügen nach Gegenden, die sie gewissermassen nach ihren Wünschen einrichten können, auf das Gegenwärtige zurückkommen, sind sie natürlich unzufrieden. Der Pessimismus beruht schliesslich auf einem Vorherrschen der Einbildungskraft im Erkennen. Das Gegenwärtige können wir viel weniger verfälschen, da verschmilzt das Ich mit den Eindrücken, wie z. B. in den starken gegenwärtigen Schmerzen das Ich ganz aufgeht; erst nachher können wir unterscheiden und damit auch verändern.

Deshalb wenden wir uns immer an die Zukunft und suchen die
Vergangenheit zurückzuhalten, weil wir beide durch die Einbildungskraft lenken können. Die Gegenwart verletzt uns immer.

Je häufiger wir uns einer Sache erinnert haben, um so lieber
haben wir sie entstellt; denn in der Erinnerung der Erinnerung
kommen wir den Begebenheiten so fern, dass wir durch kleine
Verschiebungen des Aussichtspunkts die Vorgänge gänzlich verändern können. So kann man bisweilen beobachten, wie wichtige
Begebenheiten im Leben eines Menschen nach dem Verlauf einiger
Jahre ganz anders von ihm verstanden und mithin erzählt werden,
als sie sich thatsächlich zugetragen haben, eben weil er sie so oft
in der Erinnerung sich wiederholt hat. Oft benutzt das Interesse
geradezu die Erinnerung, um sich in seiner Rücksichtslosigkeit zu
stärken, wie wir es ersehen können, wenn der Einzelne durch das
Zurückrufen erlittener Beleidigungen alles Mitleid mit seinem
Gegner erstickt oder durch Vergegenwärtigen der gegen ihn ver-
übten Betrügereien die beunruhigenden Besorgnisse unterdrückt,
wo er selbst zur Anwendung unredlicher Mittel greift. Aber noch
deutlicher können wir bei vielen Geisteskrankheiten erkennen, wie
es in der Macht des Einzelnen steht, durch die Erinnerung
gleichsam sein ganzes Bewusstsein zu verfälschen, indem er
in höherem Grade die vorherrschenden Vorstellungsverbindungen
dem Interesse anpasst. Auf diese Weise entstehen die fixen Ideen,
wodurch der Einzelne in der Erinnerung eine Scheidewand zwischen
dem Gegenwärtigen und dem Vergangenen errichtet, sie können
als geistige Selbstmorde betrachtet werden, wo der Mensch aus
der Welt der Wirklichkeit in die der Phantasie flieht, um sich
jedesmal den Vorwürfen der Thatsachen zu entreissen.

So legt sich das Interesse die Erinnerung zurecht. Die Gewissheit der Erinnerung aber beruht auf der Reflexion, in welcher
wir den Zusammenhang des Erlebten prüfen; das Vergegenwärtigen des bildenden Stoffes gründet sich auf ein Gefühl und die
Begrenzung auf den Willen.

Für die Übersicht der Bestimmungen, die wir als Elemente der Gewissheit gefunden haben, lässt sich folgendes Schema aufstellen:

	Gefühl.	Verstand.	Wille.
Die Gewissheit des Wahrnehm.	Gefühl des Kraftaufwandes.	Reflexion über die Gültigkeit.	Aufmerksamkeit
Die Gewissheit des Denkens.	Gefühl der Übereinstimmung	Reflexion über d. Übereinstimmg.	Bevorzugung u. Unterdrückung der Vorst.
Die Gewissheit der Erinnerung	Ein den Nachempfindungen entsprech. Gefühl.	Reflexion der Verbindung.	Interesse.
	(Erinn. d. Wahrn.)	(Erinn. d. Denk.)	(Erinn. d. Erinn.)

Wenn wir sodann die Elemente der Gewissheit zu bestimmen gesucht haben, müssen wir indessen zugeben, dass es uns keineswegs gelungen ist, dieselben bestimmt von einander zu trennen. Aber indem wir die verschiedenen Stufen der Gewissheit in der des Wahrnehmens, des Denkens und der Erinnerung untersuchten, fanden wir gewisse wesentliche Momente, die in den verschiedenen Phasen etwas geändert, dennoch als ein Moment des Gefühls, des Verstandes und des Willens wiederkehrten. Wenn nun diese Momente sich nicht bestimmter ausscheiden lassen, so beruht dies darauf, dass Gefühl, Verstand und Wille sich nicht selbst von einander trennen lassen. Wenn wir überhaupt nur so unvollkommen unser eigenes Innere zu erkennen vermögen, so ist der Grund allemal, dass wir es nicht theilen können; denn nur was wir theilen können, beherrschen wir.

IV.

Die Entwickelungsformen der Gewissheit.

Wir haben die Gewissheit des Daseins viel früher, als wir das Dasein der Gewissheit kennen, und das gilt von der Entwickelung des Einzelnen wie von der gesammten geistigen Entwickelung der Menschheit. Wohl darf die Gedankenverbindung, deren ich gewiss bin, nie einer anderen mir im Bewusstsein gegenwärtigen Gedankenverbindung widerstreiten, aber sie braucht deswegen nicht völlig verstanden zu sein. Die Gewissheit ist nicht an die Begreiflichkeit gebunden; nichts ist uns unbegreiflicher als das Wahrnehmen, und auf nichts verlassen wir uns so sorglos als auf das Wahrgenommene. Oder was ist uns unbegreiflicher als die Negation in allen ihren Beziehungen als Irrthum, Hässlichkeit oder Übel und dennoch über allen Zweifel erhaben? Oder was verstehen wir weniger als den Gottesgedanken und das moralische Verantwortlichkeitsgefühl, und dennoch ist keine Gewissheit tiefer eingewurzelt? Die Gewissheit beruht nie auf dem Beweis, dem gegenüber wir immer ein erklärliches Misstrauen hegen, und von dessen Verallgemeinerungen wir immer an die Beispiele und Verhältnisse des Lebens hinschielen, wie von den Beweisen des mathematischen Lehrbuchs an die Figur, um uns zu vergewissern, dass wir einen festen Boden unter den Füssen haben, oder wie man im Finstern eines Treppenaufganges dann und wann nach dem Geländer greift. Die Gewissheit ist die Zustimmung des Bewusstseins, und sie entsteht allemal, indem der Gedanke eine Reihe von Vorstellungsverbindungen überblickt und sie in eine Gesammtheit zusammenfasst. Wenn man demnach die Gewissheit als eine mittelbare und unmittelbare unterschieden hat, so muss es festgehalten werden, dass dieser Unterschied nur ein formaler ist und auf der grösseren oder kleineren Leichtigkeit und Klarheit der Übersicht beruht. Hingegen ist es unrichtig zu sagen, dass die unmittelbare sich auf einen Zwang der Empfindungen, die mittelbare auf einen dem Verstande vorgehaltenen Beweis gründet, denn die Gewissheit beruht überhaupt auf keinem Beweise. Jeder Beweis ist nämlich ohne alle überzeugende Bedeutung, wenn der Einzelne nicht selber in einem „instar omnium" sämmtliche Fälle übersieht. Dennoch liegt ein richtiger Gedanke darin, dass die mittelbare Gewissheit eine Beziehung zum Beweis hat, die der unmittelbaren fehlt, aber die Gewissheit beruht nicht darauf; der Beweis ist bloss eine Folge davon, dass im einen Falle das Denken nicht vermag mit einem Male die Vorstellungsverbindungen zu übersehen, was im anderen möglich ist. Darum wird im letzten Falle der Beweis hinfällig, wie alle Beweise des Selbstverständlichen nur Wiederholungen werden, während erst da, wo der Gedanke eine Reihe Vorstellungsverbindungen durcheilen muss, um eine andere übersehen zu können, der Beweis eine Bedeutung hat.

Die Eintheilung der Gewissheit in unmittelbare und mittelbare ist auf Grund der Betrachtungsweise getroffen, dass man einerseits dasjenige, was uns als Thatsache gegeben ist, und andererseits dasjenige, was aus gegebenen Thatsachen in zwingender Weise erschlossen wird, einander gegenüberstellt. Diese Eintheilung ist bei dem, der sie zuerst klar und völlig bewusst anwendet, nämlich Descartes, eine rein formale. Erst bei Locke bezeichnet sie eine reale Unterscheidung und Eintheilung aller Erkenntniss: die unmittelbare sind die Wahrnehmungen, die mittelbare die Schlüsse. So kam Hume und machte vollen Ernst mit dieser Eintheilung; aber jetzt zeigte es sich, dass man sodann von der einen zur anderen nicht hinübergelangen und auch schliesslich sich keine derselben erklären könne. Bin ich mir nur der einzelnen Wahrnehmungen vollkommen gewiss, wie komme ich dann zu allen den selbstverständlichen Grundsätzen, die ich, um irgend was schliessen zu können, haben muss, oder um den ersten und augenfälligsten zu nehmen, wie komme ich zu der felsenfesten Gewissheit, dass alle Veränderung eine Ursache haben muss? Ist dies eine Thatsache

oder ein Schluss? So stellt sich zuletzt die Frage so: was sind
denn eigentlich „gegebene Thatsachen"? — und auf der Antwort
beruht die Grenze zwischen mittelbarer und unmittelbarer Gewissheit. Werden die gegebenen Thatsachen als etwas mehr als
Wahrnehmungen bestimmt, so wird die Distinction formal und die
Grenze gewissermaassen eine willkürliche; beschränkt man den
Ausdruck der gegebenen Thatsachen auf die Wahrnehmungen, so
nähern wir uns dem Skepticismus; so sahen wir Stuart Mill zu
Hume, Herbert Spencer zu Locke sich hinneigen.

In der That haben wir hier die grosse Frage, die Kant in
„Kritik der reinen Vernunft" stellte und auf seine Weise löste. Allein
anstatt der scholastischen Form: wie sind synthetische Urtheile
a priori möglich? lautet sie hier: sind die in allen Wissenschaften
vorausgesetzten Grundsätze mittelbare oder unmittelbare Gewissheit? Und fragen wir nun, was es für Grundsätze sind, so werden
darunter alle die Sätze verstanden, die ohne irgend einen Beweis
in allem Wissen als selbstverständliche angewendet werden, wie
z. B. der Kausalitätssatz oder, um einige Beispiele aus den einzelnen
Wissenschaften hervorzuheben, wie in der Logik der Satz vom
Widerspruch, oder in der Mathematik der Satz: das Ganze ist
grösser als ein Theil, oder Gleiches vom Gleichen giebt Gleiches,
und wie in der Physik der Satz, dass der Lauf der Natur gesetz-
lich ist. Diesen und allen ähnlichen Sätzen gegenüber entsteht
somit die Frage: liegt hier eine mittelbare oder unmittelbare Gewissheit vor.

Die Versuche der bedeutenden Denker, die, ohne die kantische
Lösung annehmen zu wollen, sich in der neuesten Zeit mit dieser
Frage beschäftigt haben, ohne jedoch derselben eine befriedigende
Lösung zu geben, können als Warnung vor übereilten Antworten
gelten. Untersucht man aber genau die Frage, ehe man zu jeder
Beantwortung derselben schreitet, — wie Kant es bei allen den
Fragen einschärft, in denen mehr gefragt, als beantwortet werden
kann, — so findet sich leicht, dass die Frage eine höchst unklare
ist, weil die Unterscheidung von unmittelbarer und mittelbarer Gewissheit keine reale, wie in der Frage vorausgesetzt, sondern nur
eine formale Unterscheidung ist. Sowohl die Gewissheit selbst als
Seelenzustand als auch die Mittel, durch die sie hervorgegangen

ist, sind in beiden Fällen die nämlichen; denn die Beweisbarkeit oder Unbeweisbarkeit eines Satzes ist insofern gleichgültig. Sehen wir doch oft im alltäglichen Leben, dass wir volle Gewissheit ohne Beweis haben, und wieder einem Beweis gegenüber, den wir keines Fehlers zeihen können, ohne Gewissheit dastehen. Was indessen den Unterschied zwischen mittelbarer und unmittelbarer Gewissheit macht, ist der längere Weg, der zu der mittelbaren hinführt, und die schwierigere Übersicht. Deshalb glaubte man dann, dass die Gewissheit aus dem Beweis hervorgegangen sei; dies ist nicht der Fall, sondern der Beweis ist nur gleichsam der kürzeste Weg zum Übersichtspunkt; aber nur derjenige, welcher den Weg durchmacht, den Höhepunkt des Beweises erreicht und die Verhältnisse als eine Gesammtheit überblicken kann, hat die Gewissheit errungen. Es ist uns ein Bedürfniss den kürzesten Weg zum Übersichtspunkt sowohl für uns selbst als für andere gebahnt zu halten, und dies ist der Beweis. Allein der Beweis gewährt an sich keine Gewissheit, erst indem der Gedanke in der Phantasie die möglichen Fälle übersieht, die der Beweis voraussetzt, und durch eine Verstandesthätigkeit die angeschauten Verhältnisse mit seinen früheren Erfahrungen assimilirt, entsteht die Gewissheit, die also immer intuitiv ist; eine demonstrative Gewissheit, in der Bedeutung von einer von dem Beweise erzeugten, ist eine contradictio in adjecto.

Dem Gedanken, welcher der Eintheilung in mittelbare und unmittelbare Gewissheit zu Grunde liegt, kommen wir demgemäss näher, wenn wir dieselbe in geprüfte und ungeprüfte unterscheiden. Diese Eintheilung sagt etwas Bestimmtes und ist leicht zu controliren. Wir wissen alle, dass wir fortwährend Vorstellungen ohne nähere Prüfung aufnehmen, wie wir die Kinder alles oder das meiste des ihnen Erzählten als gewiss aufnehmen sehen, und wir wissen auch, dass oft einzelne Vorstellungen erst nach dem stärksten Zweifel uns zuverlässig werden. In einem gewissen Sinne kann man freilich sagen, dass alle unsere Vorstellungen geprüft sind; allein wir machen einen bestimmten Unterschied zwischen den Vorstellungen, die wir uns durch einen durchgreifenden Zweifel angeeignet haben, und denen, welche wir so ohne Weiteres aufgenommen haben. Diese Prüfung ist allerdings bei jedem Einzelnen sehr verschieden, wie bei dem Kinde und dem Erwachsenen, bei dem Bauer und dem wissenschaftlichen Forscher; allein in jedem Falle wird sie mit allen den Mitteln, die dem Bewusstsein zu Gebote stehen, durchgeführt. Demgemäss bilden die ungeprüften obwohl oft feste, dennoch immer in dem vorhandenen Bewusstsein auflösbare Gedankenverbindungen, hingegen die geprüften unauflösbare. Sollen die geprüften verändert werden, so muss das ganze Bewusstsein verändert werden; denn mit dem Zweifel an diesen Gedankenverbindungen würde das Bewusstsein sich selbst als das, was es ist, vernichten. Die geprüfte Gewissheit ist das Fundament im Wissensgebäude des Einzelnen. Die Prüfung aber kann einen doppelten Character, einen besonders theoretischen und einen besonders praktischen haben, und danach theilen wir die geprüfte Gewissheit wieder in eine reflectirte oder wissenschaftliche und eine persönliche ein.

Wir haben also folgende 3 Entwickelungsformen der Gewissheit:

1. Die unmittelbare oder ungeprüfte Gewissheit.
2. Die wissenschaftliche Gewissheit.
3. Die persönliche Gewissheit.

---

1. Die unmittelbare oder ungeprüfte Gewissheit.

Wir nehmen im alltäglichen Leben fortwährend viel als gewiss auf, ohne dasselbe näher zu untersuchen, theils weil es uns von glaubwürdigen Personen mitgetheilt wird, theils weil es mit demjenigen, was wir früher aufgenommen haben, stimmt, und endlich weil das Ganze uns nicht bedeutungsvoll genug erscheint, um sich der mit einer genaueren Prüfung verbundenen Mühe zu unterziehen. Vielleicht finden sich auch andere Gründe dafür, dies kann uns indessen jetzt noch gleichgültig sein; was wir alle erkennen, ist, dass wir immer Vorstellungen als zuverlässig aufnehmen, ohne dass dieselben den prüfenden Zweifel überwunden haben. Am deutlichsten beobachten wir diesen Vorgang beim Kinde.

Was das Kind selbst erfährt, ist ihm geradezu gewiss, und ebenso was ihm von anderen erzählt wird. Der Grund, warum

sich anfangs kein Zweifel in die Erfahrungen einmischen kann, ist
zunächst der in allen äusseren und inneren Wahrnehmungen
liegende Zwang, und dann dass dieser Zwang immer mit denselben
Empfindungen wiederkehrt. Erst nach einer Reihe von Erfahrungen
sehen wir die ersten Zeichen eines Zweifels, so z. B. wenn das
Kind erfahren hat, dass die Milch trotz desselben Aussehens einen
verschiedenen Geschmack haben kann, je nachdem sie warm oder
kalt, frisch oder sauer ist, u. s. w.; aber dieser Zweifel bezieht
sich nie auf die Sinneseindrücke selbst, sondern auf die Verbindungen und Bestimmungen derselben. Das Wahrgenommene ist
dem Kinde gewiss, weil es ihm von den Dingen, das Gedachte,
weil es ihm von den Personen aufgedrängt ist. Unter dem unbe-
wussten Zwang ist alles gewiss; erst wenn das Kind lernt, dass
es in sich eine Macht, dem Zwang sich zu entziehen, besitze, kann
der Zweifel entstehen. Im Wahrnehmen ist nun dieser Zwang ein
materieller, im Autoritätsglauben ein geistiger; in beiden aber liegt
ein inneres Bedürfniss für das Kind vor, alles Gebotene hinzunehmen
ohne Zweifel an seiner Gewissheit. Als Kinder hassen wir nämlich den Zweifel; wie das Kind nicht lange im Zweifel verharren
mag, so erduldet es auch nicht, dass andere zweifeln, z. B. an der
Wahrheit der Märchen oder Geschichten, die es eben gehört hat.
Ebenso verwundern sich Kinder immer darüber, dass die Erwachsenen nicht in allem Bescheid wissen, und schreiben es gern
dem bösen Willen zu, wenn sie nicht alle ihre Fragen beantworten
können.

Die unmittelbare Gewissheit ist Vertrauen zum Anderen, zu
äusseren Gegenständen oder anderen Personen. Deshalb entspricht
sie dem kindlichen Gemüth, dessen Kennzeichen eben das Zutrauen
ist. Demgemäss ist der Autoritätsglaube kindliches Zutrauen, eine
Gewissheit, die durch die Zuversicht zu der Überlegenheit Anderer
erworben ist. Allein schon ziemlich früh bemerken wir, dass das
Kind zwischen dem, was ihm von den Eltern, von der Kindes-
wärterin und den Spielgenossen gesagt wird, unterscheidet. Ist
demnach anfangs dem Kinde alles, was die Erwachsenen ihm sagen,
gewiss, so nehmen doch bald Eltern, Lehrer u. s. w. eine besondere Stellung ein, und es bildet sich eine Stufenleiter des Zu-
trauens. Allein — das Eigenthümliche in allem Autoritätsglauben

ist, dass nur nach der Glaubwürdigkeit der Personen gefragt und nicht über den Inhalt ihrer Mittheilungen Gedanken gemacht werden. Sind die Personen als Autoritäten angenommen, so sind auch ohne nähere Prüfung ihre Aussagen angenommen. Erst der Widerstreit der Autoritäten zwingt das Kind zu wählen und erschüttert dadurch die Grundlage des Autoritätsglaubens. Die Zerstörung desselben geht nämlich von der Einsicht aus, dass der Einzelne selbst seine Autoritäten wähle. Darum sehen wir auch beim Kinde, dass nichts diesen Process mehr beschleunigt als die Uneinigkeit der Eltern, verschiedene Ansichten der Lehrer und dergleichen; denn da wird das Kind zum Wählen gezwungen. Deshalb hat alle Abwerfung des Autoritätsglaubens zwei Seiten; sie giebt dem Geiste Freiheit und setzt ihn den Gefahren des Missbrauches aus. Es ist nothwendig für die Entwickelung des Individuums, dass der Autoritätsglaube abgestreift wird; aber es ist nicht weniger nothwendig, dass dies in einer inneren Wechselwirkung und Übereinstimmung geschieht. Der Autoritätsglaube muss von dem Einzelnen gleichsam von aussen abfallen, wenn der Geist in ihm gereift ist; nie darf er künstlich abgerissen werden. Aber nie kann oder darf der Einzelne in einem menschlichen Autoritätsglauben verbleiben; er muss lernen und erfahren, dass in den höchsten und wichtigsten Fragen er nicht auf andere Menschen bauen dürfe; er muss frei sein, um selbstständig zu werden.

Je mehr der Mensch einsieht, dass er doch in letzter Linie selber seine Autoritäten wähle, um so hinfälliger wird der Glaube an sie, und der Einzelne wird an sich selbst gewiesen. Von der Übereinstimmung mit anderen fällt er auf die innere Übereinstimmung in sich selbst zurück, und die Übereinstimmung mit Anderen ist ihm nicht länger eine Entscheidung, sondern lediglich ein Mittel, die Richtigkeit der Vorstellungsverbindungen zu prüfen, wodurch dann sein Wissen nicht länger eine unmittelbare Gewissheit bleibt, sondern in eine geprüfte übergeht.

Indessen muss man sich hier klar machen, dass kein Mensch auf einmal seinen ganzen Bewusstseinsinhalt als solchen in Abrede zu stellen vermag; denn die Folge eines solchen totalen Zweifels würde geradezu das vollkommene Aufhören alles Denkens sein. Es können somit jedesmal nur einzelne Gedankenverbindungen, wie

tiefliegend und weitreichend dieselben auch sein mögen, ange-
zweifelt werden. Der Übergang von Unmittelbarkeit in Reflexion
ist immer eine allmählige Entwickelung. So löst sich nach und
nach eine Reihe von Vorstellungen von ihrem Ursprung in der
Autoritätsherrschaft los, um entweder hinfällig zu werden oder
durch die Prüfung des Zweifels mehr oder weniger verändert in
das Bewusstsein einzugehen. Bleibt auch die ursprüngliche Verbindung nun als eine psychologische Disposition zurück, so liegt
dennoch allemal die Entscheidung in der ernsthaften Prüfung.
Und dieser Übergang von ungeprüfter zu geprüfter Gewissheit ist
die Entwickelung aller Erkenntniss. Die ungeprüfte gleicht der
unüberlegten Zutraulichkeit des Kindes, die geprüfte dem vor-
sichtigen Verständniss des Erwachsenen in derselben Sache.

2. Die wissenschaftliche Gewissheit.

Mit dem Namen wissenschaftlicher Gewissheit bezeichnen wir
hier nicht allein diejenige, welche thatsächlich von der Wissenschaft acceptirt ist, sondern überhaupt alle Gewissheit, die man
einer solchen Prüfung unterzogen hat, dass sie auch vor dem
Forum der Wissenschaft Stand halten würde. Der Übergang von
der unmittelbaren zu der wissenschaftlichen Gewissheit geht durch
den Zweifel, und insofern der Zweifel eine Folge des eingesehenen
Irrthums ist, kann man sagen, dass der Grund aller eigentlichen
Reflexion der Irrthum ist. Beim Zweifel wendet sich der Einzelne
zunächst an andere, mag er nun Erklärung bei Personen oder in
Schriften suchen. Trifft er nun verschiedene Auffassungen an, so
muss er eine Beurtheilung versuchen, das heisst, er muss sich
die Begründung jeder Auffassung klar machen, sie vergleichen
und demnach seine Wahl treffen. Auf diese Weise kommt er
auf die Erfahrungen zurück, die den verschiedenen Auffassungen
zu Grunde liegen, und alsdann werden diese schliesslich für sein
Urtheil bestimmend werden. Können nun diese Erfahrungen
und ein bestimmtes Verständniss derselben in voller Überein-

stimmung mit seinen früheren Erfahrungen und deren aus-
gemachten Erklärungen gebracht werden, so ist das Ziel der
Untersuchung erreicht, und er ist somit seines Urtheils gewiss. In
dieser Weise stellt sich diejenige Reflexion beim Einzelnen ein, die
eine Auffassung durch Zweifel zu Gewissheit erhebt.

Diese Reflexion ist der Natur gemäss bei jedem sehr verschieden, allein überall mehr oder weniger unvollkommen. Am vollkommensten ist sie in der Wissenschaft. Der Grund dafür ist der, dass
die Reflexion des Einzelnen von den ihm vorliegenden Nichtübereinstimmungen, die der Wissenschaft dagegen von den möglichen
Nichtübereinstimmungen ausgeht. Durch Zurückführung auf die des
Beweises weder bedürftigen noch fähigen unmittelbaren Erkenntnisse erlangen unsere Gedanken Gewissheit, aber nur das methodische Verfahren der Wissenschaft strebt in dieser Zurückführung
die höchstmögliche Vollständigkeit zu erreichen.

Die wissenschaftliche Prüfung der Erfahrungen fängt damit
an, die unmittelbare Gewissheit in Abrede zu stellen. Die Devise,
unter welcher sie arbeitet, ist: dubito, ut intelligam. Der Zweifel
ist ein Vergleichen der Gründe, und diese Untersuchung führt
zuletzt auf die Sinneswahrnehmungen zurück, und dieselben zu
läutern und controliren ist die nächste Aufgabe der Einzelforschung.
Dies geschieht, wenn sie die individuellen und zufälligen Vorurtheile nachweist und ausscheidet. Einerseits muss der subjective
Unterschied der Wahrnehmungen aufgehoben werden, und das geschieht durch eine wachsende Anzahl von Wahrnehmungen, also
quantitativ. Andererseits müssen alle Sinnestäuschungen durch
andere oder veränderte Wahrnehmungen berichtigt werden, also
qualitativ. Auf die eine Weise werden die individuellen, auf
die andere die zufälligen Vorurtheile ausgemerzt. Das Gesetz, das
hier zu Anwendung kommt, oder das Princip, nach welchem die
Ausscheidung vorgenommen wird, ist das Gesetz vom Widerspruch.
Wo einige Wahrnehmungen anderen widersprechen, müssen beide
untersucht und geprüft werden, bis ihr Verständniss eine dieselben
vereinigende Erklärung erlaubt.

Das Denken ist eine vermittelnde Thätigkeit, welche die ursprünglichen Anschauungen der äusseren und inneren Wahrnehmung
nach bestimmten Gesetzen zu einander in Beziehungen bringt

überall ist es bestrebt, die Vorstellungsverbindungen auf die Rechtsgründe zurückzuführen, das Zusammenseiende als ein Zusammen-
gehöriges, das Geschiedene als ein Verschiedenes zu erweisen. Jedes
Gesetz des Verknüpfens, Trennens und Beziehens ist ein natur-
gemässer Verlauf des Denkens, der im Einzelnen richtig verfolgt
oder auch verfehlt werden kann. Um wahr zu denken, muss der
Vorstellungsverlauf sich gewissen Regeln fügen, und nach denselben werden die Vorstellungsbewegungen als wahre oder falsche
beurtheilt. Aber auch diese Regeln und ihre Anwendungen müssen
selber geprüft werden, und eine solche Prüfung lässt sich nur
vollziehen, indem das Denken auf demselben Wege der Sonderung
des Fremdartigen und Verbindung des Verwandten fortschreitet,
und somit gewissermaassen sich desselben Vorstellungsverlaufes bedient, den es berichtigt.

Erst, wenn die verschiedenen Vorstellungen, die sich auf denselben Stoff beziehen, im Bewusstsein zu einer Einheit zusammengeschmolzen sind, wird der Zusammenhang so durchsichtig, dass
wir die letzten Widersprüche entdecken. Darum geht auch die
theoretische Prüfung Hand in Hand mit der Durcharbeitung der
Vorstellungsverbindungen. Solange diese Durchsichtigkeit nicht
eingetreten ist, liegt immer die Möglichkeit vor, dass neue Wahrnehmungen die Gewissheit aufheben oder verändern können. Aus
der Geschichte der Wissenschaft lassen sich Belege in Menge her-
ziehen, wie Sätze, die dem einen Zeitalter als wissenschaftlich zuverlässig galten, in dem nächsten durch neue Beobachtungen umge-
stossen wurden. Hier muss man darauf aufmerksam sein, dass in
den wissenschaftlichen Theorien und Gesetzen Gewissheit und
Wahrscheinlichkeit oft auf eine eigenthümliche Weise vermengt
vorkommen, und dass sowohl im alltäglichen Leben wie auch in
der Wissenschaft viel für Gewissheit ausgegeben wird, das nur
einen hohen Grad der Wahrscheinlichkeit besitzt. Deshalb sehen
wir auch, dass je strenger die Wissenschaft ihre Aufgabe fasst,
um so beschränkter das Gebiet der Gewissheit wird, aber aus der
Verkleinerung ihres Gebietes darf man nicht schliessen, dass ihr
mit Recht gar kein Gebiet zukomme, sie vielmehr lediglich ideal sei.

Wollen wir den Character der wissenschaftlichen Gewissheit
kurz bezeichnen, können wir sagen: die wissenschaftliche ist

die bewiesene Gewissheit. Das soll nach dem vorher Entwickelten sagen, dass sie mit einem Beweise verbunden, nicht aber von
einem Beweise erzeugt ist. Wenn der Einzelne einem richtig ge-
bauten Beweis, dessen Voraussetzungen er zugiebt, dennoch mit
einem Zweifel gegenüberstehen kann, so liegt diese Thatsache
darin begründet, dass er alsdann nicht sämmtliche in dem Beweise
in abstracter Form enthaltenen möglichen Fälle übersieht. Er
wird vom einen Glied im Beweise zum anderen geführt, ohne an
einem einzelnen Punkt Einsprache erheben zu können; weil er
aber nicht in der Phantasie vom Höhepunkt des Beweisgefüges die
Gesammtheit der wirklichen Fälle zu überblicken vermag, steht er
doch schliesslich mit einem geheimen Zweifel da, den er oft weder
anderen noch sich selbst gestehen will. Nimmt nun Einer den bewiesenen Satz auf diese Weise an, also eigentlich weil er noch
nicht den Beweisfehler, den er sucht, entdeckt hat, so haben wir
in einem solchen Falle nicht mit Gewissheit, sondern nur mit einer
als Gewissheit auftretenden Wahrscheinlichkeit zu thun.

Die eigentlichen Einwürfe gegen einen Beweis beziehen sich
immer auf die Bedingungen, unter welchen der Beweis zu Stande
kommt. Jeder Beweis hat Voraussetzungen, und zwar zweierlei:
Voraussetzungen des Inhalts und der Form. Die ersteren werden
sich immer auf die Richtigkeit der Wahrnehmungen beziehen, so dass
was sich in allen Wahrnehmungen bewährt, als wahr angesehen
wird. Die Voraussetzungen der Form sind die Richtigkeit der allgemeinen Denkgesetze, wie sie sich in aller Erkenntniss bewähren.
Diese Voraussetzungen liegen in jedem Beweis eingeschlossen,
wie einfach und einleuchtend er aussehen mag; deshalb ist alle
bewiesene Gewissheit eine hypothetische, eine bedingte.

Deutlich zeigt sich diese Bedingtheit schon darin, dass der
wissenschaftliche Beweis verschiedene Stufen hat, der indirecte und
directe Beweis, von welchen der erste niedriger steht, weil da die
Voraussetzungen noch mehr zurückgeschoben sind. Der vollkommenste ist der, welcher in sich beide vereinigt. „Beides pflegt
sich bei einem überzeugenden Beweis so zu verbinden, dass zu
jeder positiven Instanz der Nachweis ihrer Unerklärbarkeit aus entgegenstehenden Annahmen hinzugefügt wird.“ (Wundt: Logik I.
S. 386.)

Wenn man die Gewissheit nach der Modalität der Urtheile in eine problematische, assertorische und apodiktische eintheilt, so wird oft von der apodiktischen gesprochen, als ob diese eine höhere Art als die assertorische sei. Das ist falsch. Die Nothwendigkeit eines Satzes ist nichts anderes als die Abhängigkeit einer Folge von ihrem Grund, das ist das Setzen, weil etwas anderes gesetzt ist. Demgemäss ist hier immer eine Voraussetzung gegeben, die nicht apodiktisch ist. Schon Aristoteles weist darauf hin, dass der Ausgangspunkt des Beweises nicht ein Beweis sein könne. Ein Beweis kommt erst zu Stande, wenn von besonderen Bedingungen ausgegangen wird. Ist also alle apodiktische Gewissheit eine bewiesene, so ist auch alle bewiesene eine hypothetische, und daraus folgt geradezu, dass alle apodiktische Gewissheit eine hypothetische ist. Damit wird also gesagt, dass jede Beweisführung die logische Ableitung eines Satzes aus einem bereits eingesehenen ist, wodurch es jedoch ganz klar wird, dass der abgeleitete nie eine grössere Zuverlässigkeit als der, aus dem er abgeleitet ist, beanspruchen kann; beide sind dem Zweifel gleich viel oder gleich wenig ausgesetzt; der Unterschied ist nur der, dass an dem bewiesenen Satze sich die Einwürfe gegen die Voraussetzungen richten, an dem ursprünglichen gegen diesen selbst.

Die apodiktische Gewissheit bezeichnet so wenig einen höhern Grad, dass man, wenn hier von einem Rangunterschied die Rede sein soll, sie vielmehr der kategorischen unterordnen müsste. Allein die Gewissheit ist in beiden Fällen dieselbe, nur ist sie in dem einen schwieriger zu erlangen als in dem anderen. Aber das Bewiesene ist nie zuverlässiger als das Wahrgenommene; dies liegt immer jenem zu Grunde, weshalb man auch, wo der Beweis so kurz und einfach ist, dass man gleichsam die Wahrnehmungen vor sich zu sehen glaubt, sagt, die Sache ist evident. Im alltäglichen Leben bezeichnet auch, wie Sigwart in seiner „Logik" bemerkt, die Aussage: „es muss so sein", einen bescheidenen Grad von Zuversicht, weil man aus guten Gründen der Sicherheit der gewöhnlichen Schlüsse misstraut und sich lieber an das unmittelbar Wahrgenommene hält. Was der apodiktischen Gewissheit ihr Ansehen vor der kategorischen verliehen hat, ist der Umstand, dass sich daran etwas knüpft, das lehrbar und lernbar ist, nämlich der Beweis.

Der Beweis ist die Verbindungslinie eines Urtheils mit den Wahrnehmungen; sie kann von allen controlirt und allen mitgetheilt werden, weil die Gesetze des Denkens bei allen die nämlichen sind. Je nachdem sich der Beweis auf ein quantitatives oder qualitatives Verhältniss bezieht, ändert sich die äussere Form des Beweises im Grad seiner Vollkommenheit. Der menschliche Geist vermag nämlich so viel vollkommener das Quantitative als das Qualitative zu erkennen, — ein Gedanke, den schon Keppler ausspricht. Deshalb sucht immer die wissenschaftliche Behandlung einer Sache vorzugsweise die Seite, die einer quantitativen Untersuchung zugänglich ist, und darauf beruht auch der berühmte Ausspruch Kants, dass soviel Mathematik in einem Wissen enthalten ist, als Wissenschaft. Die Erkenntniss des nicht quantitativ Schätzbaren wird immer viel unvollkommener als die von Grösse und Zahl ausfallen. Aber die inneren Gesetze des Beweises sind überall dieselben, und die Beweise der Mathematik sind nur Logik auf Quantität bezogen.

Die theoretische Prüfung der Gewissheit ist demnach eine Prüfung des Denkens, die ihre Mittel und letzte Entscheidung in den logischen Distinctionen hat. Die Gewissheit beruht nicht auf dem Beweis, sondern findet in ihm nur ihre Erklärung. Darum ist der Beweis der Gewissheit willkommen, gleichsam wie einer sich seiner Sache völlig gewiss sein kann und sich dennoch darüber freut, dass andere zu demselben Resultat kommen. Im Beweise wird die Gewissheit sich selbst klar, d. i. das Gewisssein wird ein begründetes, und dadurch wird sie mittheilbar, d. i. allgemein.

---

3. Die persönliche Gewissheit.

Wie die wissenschaftliche Gewissheit eine theoretisch geprüfte, ist die persönliche eine praktisch geprüfte, das heisst, sie ist nicht mit der Reflexion, sondern im Leben erworben. In der theoretischen

Prüfung wendet sich das Denken schliesslich an die Logik und trifft von ihren Bestimmungen aus die Entscheidung; bei der praktischen Prüfung richtet sich das Denken an das Leben, um an der Durchführung einer vorläufigen Annahme im Leben ihren Werth kennen zu lernen. Sagen wir, dass alle geprüfte Gewissheit eine bewiesene sei, so müssen wir hinzufügen, die wissenschaftliche ist die theoretische, die persönliche die praktisch bewiesene. Deshalb ist die erste Prüfung eine allgemeine und mittheilbare, die letzte eine besondere und nur für den Einzelnen bindende. Zwischen der wissenschaftlichen und persönlichen Gewissheit ist alsdann kein Grad- sondern ein Wesensunterschied, der sich darin zeigt, dass die erstere der Menschheit, die letztere dem Einzelnen angehört.

Der Umfang der persönlichen Gewissheit ist stark beschränkt. Während die wissenschaftliche in aller Erkenntniss ihren Gegenstand finden kann, hat jene lediglich in der sittlichen Erkenntniss, die den Handlungen der Menschen zu Grunde liegt, ihren Inhalt. Sie tritt nur auf dem Gebiete auf, welches man als das der moralischen und religiösen Überzeugungen bezeichnet. Allein auf diesem Gebiete sucht nicht nur sehr oft der Einzelne die anderen Menschen zu täuschen, insofern er andere Überzeugungen als seine wirklichen vorgiebt, sondern er täuscht sich auch selber, und zwar noch viel öfter. Die Bestimmungen sind darum hier jedesmal sehr schwierig zu treffen, und zuerst ist es dann nothwendig, die Schwierigkeiten dabei zu verstehen.

Die Überzeugungen, die thatsächlich den Handlungen eines Menschen zu Grunde liegen, sind nicht durch Hören und Lesen, sondern durch Übung und Gewohnheit im Leben erworben. Allein eben weil sie nicht durch Theorie, sondern durch Praxis das Eigenthum des Einzelnen geworden sind, kennen wir selbst nie unsere moralische Individualität, sondern müssen sie allmählich und zwar immer unvollkommen im Leben kennen lernen. Wir sind in den merkwürdigsten Irrthümern darüber befangen, wie wir selbst beschaffen seien, bevor wir versucht haben, die höchsten moralischen Ideale durchzuführen; dann gelangen wir allerdings zu bestimmten Erfahrungen; diese aber sind so traurig, dass die natürliche Eigenliebe gleich den Eindruck zu verwischen sucht, weshalb wir

immer praktisch dieselben wiederholen müssen. Die persönliche Gewissheit fängt also allemal mit einer Selbsterkenntniss an. Darum
bezeichnete im Alterthum das berühmte Wort: γνωϑι σεαυτον, den
Eingang zur Weisheit; denn die Weisheit ist in ihrem Grund
nimmer ein theoretisches Wissen, sondern ein praktisches Verhältniss. Wie sie nicht theoretisch erworben ist, so kann sie auch
nicht theoretisch erkannt werden. Die Erinnerung an sich gewährt
kein vollkommenes Spiegelbild, und in der Reflexion über unsere
vergangene Handlungsweise und ihre Motive verwischt und verändert sogleich die Eigenliebe alle unangenehmen Eindrücke. Nur im
Augenblick der Handlung sehen wir, so zu sagen, unser geistiges Ant-
litz vor uns; sobald die Handlung in die Erinnerung eingeht, hat die
umbildende und verwischende Arbeit des Interesses schon angefangen.

Es ist sodann eine Thatsache, auf welche mehrere Philosophen
der neueren Zeit, namentlich Schopenhauer und v. Hartmann,
aufmerksam gemacht haben, dass wir oft nicht wissen, was wir
eigentlich wollen, ja oft das Gegentheil von dem eigentlich Gewünschten zu wollen glauben, bis wir durch die Lust oder Unlust
bei der Entscheidung über unseren wahren Willen belehrt werden.
Die alte Fabel von dem Tode und dem Holzhauer, der den Tod
als Befreier herbeiwünschte, und als er kam, ihn wieder fort
wünschte, schärft diese Wahrheit ein, und aus ähnlichen Fällen
wird jeder aus seinem eigenen Leben Beweise dieses Sachver-
halts finden können. In allen unseren Erwartungen berechnen
wir unseren Willen; allein wenn so das Erwartete eintritt, finden
wir uns häufig genug enttäuscht. Sowohl an der Erfüllung
unserer Wünsche als an den befürchteten Verlusten bemerken
wir oft zu unserem eigenen Erstaunen, dass sie uns weder so
erheben, noch niederdrücken, wie wir es erwartet hatten. In
seinem höchsten Grad erscheint dieses Verhältniss unter der Herrschaft der Leidenschaften oder in krankhaften Zuständen, in den
besonderen Manien u. s. w., überall hier behaupten die Unglücklichen zu wollen, was sie nicht wollen und umgekehrt, mit anderen
Worten, sie sagen, dass sie das Gegentheil von dem wählen, was
sie wollen. Dies ist nun keine neue Wahrheit, sondern nur eine
vergessene alte; im Christenthume ist sie mit aller Entschiedenheit
oft hervorgehoben, so, um nur ein Beispiel zu nennen, in dem

bekannten paulinischen Spruch im Römerbriefe: „Denn ich weiss nicht, was ich thue; denn ich thue nicht, das ich will, sondern das ich hasse, das thue ich."

In Betreff der Prüfung, welcher die persönliche Gewissheit unterzogen wird, kann dieselbe sehr verschieden und namentlich mehr oder minder klar bewusst sein. Es steht nichts im Wege, dass der Einzelne, wenn er, mitten im Zweifel an den Principien seiner Handlungsweise, sieht, dass er nicht theoretisch die Ungewissheit zu lösen vermag, nach einem erkannten Grundsatze handelt und durch die Wirkungen seiner Handlungsweise in seinem Innern von dem Werthe des Grundsatzes belehrt wird. Allein so gestaltet sich nicht gewöhnlich die Lage; nur selten ist der Zweifel des Einzelnen so klar bewusst und hat eine so theoretische Form, vielmehr ist er mit der einzelnen Handlung eng verknüpft. Daher ist auch nicht die persönliche Gewissheit so begriffsmässig ausgeprägt, sie wird vielmehr gefühlt, sie ist weniger erkannt, darum nicht mittheilbar, sondern sie ist mit der Person des Einzelnen eins, deshalb eben persönlich. Von der unmittelbaren unterscheidet sie sich dadurch, dass der Zweifel nicht als ein theoretischer oder äusserer ihr beikommen und sie zerstören kann; denn sie stützt sich auf eine persönliche Erfahrung, die mehr als alle Gegengründe wiegt und allein durch eine andere persönliche Erfahrung aufgelöst werden kann; von der wissenschaftlichen unterscheidet sie sich dadurch, dass sie den Beweis in sich, nicht ausser sich hat, darum gehört sie dem Einzelnen und kann nicht mitgetheilt werden.

Im Wahrnehmen ist die Gewissheit eine sich aufdrängende Naturnothwendigkeit, im Denken eine Denknothwendigkeit, also immer, wie von Kant hervorgehoben, in einer Nothwendigkeit begründet. Wenn ich nun auch gezwungen werde, etwas wahrzunehmen, so kann ich dennoch die Wirklichkeit desselben bezweifeln und es als Traumbild ansehen; — ob ich auch durch Schlüsse gezwungen werde, etwas zuzugeben oder in Widersprüchen stecken zu bleiben, so kann ich dennoch sagen: ich zweifle an der Richtigkeit des Beweises. Aber der Mensch ist nicht allein ein erkennendes, sondern ein handelndes Wesen, und dieser Umstand treibt ihn aus dem Schlupfwinkel der starren Negation heraus; denn um zu handeln, muss eine Erkenntniss der Aussenwelt und seiner selbst

zu Grunde gelegt werden, mithin muss er sich sowohl auf das
Wahrnehmen als das Denken verlassen, das heisst so viel als
jedesmal in der Praxis seiner eigenen Theorie widersprechen. Allein
dieselbe Nothwendigkeit, die den Einzelnen zum Glauben an das
Wahrnehmen und Denken nöthigt, zwingt ihn auch, an das Gewissen zu glauben; er muss jedesmal, um zu handeln, eine Überzeugung vorübergehend als Princip anerkennen. Wie er im Wahrnehmen
und Denken die Gesetze findet, an welche ihn die Natur gebunden
hat, so auch im Gewissen. Nicht nur das physische und intellec-
tuelle, sondern auch das moralische Leben des Einzelnen ist in
bestimmte, von der Natur gegebene Gesetze eingesponnen, die
er sich klar machen und nach denen er sich richten soll. Wie
er den von der Natur angezeigten Gesetzen folgen muss, um richtig
wahrzunehmen, und den logischen Gesetzen, um richtig zu denken,
so muss er den im Gewissen gegebenen Gesetzen folgen, um richtig
zu handeln.

Man hat das Gewissen einen Gewohnheitsbegriff geheissen,
der im ernsten Denken keine Stelle hätte. So grundfalsch auch eine
solche Auffassung ist, haben ihre Behauptungen doch einen Schein
der Berechtigung dadurch erhalten, dass das Wort Gewissen im
populären Gebrauch nur für einen Theil der Gesetze vorkommt, die
jeder in sich als naturbestimmte Normen seiner Handlungsweise
vorfindet. Allein man findet auch Gewissen in einem weiteren
Sinne angewendet — so mit bestimmtem Hinweis auf dies Verhältniss
schon bei Butler und Hutcheson — wo es alle die im Bewusstsein
liegenden von der Natur gegebenen Gesetze, die auf unsere Handlungen Bezug haben, bezeichnet. In der populären Anwendung
bedeutet das Wort sodann nur Pflichtbewusstsein, während hier
sowohl Pflicht als Rechtsbewusstsein; denn wollen wir den Inhalt
aller natürlichen, moralischen Gesetze kurz bezeichnen, so können
wir sagen, der Inhalt derselben ist Recht und Pflicht.

Der Mensch kommt auf die Welt mit Forderungen auf sein
Recht, er fordert für sich das Leben und die Bedingungen des
Lebens. Und mit diesen Forderungen ist ein Pflicht- und Ge-
rechtigkeitsgefühl verknüpft, das sie regelt und begrenzt.

Man hat aus dem oft verschiedenen Inhalte der sittlichen
Vorschriften bei den Menschen verschiedener Kulturstufen schliessen

wollen, dass im Gewissen kein gegebenes Gesetz, sondern nur eine Summe erworbener Vorurtheile liege, und dass also die Philosophen, die ein allgemeines Sittengesetz behaupten, „ihre Kirchspielmoral für diejenige des Erdkreises gehalten haben.“ Allein selbst in den verschiedensten Sitten und Pflichtgeboten der Völker nehmen wir wahr, dass sie von gewissen Vorstellungen des Rechts und der Pflicht durchzogen sind, und dass somit allüberall die Idee eines verbindlichen Sollens unsere Thätigkeit und unsere Gefühle begleitet. Dass indessen Erziehung und Gewohnheit, überhaupt Volksgeist und Zeitgeist auf die Bildung der einzelnen Pflichtgebote grossen Einfluss übt, ist nicht in Abrede zu stellen. Oft werden gleichgültige Handlungen als sittliche Gebote betrachtet, und nicht selten wird auf einer Kulturstufe Vieles, was eine andere Bildung verurtheilen würde, als heilige Gewissenspflicht empfunden. Gehen wir aber von den einzelnen Handlungen auf die Motive über, die in jedem Falle zur Aufstellung solcher Gebote geführt haben, so entdecken wir eine viel grössere Übereinstimmung, als wir von vornherein annehmen würden. Selbst in den grausamsten und unserem Gefühl am meisten widerstreitenden Sitten unkultivirter Volksstämme lässt sich oft deutlich ein Gerechtigkeits- oder Pietätsgefühl nachweisen, dessen einseitige und verkehrte Entwickelung die abscheulichen Vorschriften oder die anwidernden Gebräuche geschaffen hat. Erst von einem solchen Gefühl getragen, erhält eine dem moralischen Gesetz zuwiderlaufende Sitte die Kraft, sich behaupten zu können. Dass die Menschen — ebensowohl das Volk und die Gemeinde, als der Einzelne — es allenfalls dahin zu bringen vermögen, sich um ihr Gewissen nicht zu kümmern — das erfahren wir alle Tage; allein um es thun zu können, müssen sie in jedem Falle, so paradox es auch klingen mag, von einem gewissen moralischen Gefühl geleitet werden; das heisst, der Mensch muss sich eines einzelnen Pflichtgebotes bedienen, um das allgemeine Pflichtgebot, das Sittengesetz, aufheben zu können. Wir wissen alle, dass der Mensch seine vermeintliche Ehre darin suchen kann, die Stimme des Gewissens zu übertäuben und zu vertilgen; aber in jedem solchen Falle hat er wieder seine Ehre auf ein moralisches, obwohl in seiner Einseitigkeit pervers entwickeltes Gefühl gebaut. Von diesem Widerstreit zwischen Ehrgefühl und

Gewissen gewährt uns das mitten im christlichen Staate sich behauptende Duellwesen ein instructives Beispiel.

Dass aber selbst bei den verkommensten Volksstämmen die Stimme des Gewissens vorhanden sein muss, ergiebt sich schon daraus, dass die Form des Handelns, die sie gebietet, in der geschichtlichen Entwickelung eines Volkes allmählich klarer bewusst hervortritt. Die Geschichte lehrt uns überall, dass ein Volk, wenn auch erst langsam und durch mancherlei Erfahrungen dazu gebracht, jedesmal nur sich auf Recht und Pflicht ernsthaft besinnen zu wollen braucht, um sie tiefer und richtiger zu erkennen.

In diesem Zusammenhange kann zugleich auf eine Beobachtung aufmerksam gemacht werden, die, obwohl bekannt, dennoch sehr wenig untersucht ist, nämlich, dass die Menschen immer, wenn sie an einem Punkt das Sittengesetz verletzen, an anderen Punkten wieder um so strenger und sorgfältiger die Verpflichtungen desselben zu erfüllen suchen, gleichsam als wollten sie auf diese Weise ein Gleichgewicht in die moralische Rechenschaft des Bewusstseins bringen. Diese Thatsache, die von einer eigenthümlichen Beschränkung im Einfluss des Willens auf das Gewissen zeugt, würde es sich sicher lohnen, einmal näher zu untersuchen, da wir darin einen der besten Beweise von der Macht des Gewissens vor uns haben.

Wir müssen demgemäss festhalten, dass in der Natur des Menschen ein unmittelbares, wenn auch der Entwickelung bedürftiges Gefühl von Recht und Pflicht vorhanden ist: das ethische Gesetz. Nennen wir die instinctmässige Selbsterhaltung, wie gewöhnlich, Egoismus, so sagen wir: es liegt in der menschlichen Natur ein mit dem Egoismus verbundener entgegengesetzter Trieb, der als Gerechtigkeits- und Pietätsgefühl erscheint, und welcher den Egoismus an jedem Punkte beschränkt.

Und ebenso ursprünglich als der Egoismus, ist auch seine Beschränkung. Ebenso wenig wie wir die Lebensbedingungen für uns selbst zu wollen erlernen, ebenso wenig lernen wir anderen diese zu gönnen; denn wir lernen überhaupt nicht zu wollen. Das kleine Kind, das der Mutter das erhaltene Stücklein Kuchen anbietet, hat ebenso wenig den Willen, welchen es darin zeigt, wie den Willen, mit dem es das Leben und die Lebensbedingungen fordert, von anderen erlernt.

Der reine Egoismus ist eine philosophische Abstraction; in dem wirklichen Leben kommt er nur mit den unwillkürlichen Neigungen und Abneigungen verknüpft vor, die aus dem Rechts- und Pflichtgefühl entspringen. Beim Kinde sehen wir deutlich und unverhüllt sowohl den Egoismus als seine Beschränkung. Und dies naturbestimmte Verhältniss zeigt sich überall bei den Menschen, wie verschieden entwickelt es auch sein mag, in einem Gefühl des Rechts und der Pflicht. Schopenhauer sprach mit aller Entschiedenheit aus, dass wir das Wollen nicht lernen, und die Versuche, die seit diesem Philosophen gemacht worden sind, um aus den Empfindungen und Verwickelungen der Vorstellungen den Willen abzuleiten, haben nur dazu gedient, seine Behauptung zu bestätigen. Aber ebenso wenig als das Wollen, erlernen wir das Gewissen, die naturbestimmte Begrenzung alles Wollens. Das Gewissen entsteht weder im Einzelnen noch im Menschengeschlecht, durch Erziehung, weil es erst alle Erziehung ermöglicht. Selbst in der allgemeinen Erfahrung erscheint das Gewissen durchaus nicht als etwas Künstliches, was wir in seinem Auftreten beim Kinde und auch aus vielen Kriminalfällen ersehen können; man bekommt keinen Eindruck von einer künstlichen Eindämmung, sondern im Gegentheil, von einer Naturkraft, die alle Dämme durchbricht, eine Thatsache, die jedermann in dem Augenblicke, wo das Gewissen erwacht, sofort erkennt. Allein wenn das Interesse in der Erinnerung Gelegenheit erhält, die Beobachtung zu bearbeiten, wird es eine der Eigenliebe schmeichelhaftere Erklärung herausbringen. Aber das Interesse darf uns niemals dahin führen, die Augen vor der Thatsache zu verschliessen, dass Wille und Gewissen nur zwei Seiten derselben Sache sind.

In der That aber sind sie so eng mit einander verknüpft; deshalb besteht auch in normalen Seelenzuständen eine natürliche Verbindung zwischen einer starken Willenskraft und einem empfindlichen Gewissen wie zwischen einem schwachen Willen und einem stumpfen Gewissen. Der Wille wächst mit seiner Beschränkung, weil die Selbstbeherrschung am Ende selber nur Wille ist; dies naturbestimmte Verhältniss giebt sich als Rechts-und Pflichtbewusstsein kund.

Die persönliche Gewissheit, die in allen ihren verschiedenen Formen an diesen Inhalt gebunden ist, wächst aus dem Leben

hervor und hat ihre Gewissheit, nicht ¦weil sie durchdacht, sondern
weil sie geübt ist. Aber eben dadurch ist sie undeutlich zu erkennen,
der Einzelne ist nie völlig über seine persönliche Gewissheit orien-
tirt. An keinem Punkte der Selbsterkenntniss ist nämlich das
Interesse der Selbsttäuschung grösser als hier, wie wir überhaupt
niemand gründlicher als uns selbst täuschen. Darum ist alle
Lebensweisheit darin einig, die Selbsterkenntniss als ihre erste Bedingung aufzustellen; darin vereinigen sich indische Weisheit mit
den Anschauungen der griechischen Philosophen und diese mit der
Forderung des Christenthums auf Reue und Sündenerkenntniss. Wie
sehr es uns an Selbsterkenntniss gebricht, sehen wir allemal daraus,
wie wenig klar wir uns über unsere eigene Gewissheit sind. Kant
macht in der „Kritik d. r. Vernunft" darauf aufmerksam, wie vorzüglich in diesem Falle schon der gewöhnliche Probierstein des
Wettens sei; denn während wir oft eine Behauptung mit einer Zuversicht aufstellen, als ob aller Zweifel ausgeschlossen wäre, so macht
uns gleich eine Wette stutzig, und wir werden oft inne, dass wir nicht
zehn Goldstücke darauf einsetzen wollen, geschweige denn das
Glück des ganzen Lebens. Und dies gilt namentlich für die Über-
legungen, in welchen der Einzelne sich selbst und anderen seine
persönliche Gewissheit darzustellen sucht. Denn diese liegt am tiefsten
verborgen im Selbstbewusstsein, ist äusserst schwierig zu erkennen,
bedingt aber alle andere Erkenntniss. Denken wir uns das Selbstbewusstsein unter dem Bilde einer Pflanze, so ist die persönliche
Gewissheit die Wurzel, die wissenschaftliche gleicht den Stengeln
und Blättern, und die unmittelbare besteht aus den Stoffen, die
aus Erde und Luft von der Pflanze aufgenommen werden, um sich
den organischen Bestandtheilen zu assimiliren.

Es ist ein allgemeiner Irrthum zu glauben, dass die lehr- und
lernbare Gewissheit unsere Handlungsweise bestimme. Das ist
nicht der Fall; denn für das Leben des Einzelnen erhalten die
Sätze erst ihre Bedeutung, nachdem sie im Leben geprüft sind. Wo
sie dem Leben nicht angemessen sind, werden sie dieser Prüfung
nicht unterzogen, können freilich auf den theoretischen Beweis hin
angenommen werden, erhalten aber keinen praktischen Einfluss.
Hingegen übt immer die persönliche Gewissheit einen Einfluss auf

alle andere aus, und zwar um so mehr, als ihre Sätze tiefer in das Leben des Einzelnen eingreifen.

Man schafft sich nämlich niemals erst seinen Standpunkt und seine Principien, um dann danach zu handeln; nein, aus den Handlungen, aus dem Leben des Einzelnen bilden sich allmählich seine Principien und sein Standpunkt heraus. Von seinen Vorstellungen, Verhältnissen und Interessen aus urtheilt allemal der Einzelne, und das, was dieselben geschaffen hat, ist sein Leben. Seinen Standpunkt erst genau ausbilden zu wollen, um dann aus und nach demselben zu handeln, — das ist eigentlich nur eine Entschuldigung für sich selbst und andere, mit der man verhüllt, dass man nicht im Einklang mit seiner Erkenntniss handelt.

Weil man eigentlich aus seinem Leben und nicht aus der Reflexion urtheilt, können nur die Gründe, die sich in dem Einzelnen selbst gebildet haben, seine Überzeugungen verändern. Wir wissen oft nicht, warum nun eben diese oder jene Gründe uns mehr als die entgegengesetzten bewegen, allein ihre bezwingende Macht liegt darin, dass sie aus unseren eigenen Lebenserfahrungen herausgewachsen sind. Das Interesse bestimmt den Gesichtspunkt, haben wir vorher gesagt, und hier sehen wir auf welche Weise; denn der Verstand urtheilt nach dem, was er sieht, aber das Interesse lässt ihn nur die Sache von der Seite sehen, die ihm vortheilhaft ist. Deshalb sagt auch Blaise Pascal: „Der Wille, der an einer Seite mehr Gefallen findet, als an der anderen, hält den Geist davon ab, die Eigenschaften von der Seite zu betrachten, die ihm nicht lieb ist, und also zieht der Geist mit dem Willen an einem Strange und verweilt nur bei der Betrachtung der Seite, die diesem genehm ist." Allein dieser Wille, welcher allemal die Reflexion führt, ist keine unbewusste Naturmacht, ebenso wenig wie er der überlegte Egoismus ist, sondern der Wille, der sich im Leben des Einzelnen in ihm gebildet hat, ja man könnte sagen, er ist der Wille, der seine Richtung und Entwickelung den Willensentschlüssen verdankt. Deshalb geben unsere Handlungen uns den beurtheilenden Standpunkt, nicht umgekehrt.

Aus demselben Grunde ist es auch nicht so streng zu verurtheilen, wenn Einer eine irrthümliche Theorie vertheidigt, wenn sie sich nicht in schlechte Handlungen umsetzt; denn eine solche

Theorie steht oft in einer sehr losen Verbindung mit seiner wahren Persönlichkeit, ist oft nur eine Sache der Reflexion und nicht selten von einem anderen entlehnt. Das Ganze beruht alsdann auf der Mischung von Eitelkeit und Unwissenheit, die wir so oft bei den Menschen antreffen: anstatt seiner eigenen unfertigen und einfachen, aber ehrlichen und seinen Handlungen entsprossenen Theorie hat der Einzelne eine vollfertige und grossartige bei einem anderen entliehen; allein sie ist eine künstliche und nachgemachte, und das zeigt sich in der Anwendung. Man kann nämlich im Ernste sich nie der Theorie eines anderen ordentlich bedienen, weil man dann unvermeidlich zwei einander widersprechende Theorien erhalten würde; denn wie einfach und unvollkommen sie sein mag, so wächst aus unseren Handlungen dennoch allemal eine Theorie hervor, die, wo es zu einer Entscheidung kommt, die geborgte Maske abwirft; denn sie ist eine thatsächliche, während die andere nur eine Illusion ist. Können wir auch selbst in der Reflexion darüber irre sein, unsere Handlungen lehren uns jedesmal, dass das Leben uns den thatsächlichen Standpunkt, die Reflexion für sich allein dagegen nur einen Scheinstandpunkt geben kann.

Dies ist auch in erkenntnisstheoretischer Beziehung die tiefste Wahrheit, die uns das Christenthum gelehrt hat. Die heidnische Denkweise — und besonders die griechische als die höchste und am tiefsten durchdachte — geht von dem Grundsatze aus, dass wir, wenn wir nur richtig denken, auch richtig handeln werden, und als der echte Sohn des griechischen Geistes gab Socrates diesem Verständniss seine prägnante Form; das Christenthum dagegen lehrt, dass aus dem richtigen Handeln das richtige Denken hervorgeht.

Man könnte meinen und die Meinung wird oft vorgebracht, dass die persönliche Gewissheit sich auf den Willen und das Gefühl, die wissenschaftliche sich auf den Verstand gründe. Aus dem Vorhergehenden wird die Unhaltbarkeit dieser Behauptung eingesehen werden; denn überall sind die nämlichen Elemente vorhanden, nur in einem verschiedenen Verhältniss. Dass auch in der wissenschaftlichen Gewissheit Wille und Gefühl mitwirken, erhellt schon daraus, wie die Denkthätigkeit an sich benutzt wird, um das Unangenehme zu meiden und das Angenehme herbeizuschaffen; so sehen wir, dass die rein theoretische Denkthätigkeit angewendet

wird einerseits, um der Langweile zu entgehen, Furcht, Angst
u. s. w. zu zerstreuen, andererseits um uns in angenehmen Erinnerungen, zukünftigen Möglichkeiten, Erwartungen und Plänen zu
erfreuen. Ja, dass selbst in der rein wissenschaftlichen Denkarbeit
der Wille nicht ganz ausgeschlossen ist, zeigen uns zur Genüge
die Schriften der Gelehrten, die sich sehr selten und nur in kurzen
Zwischenräumen in der erhabenen Ruhe des mathematischen Beweises bewegen, vielmehr gewöhnlich in einer lebhaften Polemik
fortschreiten. Obgleich erst in zweiter Linie und in geringerem
Grade ist doch auch in der wissenschaftlichen Arbeit das Eigeninteresse dabei; wenn wir etwas Schwieriges verstanden haben, ist
die Freude über die Überwindung der Schwierigkeiten so gross,
dass sie uns geneigt macht, die Wahrheit des Eingesehenen ohne
nähere und vorsichtigere Untersuchung zu behaupten und ebenso
umgekehrt; wenn Einwürfe sich erheben, sind wir bald nicht länger
der unparteiische Richter, sondern uns wird gleichsam die Rolle des
Advocaten aufgezwungen. Alles dieses wissen wir, und ebenso, dass
das kleinste Eigeninteresse ganze Theorien verfälschen kann. So
bedienen wir uns gewöhnlich dieses Mittels, um den überlegenen
Einfluss Anderer abzuschneiden: Verdacht, dass eigenes Interesse
vorhanden ist. Sobald wir dem Zeugnisse jemandes ein Interesse
unterschieben können, so dass auch nur der leiseste Verdacht von
einer persönlichen Theilnahme entsteht, so legen wir auf seine Überzeugungen kein Gewicht mehr; denn wir kennen alle die gestaltende
Macht des Interesses. Wenn wir dagegen glauben, den unbestech-
lichen Richter vor uns zu haben, sind wir viel leichter zu beeinflussen,
weshalb die Bosheit auch ganz instinctmässig dieselbe Miene wie
die raffinirte Klugheit anlegt: so tritt der in einer Schrift Ange-
griffene, wenn er sich dafür rächen will, gewöhnlich als sachlicher
Kritiker auf, der geübte Verläumder leitet am liebsten eine Ver-
läumdungen mit einer allgemeinen Beklagung der menschlichen
Verirrungen ein, und der, welcher gerade auf den Schaden eines
andern bedacht ist, heuchelt oft die grösste Gleichgültigkeit.

In unserer Zeit giebt es wohl keinen Punkt, wo man das
Unvermögen der theoretischen Gewissheit der praktischen gegenüber
besser beobachten kann als im politischen Leben, und dadurch auch,
wie sich das praktische Interesse hinter die theoretische Deduction

versteckt. In den parlamentarischen Kämpfen werden von der Rednerbühne herab die Gründe nach den Regeln der Logik entworfen, und die Debatten gewähren glänzende Disputationen, wo jeder die Kunst seiner Beredsamkeit und geistigen Überlegenheit zeigen kann; die Argumente der Redner aber üben gewöhnlich keinen Einfluss auf die Abstimmung aus, die als eine ausgemachte Sache schon lange vorher von den Parteiführern berechnet war.

Allein nicht nur der Wille, auch das Gefühl beeinflusst unsere Verstandesthätigkeit. Wir wissen, dass schon die Form der Darstellung uns immer für oder wider eine Sache stimmt; wir nehmen in der Poesie Gedanken an, die uns in der Prosa abstossen würden. In einem Schauspiel im Theater fühlen wir die Sorgen und Freuden erdichteter Personen mit, und zwar oft tiefer als diejenigen der wirklichen Personen, die uns auf der Strasse begegnen oder in unserer Nachbarschaft wohnen. Wir sind so bewegt durch die Schicksale der Helden und Heldinnen des Romans und des Dramas, wie wir es nimmer sein würden, wenn wir dieselben Begebenheiten in den trockenen Acten eines Kriminalfalles hätten kennen gelernt. Wie Liebe und Hass unsere Urtheile verfälschen, kennen wir alle, und um nur ein Beispiel hervorzuheben: was glaubt nicht die Liebende, wenn es der Geliebte erzählt? Aber nicht nur Leidenschaften und Affecte, selbst das einfache Gefühl, in dem wir etwas Angenehmes oder Unangenehmes erblicken, wirkt auf unser Urtheil ein, uud es zeugt von einer feinen Kenntniss der menschlichen Natur, wenn die Inquisition allen jungen und schönen Verurtheilten Nasen und Ohren abschneiden liess, bevor sie durch die Strassen zum Scheiterhaufen geführt wurden, — damit sie nicht durch ihre Schönheit Mitleid erwecken könnten.

Die persönliche Gewissheit entspringt tiefer als alle andere, und zwar da im Innern des Menschen, wo Wille, Verstand und Gefühl ihre gemeinsamen Wurzeln haben, gleichsam im tiefsten Grunde der Seele, was auch mit dem Wort Gemüth bezeichnet ist*). Obwohl der Wille allerdings als der mächtigste erscheint,

---

*) Anm.: Ich brauche dies Wort hier so, wie es auch von Kant angewendet ist. So sagt er in der Abhandlung, die unter dem Titel „Über Philo-

so wird dennoch die persönliche Gewissheit ebensowenig durch
einen Willensbeschluss wie durch einen theoretischen Beweis verändert. Die persönliche Gewissheit durch einen Willensbeschluss
ändern zu wollen, würde heissen, dem Baron Münchhausen nach-
zuahmen, wenn er an seinem eigenen Zopf sich mit dem Pferde
in die Höhe zieht. Es verhält sich nämlich so: unsere Überzeugungen von Recht und Pflicht hängen nimmer von einem
Willensbeschluss oder einem theoretischen Beweise ab, sondern unsere
Beschlüsse und Beweise sind von diesen abhängig. Es sind der
im Leben erworbene Wille, und der in den Erfahrungen gebildete
Verstand wie das im Leben entwickelte Gefühl, welche den Geistes-
grund im Ich bilden, aus dem die persönliche Gewissheit herstammt,
und sowohl jede Willens- als Verstandesäusserung erhält durch
denselben ihre Richtung und Kraft. Deshalb wird in dieser
Beziehung jeder zum Handeln lediglich von den Gründen beeinflusst, die aus diesem Boden erwachsen sind. Nur die Früchte,
die an unserem eigenen Baume der Erkenntniss gewachsen sind,
können uns schmecken, das heisst, nur die aus unserem eigenen
Leben hervorgewachsene Erkenntniss ist im Stande, uns eine
Überzeugung zu geben, die unsere Handlungsweise bestimmt.

Dieser Umstand, dass alle andere Gewissheit wieder von der
persönlichen bestimmt wird, führte Fichte zu dem berühmten und
oft wiederholten Wort: was für eine Philosophie man wähle, hängt
davon ab, was man für ein Mensch ist. Übrigens spricht Fichte
nur von den zwei Grundansichten, Idealismus und Realismus, aber
im Gefühl von dem persönlichen Verhältniss, das zwischen jedem
Menschen und seiner Weltansicht besteht, hat man gewöhnlich
seinen Worten eine weitere Fassung gegeben. Der tiefliegende
Zusammenhang zwischen unserem Leben und unseren Gedanken
wirkt in uns allenthalben wie die verschwiegene, ihrer selbst unbewusste Voraussetzung, unter deren Einfluss wir im Einzelnen die
weitere Verknüpfung unserer Erfahrungen vornehmen. Daher

---

sophie überhaupt" in der Sammlung seiner Werke abgedruckt ist (Sämmtl. W.
hrsg. v. Hartenstein): „Wir können alle Vermögen des menschlichen Gemüths
ohne Ausnahme auf die drei zurückführen: das Erkenntnissvermögen, das Gefühl
der Lust und Unlust und das Begehrungsvermögen".

würde auch nicht Plato, wie man früher meinte, beschämt von
dannen gegangen sein, wenn er Locke gelesen hätte, ebenso wenig
wie die Logik von Stuart Mill den Kant würde bekehrt haben;
gerade ebenso wenig wie Plato und Kant auf Locke und Stuart
Mill gewirkt haben.

Aus dem Bisherigen erhellt es sodann ebenfalls, dass die persönliche Gewissheit auch nicht in ihrer höchsten Form, in dem
religiösen Glauben, aus einer Verstandeseinsicht oder einem Willensbeschluss entspringt.

Man vermag keinen religiösen Glauben mit Verstandesbeweisen
aufzubauen, und ebensowenig niederzureissen. So ist die Thatsache, dass die christliche Glaubenslehre dem Verstande als eine
Ungereimtheit erscheint, dem Glauben kein Hinderniss, und von
der ersten Verkündigung sagt sie auch von sich selber, dass sie
den Juden ein Ärgerniss, den Griechen eine Thorheit sein werde.
Alle theoretischen Angriffe gegen das Christenthum von Porphyrios
bis Voltaire und von Voltaire bis von Hartmann haben deshalb
nicht die christliche Religion um einen einzigen Gläubigen gebracht,
sondern nur dazu beigetragen, den Einzelnen darüber aufzuklären,
ob er ein Gläubiger sei oder nicht. Das hat niemand klarer als
Lessing ausgesprochen, der gerade diesen Gedanken in seinem
Streite mit dem hamburgischen Hauptpastor Göze zum drastischen
Ausdruck brachte. Die Meinung, dass man das Christenthum durch
den Nachweis seiner Unvernünftigkeit vernichten kann, ist völlig
unzutreffend, insofern ja das Christenthum selber vor achtzehn-
hundert Jahren nichts stärker betonte, denn dass das Wort vom
Kreuz denen, die nicht glauben, eine Thorheit, denen aber, die
glauben, eine Gotteskraft sein werde. Allein nicht weniger verfehlt
ist es zu meinen, dass man einen religiösen Glauben durch
dialectische oder historische Beweise hervorbringen kann; denn da
die persönliche Gewissheit nie theoretisch erzeugt wird, sondern
nur praktisch, so ist auch das Höchste, was auf diesem Wege
erreicht werden kann, eine gewisse Bewunderung für die Lehre
des Christenthums, aber keine Erkenntniss seiner Sündennoth und
seines Heilsbedürfnisses in einem Leben der Läuterung durch
Gottes Gnade.

Ebenso entsteht niemals der religiöse Glaube durch einen
Willensbeschluss. Der, welcher dies versuchen will, wird bald
einsehen, dass man nicht durch eine Willensäusserung den Grund,
aus dem aller Wille und Erkenntniss hervorgeht, aufheben kann.
Nehmen wir ein Beispiel: wir denken uns einen modernen Pessimisten der Schopenhauer-Hartmann'schen Schule, er hat vollkommen eingesehen, dass alle Güter des Erdenlebens nichts werth
sind, und keine irdische Existenz sich mit dem reinen Nirwana
messen kann; nun kommt eine Religion und bietet eine ewige
Seligkeit dar, man soll nur die Güter, die gar keinen Werth haben,
ja die nur Leiden schaffen, ganz aufgeben. Allerdings klingt die
Lehre dieser Religion in Vielem höchst unvernünftig, allein eine ferne
Möglichkeit, dass dennoch etwas Wahres darin sein dürfte, ist nicht
ausgeschlossen, und sie verlangt nur ein Aufgeben des vollkommen
Werthlosen. Nun würde man erwarten, dass der Pessimist einen
Versuch machen wolle; da ist ja alles zu gewinnen und nichts
zu verlieren; macht er nun diesen Versuch, so wird er erfahren,
dass so sonnenklar das Ganze ihm schien, er doch keineswegs durch einen Willensbeschluss seine wirkliche Überzeugung, die aus seinen Handlungen herausgewachsen ist, zu ändern
vermag. Das kann man nicht selber willkürlich machen. Er muss
damit anfangen, gleichsam alle seine bisherigen Handlungen unge-
than zu machen, es ist die Reue; aber woher erhält er die Kraft
dazu? Dies ist eine Gabe Gottes an den Einzelnen, antwortet der
Glaube; es ist das Geheimniss der Religion. Richtig sagt deshalb
Leibniz, dass man nicht den Glauben von der inneren Gnade, die
ihn unmittelbar bestimmt, trennen dürfe; „denn die innere Gnade
des heiligen Geistes tritt dabei als unmittelbare Ergänzung auf
übernatürliche Weise ein, und dies ist es, was die Theologen
eigentlich einen göttlichen Glauben nennen." (Nouveaux essais
IV. c. 18).

Wenn der religiöse Glaube immer im Bilde der irdischen Liebe
vorgeführt wird, so besteht die Ähnlichkeit eben darin, dass beide
so tief im Wesen und Leben des Einzelnen begründet sind, dass
sie weder durch die Beweise des menschlichen Verstandes noch
den Machtspruch des Willens erzwungen werden können. So ist
die persönliche Gewissheit immer ein Ausfluss des ganzen Daseins

des einzelnen Menschen und so genau damit verbunden, dass er
eine andere persönliche Gewissheit nur dann haben könnte, wenn
er auch ein anderer wäre. Auf diese Einsicht gründet sich alle
wahre Toleranz.

Wie die unmittelbare Gewissheit auf dem Vertrauen zur
Aussenwelt und die wissenschaftliche auf dem Vertrauen zur Vernunft beruht, so gründet sich die persönliche auf das Vertrauen
zu der Gültigkeit des Erlebten. Dies ist der gemeinsame Grund
in allen verschiedenen und veränderlichen Formen der persönlichen
Gewissheit. In einer wesentlichen Beziehung stimmt diese Auffassung mit Kants Lehre von der moralischen Gewissheit überein,
und in diesem Sinne sind eigentlich die Worte Kants, mit welchen
er die Abhandlung „Über das Misslingen aller philos. Versuche
in der Theodicee" schliesst, zu verstehen; er spricht hier von
Hiob und sagt von ihm: „Denn mit dieser Gesinnung bewies er,
dass er nicht seine Moralität auf den Glauben, sondern den Glauben
auf die Moralität gründete, in welchem Falle dieser, so schwach
er auch sein mag, doch allein lauterer und echter Art ist." Der
Gegensatz zwischen Glauben und Moralität, den Kant hier aufstellt,
kann sich lediglich auf den Unterschied der theoretischen und
praktischen Gewissheit beziehen.

So fest die Überzeugung des Einzelnen auch gegen äussere
Angriffe gebaut ist, so ändert sie sich doch immer von innen aus
in der Zeit, und es ist nicht zu selten bei demselben Menschen
in verschiedenen Lebensaltern geradezu entgegengesetzte Überzeugungen anzutreffen. Wir konnten sagen, die Entwickelung jedes
Menschen ist eine Reihe von erworbenen und verworfenen Überzeugungen, wo er jedesmal gewiss gewesen ist, dass er sich vorher
getäuscht hat, jetzt aber zu voller Klarheit gekommen ist.
Allein, das muss wohl in Betracht gezogen werden, dass eine
Überzeugung niemals wie ein abgenutztes Kleid abgelegt wird,
sondern immer nach und nach durch Erfahrungen des Lebens in
eine andere umgebildet wird, dass also die frühere als ein
Moment in der folgenden enthalten ist. Deshalb hat auch das
Gefühl seine Berechtigung, welches die vergangene Überzeugung
als einen Irrthum, die gegenwärtige als eine Wahrheit ansieht,
denn es gründet sich auf die zuversichtliche Überzeugung von der

Gültigkeit des Erlebten, und diese Zuversicht kann niemand eigentlich vernichten, sondern nur verhüllen, wenn er sich selbst täuschen will.

Der Einzelne kann sich nämlich gleichsam zwei Überzeugungen anschaffen, eine echte und eine unechte, eine verhüllt, eine offenbar, und zwar nicht in der Absicht andere zu täuschen, sondern durch eine Unaufrichtigkeit sich selber gegenüber, so dass er durch eigene Fahrlässigkeit in eine Selbsttäuschung geräth. Er hat dann eine Überzeugung als theoretische und eine andere als persönliche Gewissheit, und hier tritt der Unterschied zwischen diesen zwei Arten von Erkenntniss deutlich genug hervor. Der Unterschied zwischen den Worten und Handlungen des Einzelnen kann so offenbar werden, die Abweichung zwischen Theorie und Praxis so stark, dass man vor einem psychologischen Räthsel steht, wenn man nicht den Unterschied von theoretischer und existentieller Gewissheit anerkennen will. Man denke z. B. an Periander, einen der 7 Weisen Griechenlands, der, nach den Berichten, redete wie ein Weiser und handelte wie ein Thor, an Karl II. von England, an Christina von Schweden, die immer die erhabensten Grundsätze bekundete und ganz anderen folgte; in dem Leben solcher hochgestellter Personen tritt der Widerspruch so grell hervor, weil ihre Handlungen so zu Tage liegen; aber dasselbe ist nicht minder der Fall in anderen Kreisen der Gesellschaft, und es ist nicht schwierig, aus der Geschichte und dem Leben Beispiele dafür darzulegen.*)

---

*) Anm.: J. Stuart Mill betrachtet sogar ein solches Verhältniss als das gewöhnliche; aber er fasst dabei als wirkliche theoretische Gewissheit eine Art von kirchlichem Gewohnheitsglauben auf, die sehr häufig nur ein Deckmantel des moralischen Indifferentismus ist. Er sagt: „In welchem Maasse Lehren, die ihrem innern Wesen nach auf das Gemüth den tiefsten Eindruck machen sollten, als ein todter Glaube an der Oberfläche haften, ohne in der Einbildungskraft, den Gefühlen und dem Verstande Wurzel zu fassen, zeigt die Art, wie die Mehrzahl der Gläubigen die Lehren des Christenthums befolgt. Kaum ist es zu viel gesagt, dass nicht einer von tausend Christen sich von den Grundsätzen und den Vorschriften, die im neuen Testament enthalten sind, leiten und führen lässt. Der Maassstab, wonach er sich richtet, ist die Sitte seiner Nation, seiner Klasse, seines religiösen Bekenntnisses. So besitzt er auf der einen Seite eine Sammlung ethischer Grundsätze, von denen er annimmt, dass sie ihm von der unfehlbaren Weisheit als Regeln für seine Lebensführung aufgestellt worden sind; und auf der andern Seite eine Menge alltäglicher Anschauungen und Gewohnheiten, die mit einigen

Niemand hat diese Thatsache deutlicher erkannt und bestimmter darauf aufmerksam gemacht als Descartes, der auch eine Erklärung dafür andeutet; er spricht dieselbe in „discours de la méthode" c. 3 in folgenden bemerkenswerthen Worten aus: „Die Geistesthätigkeit, durch welche man etwas glaubt, ist von der verschieden durch die man erkennt, dass man diesen Glauben hat."

---

unter jenen Grundsätzen, bis zu einem gewissen Punkt, mit anderen nicht ganz so weit, mit manchen ganz und gar nicht übereinstimmen, und im Ganzen nichts sind als ein Vergleich zwischen dem christlichen Glauben und den Interessen und Anschauungen des Weltlebens. Der einen dieser Richtschnuren huldigt er, während er in der That nach der anderen sich richtet. Alle Christen glauben, dass die Armen und Elenden und die in der Welt schlimm fahren, gesegnet sind; dass ein Kameel eher durch ein Nadelöhr geht, als ein Reicher ins Himmelreich; dass man nicht richten soll, um nicht wieder gerichtet zu werden; dass Schwören eine Sünde ist; dass man seinen Nächsten lieben soll wie sich selbst; dass man dem, der den Mantel nimmt, auch noch den Rock geben soll; dass man nicht für den morgenden Tag sorgen soll; dass man, um vollkommen zu werden, alle seine Habe verkaufen und an die Armen geben soll. Es ist nicht Unaufrichtigkeit, wenn sie sagen, dass sie an diese Dinge glauben. Sie glauben daran, wie man Alles glaubt, was stets gelobt und nie angetastet wird. Allein im Sinne jenes lebendigen Glaubens, der die Handlungsweise regelt, glauben sie an diese Lehren genau soweit, als man darnach zu handeln pflegt." (J. Stuart Mill: Über die Freiheit. Kap. 2).

V.

Das Kriterium der Gewissheit.

Unsere Erkenntniss kann allemal eine Täuschung, niemals aber ein Selbstwiderspruch sein. Daher giebt es auch eigentlich kein allgemeines Kriterium der Wahrheit, sondern lediglich eines der Gewissheit. So hat Kant bekanntlich in „Kritik der reinen Vernunft" (Transc. Log. Einl. III.) die Frage nach einem allgemeinen Kriterium in Bezug auf den Inhalt der Erkenntniss abgelehnt, während er als formales Kriterium (Logik, Einl. VII.) den Satz vom Widerspruch und den Kausalitätssatz aufstellt. In der Gewissheit hingegen muss immer gewissermaassen das formale und materiale Kriterium zusammenfallen; denn es ist eine Folge der Natur unseres Erkennens, dass der Seelenzustand, den wir Gewissheit nennen, nur dann eintreten kann, wenn die Erkenntnissmasse nach der Form geordnet und im Inhalt vereinigt worden ist.

Ein reales Wahrheitskriterium ist der Stein der Weisen, mit der Entdeckung eines solchen würde unser Wissen der menschlichen Beschränkungen überhoben sein. Im Besitz eines solchen Kriteriums würden wir nicht länger stückweise erkennen, sondern mit einmal zu einer vollkommenen Klarheit über unsere eigene Erkenntniss gelangen. In den höchsten Fragen würde auch kein Platz mehr für den Glauben sein; denn die Möglichkeit ein beweisklares Wissen zu erreichen wäre gegeben, und anstatt der Ergebung des Glaubens hätte man entweder das allgemein erkannte Wissen oder die Spannung des Zweifels, während man mit der Arbeit zur Lösung der Aufgabe beschäftigt wäre. Ein solches Wahrheitskriterium giebt es nun nicht; hingegen ist ein Kriterium der Gewissheit vorhanden; denn weil die Gewissheit sich auf einen Seelenzustand bezieht, erkennen wir sie unmittelbar, und wir bemerken, dass, wenn es zu einer Probe kommt, selbst auch wenn wir über unser Verhältniss irre gewesen sind, sich ein tiefer Unterschied des Gewissen und des Zweifelhaften unseres Wissens bekundet. Worin nun dieses Kennzeichen liegen muss, ist schon in der Thatsache ausgesprochen, dass die Vernunft sich freilich täuschen, aber nie widersprechen kann.

Wenn wir behaupten, dass sich ein solches Kennzeichen findet, so ist es zunächst nothwendig zu bestimmen, in welcher Bedeutung wir es fassen; denn unter einem Kriterium der Gewissheit kann man sich sowohl ein Kennzeichen denken, wodurch ich Gewissheit vom Zweifel unterscheide, als auch ein Kennzeichen, durch das ich mich vergewissere, dass ich gewiss bin. Dass diese zwei Kennzeichen in einer genauen und innigen Verbindung stehen müssen, ist einleuchtend; aber dass sie gerade zusammenfallen, nicht einmal wahrscheinlich. In dem einen Falle giebt das Kennzeichen die geistigen Beziehungen an, unter welchen der Zustand der Gewissheit erzeugt wird, im anderen das Mittel, wodurch dieser Zustand dem Bewusstsein klar wird; in dem einen Falle wird nach der Ursache des Zustandes, im anderen nach dem Grunde seines Erkanntwerdens gefragt. Aber nun verhält sich die Sache so, dass ich die Ursache des Zustandes nur als eine Folge der gegebenen Bestimmtheiten des Zustandes erkennen kann, und der Erkenntnissgrund, dass ich des Zustandes bewusst bin, ist die Wirkung jener Bestimmtheiten. So liegen diese Kriterien theilweise in einander, und man kann nur durch das eine zum anderen gelangen.

Die Schwierigkeiten liegen hier darin, dass wir, wie Descartes sagte, zwei Erkenntnissweisen vor uns haben, die eine, durch die wir gewiss werden, die andere, durch die wir erkennen, dass wir gewiss sind. Wir haben vorher die letztere Erkenntnissweise zunächst als ein unmittelbares Gefühl bezeichnet, das unter normalen Verhältnissen eins mit der Gewissheit selber ist, weshalb es uns auch gewöhnlich niemals einfällt daran zu zweifeln, ob wir gewiss seien oder nicht, weil wir die Gewissheit unmittelbar fühlen; erst in krankhaften Zuständen kann dem Einzelnen eine solche Frage im Ernste entstehen. Es ist deshalb eigentlich nicht das letzterwähnte Kriterium, das wir untersuchen wollen, sondern das andere, durch welches wir überhaupt Gewissheit von Ungewissheit unterscheiden. Um dies zu erkennen, müssen wir von dem uns als Gewissheit geltenden Bewusstseinszustand ausgehen. Wir haben hier eine Geistesbewegung, die genau zu bestimmen unmöglich ist, nämlich die Selbstentwickelung der Gewissheit, weil sie ein Erkennen des Erkennens ist, wofür die Ausdrücke der Sprache unzureichend sind, indem Distinctionen ausgedrückt werden sollen, die in immerwährender Entwickelung sind und sich nicht in bleibenden Bestimmungen festhalten lassen.

Die zwei Erkenntnissweisen, die Descartes erwähnt, können sich nicht rücksichtlich der inneren Gesetzmässigkeit unterscheiden; denn für eine solche Annahme fehlen uns alle Gründe; ebenso ist in beiden dasselbe Interesse vorhanden; sie können sich alsdann nur im Grade dieses Interesses und in der Stufe des Bewusstseins unterscheiden; die eine entspricht der unmittelbaren, die andere der mittelbaren Gewissheit.

Aber ausser diesen Schwankungen im Begriff des Gewissheitskriteriums kann noch vielmehr die Art und Weise, auf welche es angewendet wird, Irrthümer erzeugen. Es darf nie vergessen werden, dass Wille und Interesse die Anwendung beeinflusst, und dass der Werth und die Bedeutung des Kriteriums allemal in wesentlicher Beziehung von der Art und Weise, wie es gehandhabt wird, abhängig ist. Bevor wir es also näher bestimmen, müssen wir in der Kürze seine Stellung und Anwendung andeuten, zuerst die Position des Kriteriums, dann die Definition.

I. Die Position des Kriteriums.

Woher kommt es, dass jede Wissenschaft sonst eine Einheit, die Philosophie aber eine Vielheit ist? Man spricht von der Philosophie Kants und Comtes, Hegels und Herbarts, aber man spricht nur von einer Mathematik und einer Zoologie. Woher kommt es, dass die Philosophie in dreitausend Jahren dieselben

Probleme behandelt hat, ohne heute einheitlicher als vor Jahrtausenden zu sein? Voltaire gab zu: in der Metaphysik sind wir
nicht weiter als die ersten Druiden gekommen; — wie viel weiter
sind wir jetzt seit den Tagen Voltaires fortgeschritten?

Oftmals genug haben wir gehört, dass jetzt alle die Sätze von
Gott und der Seele, vom Ursprung der Welt und von der Natur
des Gewissens unwiderleglich bewiesen oder beweislich wider-
legt seien. Bald heisst es: jetzt sind sie über allen Zweifel erhaben, — und dennoch giebt es Leute, welche daran zweifeln; bald
heisst es: nun ist es aller Vernunft einleuchtend gemacht, dass sie
abgethan sind, — und dennoch widersteht die Vernunft dieser
Evidenz.

Während des Streits der Gegensätze verbreitet sich stärker
und stärker die flache Mittelpartei, welche entweder bald nach der
einen, bald nach der anderen Erklärung greift, je nachdem es
jedesmal wünschenswerth erscheinen mag, oder andererseits die
Neutralität preist und das Heilmittel gegen alle metaphysischen
Schwierigkeiten darin sucht, dass man so tief in die Erfahrungs-
wissenschaften untertaucht, bis dass man die Schwierigkeiten nicht
mehr sieht.

In der Metaphysik streiten noch die uralten Gegensätze:
Dogmatismus und Skepticismus. Der eine verkündigt die Macht
und Zuverlässigkeit, der andere die Schwäche und Verirrungen der
Vernunft; der erstere aber kann nicht den Widerstand gegen seine
einleuchtenden Beweise erklären, der letztere setzt die Gültigkeit
der Vernunft voraus, um ihre Ungültigkeit zu beweisen; beide enden
im Selbstwiderspruch. Es handelt sich darum, wie viel man der
Vernunft trauen darf, und von der einen Seite lautet die Antwort:
alles, von der anderen: nichts. Den bedeutendsten Versuch diesen
Streit zu schlichten enthält die kantische Erkenntnisslehre, deren
Entscheidung dahin ging, dass nur innerhalb der Erfahrung man
sich auf die Vernunft verlassen dürfe. Indem nun aber Kant auch
das Sittengesetz als solches für ein Object der Erfahrung erklärte,
erhob sich Einsprache gegen seine Erklärung des Erfahrungs-
begriffes, und alsbald wurde von keinem der streitenden Gegensätze
seine Lösung angenommen. Dieser Streit, dem Descartes eine
feste Grenze gesetzt zu haben und Kant ein Ende gemacht zu

haben glaubte, dauert noch fort und wird dauern, weil es nie eine reine Erkenntniss des Menschen giebt, sondern nur eine mit dem Willen verbundene.

Wir kommen hier wieder auf die Thatsache zurück, die wir im vorigen Abschnitt berührten, dass die Erkenntniss durch den Willen bedingt ist. Man hat gemeint, dass dies nur der Fall mit der religiösen Überzeugung sei; allein das gilt von aller Erkenntniss. Am deutlichsten springt es an den religiösen, moralischen und politischen Überzeugungen in die Augen. Aber der Einfluss des Willens ist überall vorhanden, und wo er zufällig nicht merkbar ist, da hat es seine besonderen Gründe. Dass der Unterschied hier nur ein relativer ist, hatte Malebranche eingesehen; er sagt einmal, dass wenn die Menschen auch daran irgend ein persönliches Interesse hätten, dass die Winkel des Triangels nicht zwei rechten gleich wären, würden sie in der That ebenso absurde Fehlschlüsse in der Geometrie als in der Moral machen. Hat aber nun der Wille eine solche Herrschaft, so erheben sich gleich zwei Fragen, die näher untersucht und dann beantwortet werden müssen: erstens, wenn der Wille diese Macht besitzt, woher kommt es denn, dass wir dennoch nicht glauben können, was wir wollen? und zweitens: warum ist der Einfluss des Willens auf einzelnen Gebieten ganz unmerkbar? Es ist das Verhältniss des Willens zum Erkenntnissvermögen, das hier bestimmt werden muss.

Wir haben in dem vorher Entwickelten gesehen, wie die Gewissheit eine Verbindung von Wille und Vernunft ist. Der eine dieser Factoren vermag nie an sich Gewissheit hervorzubringen, während dagegen der Zweifel vom Willen allein erzeugt werden kann. In dieser Thatsache liegt die Lösung der grössten und schwierigsten Probleme der Erkenntnisslehre. Diese Thatsache bezeichnet uns deutlich das Verhältniss des Willens; denn so gross seine Macht der Erkenntnissthätigkeit gegenüber auch ist, kann er sie doch nur in negativer Form ausüben; er kann nicht schaffen, nur hindern. Schopenhauer, der Philosoph des Willens, hat dieses gewissermaassen bemerkt, ohne es doch ausdrücklich hervorzuheben; er vergleicht den Willen mit einem constitutionellen König, der die Beschlüsse des Reichstages und Ministerraths sanctionirt oder ablehnt. So ist geradezu die Stellung des Willens; sanctionirt er die

vorliegenden Vorschläge, so geht alles wie zu erwarten und voraus-
gesehen war, man merkt nicht die Macht und Thätigkeit des
Königs; erst wenn er irgendwie die Sache in Abrede stellt, merkt
man seine Bedeutung. So herrscht auch der Wille constitutionell,
d. h. durch die Verstandesthätigkeit. Jede Leidenschaft ist leichtgläubig in Bezug auf die Gegenstände, welche die Leidenschaft
unterhalten. Allein wir können nimmer etwas glauben, nur weil
wir es wünschen, wie wir auch nicht unterlassen können etwas zu
glauben, weil wir es fürchten. Wir müssen Beweise haben, wenn
auch nur scheinbare. Die Neigung vermag nur die Gründe zu verdrehen
und zu ändern, nimmer sie zu bilden. Erst durch die Aufmerksamkeit, dann durch Ausschliessen einzelner Vorstellungen erreicht
sie ihren Zweck: die Gründe, welche dem gewünschten Schluss
günstig sind, breiten sich über das Gesichtsfeld des Bewusstseins,
während die Gründe, die dem gewünschten Resultate ungünstig
sind, in eine Ecke zusammengedrückt werden. Auf diese Weise
ergiebt sich ein Erfolg, den Jean Paul so schildert: „Eubulides
ersann 7 Trugschlüsse, jede Leidenschaft ersinnt 7 mal 7."
     Der Einfluss des Willens in der Verstandesthätigkeit ist be-
deutend und von allen beobachtet; was indessen bewirkt hat, dass
man seine Rolle nicht völlig erkannt hat, ist sein negativer
Character: dasjenige, was der einzelne Mensch im Gefühl seines
Interesses nicht erkennen will, das kann sein Verstand auch nicht
einsehen. Nur da, wo der Wille und Verstand in Vereinigung
wirken, entsteht die Gewissheit; wo der Wille im Gefühl seines
Interesses sich entgegenstemmt, vermag er eine wirkliche Erkenntniss
und Aneignung des Eingesehenen zu verhindern, indem er jedesmal
den Zweifel einwendet. Wir können sagen: das Ministerium des Verstandes heisst Gewissheit, das Ministerium des Willens dagegen
Zweifel, jede Einsicht ist eine Sache, welche beide Ministerien gemeinsam entscheiden müssen, obwohl sie eigentlich dem Bereich
des ersteren angehört, welches deshalb auch die besondere Sachkennt-
niss vertritt, während das letztere sich jeder Ordnung entgegensetzen
will, die seinen Interessen widerstreitet. Soweit sich die Herrschaft
des Willens in der Verstandesthätigkeit auch ausdehnen mag, tritt
sie immer in negativer Form auf: der Mensch kann nicht glauben,
was er will, aber dessenungeachtet glaubt er nur das, was er will-

Auf zwiefache Weise ist der Einfluss des Willens der Verstandesthätigkeit gegenüber beschränkt: erstens formaliter so, dass er nur in negativer Form ausgeübt werden kann, zweiteus realiter so, dass er nicht von einem einzelnen willkürlichen Willensentschluss, sondern von der unmittelbaren Willensrichtung, vom Willen im unmittelbaren Gefühl seines Interesses ausgeht. Die Sache verhält sich also eigentlich dergestalt, dass Wille und Gefühl sich vereinigen müssen, wenn sie dem Verstandesvermögen die Waage halten wollen. Wo dieses Gefühl des Interesses fehlt, da kann ein isolirter Willensentschluss nichts machen. Deshalb spüren wir nur den Einfluss des Willens auf den Gebieten, die irgendwie im Bereich des persönlichen Interesses liegen, und die Entschiedenheit, mit welcher der Wille hier seinen Einfluss geltend macht, ist dem Gefühl des Interesses proportional. Daher ist im Satze von Winkeln des Triangels wie in der ganzen Mathematik überhaupt der Einfluss des Willens nicht merkbar; denn wenn hier dieselben Sätze für alle die gleiche Gültigkeit haben, so sind sie dem persönlichen Interesse gleichgültig. Allein dass in aller Wissenschaft, sobald ein Gefühl des Interesses erwacht, sogleich die Spaltung eintritt, ersehen wir deutlich genug aus allen historischen Wissenschaften; denn hier machen sich die religiösen, politischen, nationalen und persönlichen Interessen immer gewissermaassen geltend, und so sehen wir, dass jedesmal, wenn eine neue Geistesrichtung an das Ruder kommt, sich die Auffassung und Darstellung von früheren historischen Personen und Begebenheiten ändert. Ja, wir dürfen sagen, dass die Darstellung menschlicher Verhältnisse nie die Zuverlässigkeit einer Schilderung von Naturbegebenheiten erreichen wird, eben weil sich dort ein unwillkürliches Interesse einmengt. Wir werden nie eine so wirklichkeitstreue Darstellung der Begebenheiten bei dem Morde Cäsars oder vom Ausbruch der französischen Revolution erhalten, wie wir sie vom Ausbruch des Vesuvs im Jahre 79 oder vom Erdbeben in Lissabon besitzen. Selbst der gewissenhafteste Forscher kann sich in den historischen Eindrücken nicht des unwillkürlichen Interesses erwehren, und wie fernliegend auch die Gründe seines Interesses sein mögen, so merken wir doch an der Spaltung und an unversöhnlich einander entgegenstehenden Auffassungen das Vorhandensein eines solchen.

Als Beispiel kann auf die geschichtliche Kritik der mittelalterlichen germanischen Sagen und ihres Ursprungs verwiesen werden. Man lese nur die wissenschaftlich begründeten Auffassungen französischer, englischer, deutscher und skandinavischer Forscher darüber, und man wird gleich inne werden, wie ganz unbewusst bei den Litteraturhistorikern jedes Volkes sich der nationale Einfluss geltend macht. Und wie fern ist nicht die Verbindung zwischen einem gelehrten Professor im neunzehnten und einem singenden Landstreicher im achten oder neunten Jahrhundert, und kann es nicht so ziemlich gleichgültig sein, ob der letztere ein Franzose ist, der sich nach England, oder ein Engländer, der sich nach Frankreich verirrt hatte. Auch ist schwer einzusehen, welcher Vortheil oder welche Ehre einem jetzt lebenden Volk daraus zufliessen kann, dass seine Vorfahren eine anderswoher eingeführte Sage eine Zeit vor einem anderen Zweig desselben Volksstammes kannten, oder dass irgend eine besondere Versform früher in dem einen als im anderen Land auftauchte. Der einzelne Mann der Wissenschaft, der vertieft in seinen Forschungen arbeitet, wird sich nicht denken können, dass er unter der Leitung eines nationalen Interessegefühls arbeitet; aber derjenige, der die Schriften der Litteraturhistoriker bei den verschiedenen Nationen lesen und die Beweise und Resultate vergleichen will, wird die Thatsache bestätigen können. Es giebt auf diesem Gebiete, in der Auffassung und Beurtheilung der alten germanischen Sagen und Dichtungen, ebenso grosse Abweichungen und Spaltungen wie auf dem der Metaphysik; allein weil die Fragen von viel geringerem Belang sind, werden sie nicht als solche beachtet. Die Gegensätze kommen nicht hier wie in den philosophischen Systemen auf den Leuchter des allgemeinen Interesses, sondern werden unter den Scheffel der philologischen Zeitschriften begraben. Aber diesen Einfluss des Interesses nehmen wir in geschichtlichen Darstellungen überhaupt wahr. Wie die Weltgeschichte sich unter den verschiedenen politischen und religiösen Gesichtspunkten verändert, ist unnöthig näher auszuführen; jeder, der historische Arbeiten von ausgeprägten Parteimännern gelesen oder geschichtliche Ansichten, in politischen Debatten aufgestellt, gehört hat, braucht sich nur daran zu erinnern.

In seiner Wirksamkeit gegenüber der Verstandesthätigkeit tritt der Wille zunächst als ein Gefühl des Interesses auf; in ihrer Form ist diese Wirksamkeit eine negative: der Wille kann jedesmal sich den Beweisen des Verstandes entziehen und den Zweifel einschieben. Deshalb ist keiner so blind, als derjenige, welcher nicht sehen will. Andererseits werden wir nie so schnell und leicht einer schwierig zu entscheidenden Sache gewiss, als wenn ein starkes Interesse die Vorstellungen zusammenbindet; denn ein solches gestattet nur denjenigen Vorstellungen, die demselben entsprechen, sich in unserem Bewusstsein zu halten. Am deutlichsten erscheint diese Form der Willensthätigkeit in den stärksten Willensäusserungen, und wir wollen daher ein Beispiel nehmen, um das Verhältniss besser zu verstehen.

Z. B. ein Liebender ist von der Untreue der Geliebten überzeugt, die Beweise sind viele und unwiderleglich, der eine bestärkt den anderen, und sie bilden zusammen eine Kette, an deren Zuverlässigkeit keiner, der die Verhältnisse kennt, zweifeln wird. In der Erinnerung der Vorzeit und im Anschauen der Reue und unglücklichen Lage der Geliebten erwacht die Liebe wieder mit erneuter Stärke, und wer weiss nun nicht, dass ein paar Worte der Geliebten die zuverlässigsten Zeugnisse der wahrhaftigsten Zeugen niederschlagen werden? Wie manövrirt nun hier der Wille des Liebenden? das ist die Frage. Er ist im einen Augenblick gewiss, vollkommen gewiss; es ist nichts zugekommen, das die Beweise erschüttern kann; denn wir setzen voraus, dass die Worte der Geliebten lediglich eine allgemeine Versicherung der Liebe und Treue enthält, — und dennoch ist die frühere Gewissheit wie weggeblasen. Dass es der Wille und nicht die Erkenntniss ist, welche die Veränderung bewirkt hat, ist deutlich genug. Der Wille hat in einem Augenblick die Gewissheit in Zweifel aufgelöst; aber wie bewegt er die Erkenntniss darauf einzugehen? Oder wie kommt der Liebhaber an den Beweisen vorbei? Die Thatsachen lassen sich nicht läugnen, auch die Schlüsse sind sicher genug. Wie bringt er nun die Erkenntniss dahin, sich unter den Willen zu beugen?

Ohne sich selber darüber Rechenschaft zu geben, folgt er der guten, alten Regel: divide et impera! er läugnet die einzelnen Glieder, d. h. er stellt für jede einzelne Thatsache die Möglichkeit

einer anderen Erklärung auf, er bezweifelt somit
sich. Die Beweiskette als ein Ganzes ist nicht zu
bezweifelt er nun jedes Glied in der Reihe der Thats
die Frage aufwirft, nicht ob die Thatsachen vorh
nicht, sondern ob die angenommene Erklärung ders
mögliche ist. Und hier wird immer die Antwort
fallen; denn die Möglichkeit einer anderen Auslegu
wenn die einzelne Thatsache für sich betrachte
schlossen sein. So führt er die Negation an jeden
dem er die Aufmerksamkeit vom Ganzen auf das
und jetzt hat der Wille das Spiel gewonnen; d
zweifelhaften Möglichkeiten enthält man nie Gewis
sie zusammenzählt. So kommt der Liebhaber zu
den wir etwa so formen können: „Also ist die Sa
wie ich vorher annahm, vollkommen gewiss; sonde
haft, sehr zweifelhaft; für eine Entscheidung sind st
nothwendig, solche müssen abgewartet werden, un
warten, muss das frühere Verhältniss errichtet we
noch kommenden Thatsachen sind Beweise nur
Bedingungen." Wir sehen daraus, dass der Will
Negation einführt, die Aufmerksamkeit der Erkem
Zukunft wendet; indem er den Zweifel einführt, ɡ
kenntniss eine Anweisung auf die Zukunft; aber ċ
ist falsch; denn was die Erkenntniss für eine Versc
ist eine Entscheidung. Wenn die Sache wieder
aufgenommen wird, ist sie nicht mehr dieselbe; es is
Moment von Gewicht hinzugekommen, und zwar, da
das Vorhergegangene als etwas an sich Bedeutung
hat und aufs neue das Verhältniss angeknüpft. A
neuen Verschiebung kann nun der Wille einen
die Rechnung einführen, der etwa so lautet: aus
Handlungsweise erhellt, dass die Sache sich nicht
halten kann; du musst nicht allein der Überlegun
deiner Handlungsweise gemäss weiter handeln.
welche der Wille hier gearbeitet hat, ist, dass er ċ
durch den Zweifel verschiebt, bis er wieder diese
eine Entscheidung ins Feld führen kann. Im Gr

sich immer dieselbe Taktik, und sie ist in der Selbstbeobachtung, wenn man einmal darauf aufmerksam geworden ist, leicht nachzuweisen. Das Mittel aber, das der Wille in den verschiedenen Fällen anwendet, ist die Negation, es ist der Zweifel. Wir können deshalb das Verhältniss besser folgendermaassen ausdrücken: der Wille wendet den Zweifel als Einwurf ein und überlässt der Erkenntniss die Vertheidigung dafür zu führen mit aller der Sophisterei, die nothwendig sein musste.

Wie der Wille über die Verstandesthätigkeit hat andererseits der Verstand über die Willensthätigkeit einen bestimmenden Einfluss: der Wille muss sich den Formen der Verstandesthätigkeit fügen. Der Wille treibt in der Erkenntniss sein Spiel dadurch, dass er den Gesichtspunkt wählt und so die Aufmerksamkeit in eine gewisse Richtung lenkt. Aber um jedesmal eine Seite mit Ausschluss anderer betrachten zu können, muss die Sache oder der Gegenstand einen gewissermaassen verschiedenen Inhalt haben, um dadurch einen Spielraum abzugeben. Wo dies nicht der Fall ist, wird es dem Willen schwierig, seine Taschenspielerkünste auszuführen. Wenn man das Widersprechende zusammenstossen sieht, kann das Bewusstsein den Widerspruch nicht aufnehmen. Das Quantitative ist eine einzelne abstrahirte Seite der Dinge, so durchsichtig, dass die Aufmerksamkeit nicht die Richtung verändern kann, so isolirt, dass die Aufmerksamkeit nicht in ein anderes Gebiet eingelenkt werden kann. Darum ist es im Quantitativen allemal dem Willen viel schwieriger irgend einen Einfluss zu üben, eben weil dies an die Formen der Verstandesthätigkeit gebunden ist, und je reiner das Quantitative behandelt wird, um so mehr schwindet die Möglichkeit, die Aufmerksamkeit willkürlich zu wenden und zu benutzen.

Die Willens- und die Verstandesthätigkeit stehen in einem so innerlichen und höchst verwickelten Verhältnisse zu einander, dass keine Abstraction es völlig klarstellen kann; aber das übersehen wir leicht: auf diese Weise ist lediglich eine individuelle Freiheit möglich. Herrschte die Verstandesthätigkeit ohne Abhängigkeit vom Willen, so würden die Erkenntniss und die Handlungen des Menschen den logischen Gesetzen und Regeln folgen, wie das Maschinenrad der Stange; da wäre keine persönliche Freiheit, sondern

lediglich Naturgesetze und mechanische Abhängigkeit. Herrschte
der Wille vom Verstande unbeschränkt, so wäre keine Freiheit
vorhanden, sondern nur Unordnung und Zufälligkeit. Nur wenn
diese Verbindung vorhanden ist, ist eine Freiheit in der Erkenntniss bei dem Einzelnen, und damit auch eine Verantwortlichkeit
seiner Erkenntniss möglich. Eigentlich ist der Einzelne zunächst
für den Zweifel verantwortlich, durch den Zweifel aber bildet er
seine Gewissheit, und somit wird er auch für diese verantwortlich.

Wenn somit die Erkenntniss allemal vom Willen geleitet
wird, so besteht die Aufgabe darin, diesen Einfluss in die richtige
Bahn zu lenken. Wenn also ein Interesse immer vorhanden ist,
so kommt es nur darauf an, dass dies Interesse nicht das des Einzelnen oder der Familie, auch nicht das seines Volks oder Volksstammes, sondern ein allgemein menschliches Interesse ist. Darin
sah Kant das Kriterium aller Sittlichkeit, und dasselbe in der kürzesten
und schärfsten Formel aufgestellt zu haben, ist sein grosses Ver-
dienst. Die Fähigkeit, eine Handlungsweise unbedingt zu verall-
gemeinern, ist das Kriterium aller Sittlichkeit. Aber niemals kann
diese abstracte Vernunfterkenntniss das Motiv für das Handeln
des Einzelnen werden, eben weil die Willensthätigkeit nicht unmittelbar von Vernunfterkenntniss abhängig ist. Erst durch eine
allmähliche Entwickelung, die durch das Zusammenwirken sämmt-
licher Gemüthsvermögen zu Stande kommt, erweitert sich allemal
das Eigeninteresse. Demnach geschieht diese Einwirkung auf den
Willen nicht auf theoretischem Wege; den Willen mit Beweisen
bändigen zu wollen heisst, wie man bemerkt hat, Simson mit
Zwirnfäden binden zu wollen. Die Willensthätigkeit kann nur
durch Willensthätigkeit beeinflusst werden. Derjenige, der zuerst
mit aller Entschiedenheit nachwies, dass die Vorstellungen als
solche keine Macht über den Willen üben, war Hume; nach ihm
muss ein Gefühl der Billigung oder Nichtbilligung zu den Vorstellungen hinzutreten, um ihnen irgend eine einwirkende Kraft zu
verleihen. Ist nun die Erkenntniss vom Willen abhängig, so gilt
es, das besondere Interesse zu einem allgemeinen zu erheben.
Schon in der griechischen Philosophie war es eine häufig ver-
handelte Frage, inwieweit der Wille der Erkenntniss schädlich sei.
Aristoteles und die Peripatetiker behaupteten, dass auch die Leiden-

schaften und Affekte uns zum Nutzen gegeben seien, während die
Stoiker sie alle insgesammt verurtheilten. Thatsächlich ist der
Wille als Affekt oder Leidenschaft die Triebkraft der geistigen
Arbeit und dadurch unentbehrlich; je mehr er sich aber in die einzelne Arbeit einmengt, desto hinderlicher wird er; denn um so selbst-
süchtiger formt sich das Interesse. Dass er sich in die Arbeit
einmengt, heisst eben, dass er das allgemeine Interesse mit dem besonderen vermischt. Je mehr der Wille das Allgemeine, das
Interesse der Gattung anstatt des eigenen Interesses des Individuums,
sucht, desto reiner ist die Erkenntniss. Aber nur durch Handlungen wird der Wille in eine höhere Form erhoben, nicht durch
Reflexion, sondern durch Leben. Wie die Eigenliebe sich durch
Handeln entwickelt, so auch die Menschenliebe. Nur so kann der
Wille geläutert werden. Deshalb ist der einzige Weg zur Wahrheit der Erkenntniss: Reinheit des Willens, oder wie dieser Gedanke schon in der Erkenntnisslehre der Kirchenväter lautete: man
muss die Wahrheit lieben, um sie zu erkennen.

Damit der einzelne Mensch selber die Stufe seiner Willens-
läuterung erfahre, bietet sich als Erkennungsmittel das Opfer dar.
Die Opferwilligkeit, — aber wohl zu bemerken, die thatsächliche, nicht
die eingebildete — ist der Prüfstein, an dem jedermann zu jeder
Zeit die Beschaffenheit seines Willens ablesen kann. Daher ist,
wie Kant mehrmals ausspricht, die Wette schon ein vorzüglicher
Prüfstein für die Echtheit einer Überzeugung. Der Einzelne muss
in der Wette ein Opfer für seine Überzeugung einsetzen, dadurch
wird ein offenbares Interesse hineingemischt, welches durch die
Wahlverwandtschaft gleich das verborgene kennbar macht. Die
Bedeutung jedes Opfers, wie die alles Leidens und Schmerzens,
ist Selbsterkenntniss hervorzubringen. In den Gedanken und in
der Phantasie sind alle Opfer so leicht gebracht, eben weil der
Einzelne wegen der Doppelnatur der Erkenntniss sich darin als
einen andern sieht, zur selben Zeit also bewunderndes Publicum
und leidende Phantasiegestalt ist.

So steht die Verstandesthätigkeit unter einer Oberherrschaft
des Willens, der Wille kann nicht ihre Gesetze brechen, sondern
nur ihre Richtung lenken. Allein damit diese Richtung die Richtung zur Wahrheit sei, ist Eines nothwendig: der Wille muss

von allen besonderen Interessen geläutert werden, um vollkommen
das Interesse des ganzen Menschengeschlechts ergreifen zu können,
oder wie Plato diesen Gedanken einmal in dem „Staate“ ausdrückt:
man muss mit ganzer Seele die Wahrheit suchen.

2. Die Definition des Kriteriums.

Um nun das Kriterium anzugeben und zu bestimmen, brauchen
wir nur die Folgerungen aus dem, was in dem Vorhergehenden
entwickelt ist, zu ziehen. Wenn die Gewissheit eine ·Vernunft-
einsicht ist, die, sei sie geprüft oder ungeprüft, allemal auf dem
Gefühl der völligen Übereinstimmung der gesammten Erkenntniss
beruht, so ist das Kriterium zunächst die Übereinstimmung des
Denkens mit sich selbst. Das Kennzeichen der Gewissheit ist das
widerspruchslose Denken, es sind die Normen der Logik. Nur
wenn die Vorstellungsverbindungen sich nach diesen Regeln
sammeln und ordnen, stimmen sie überein, und das Kennzeichen
der Lösung des Zweifels und des Eintretens der Gewissheit ist,
dass die ganze Vorstellungsmasse, sei es nun wirklich oder nur
scheinbar, als eine übereinstimmende Einheit erkannt oder empfunden wird. Das Kriterium ist somit die Widerspruchslosigkeit,
und darüber vergewissern uns die Regeln der Logik.

Allein mit einem solchen formalen Kriterium kommen wir
nicht aus; es muss auch ein reales da sein. Denn fragen wir:
woran erkennen wir die Zuverlässigkeit der logischen Normen?
so ist die Antwort einfach: aus der Erfahrung. Und wie wir uns
drehen und wenden, so finden wir doch immer zuletzt, dass wir
nur die Form unserer Erkenntniss an den Regeln unserer Logik
prüfen, und dass wir, um den Inhalt zu prüfen, uns nie an die
Logik, sondern an die Erfahrung wenden. Sie ist überhaupt der
für alle Erkenntniss gültige Prüfstein, der uns die Beschaffenheit
unserer Gewissheit angiebt. So sollen z. B. Wendungen wie: „ich
spreche aus eigener Erfahrung“, „ich habe selber die Erfahrung
gemacht“, besagen, dass hier der höchste mögliche Grad der Ge-

wissheit erreicht ist. Was sich nicht mit der Erfahrung in Einklang bringen lässt, dessen werden wir nie gewiss, und was sich in aller Erfahrung bewährt, dessen sind wir gewiss. Wie die Erfahrung die Quelle und das Erste aller Gewissheit bezeichnet, so ist sie auch die letzte Instanz, auf die wir im Erkennen zurückgehen müssen: das Kriterium.

In den logischen Formen haben wir also ein unverbrüchliches Kriterium der Form der Gewissheit, wie in der Erfahrung ein Kriterium des Inhalts. In den logischen Formen ist die Erfahrung indirect mitwirkend, weil dieselben, insofern sie an sich einen Inhalt bezeichnen, aus der Erfahrung gewonnen sind; in der Erfahrung sind die logischen Formen als Bedingungen aller Erkenntnissurtheile mitenthalten. Wir haben somit zwei Kriterien: die Logik und die Erfahrung. Die Probe der Logik ist die Harmonie, die der Erfahrung das Experiment. Das Ganze scheint damit sehr einfach und leicht entschieden zu sein, und man könnte meinen, die langen und nicht immer befriedigenden Entwickelungen in dem Vorherigen wären unnöthig gewesen, wenn das Kriterium so einfach ist.

Allein jetzt erhebt sich eine Frage von eingreifender Bedeutung, und die lässt sich nicht abweisen. Wenn nun die Logik und die Erfahrung sich widersprechen: was dann? Und hat nicht eben in diesem Widerspruche alle Philosophie ihren Ursprung, wie wir in der Naturphilosophie aller Völker sehen? Schon in der Frage nach Sein und Nichtsein, nach dem Ewigen und dem Wechselnden sind Logik und Erfahrung uneinig. Die Begriffe Materie, Bewegung, Substanz u. s. w. sind ebenso viele Streitpunkte zwischen Logik und Erfahrung. Der Ausgangspunkt und das Princip aller Erfahrung, dass die Kenntniss eines Dinges, das ausser mir ist, in mein Inneres gelangen kann, ist und bleibt der Logik eine Thorheit und ein Ärgerniss, und die unerbittliche Strenge des Grundsatzes aller Logik, des Satzes vom Widerspruch, ist der Erfahrung ein Greuel. Mit diesem Widerspruch rangen schon Eleaten und Herakliteer, ohne denselben lösen zu können, und was wir vor ihnen voraus haben, ist nicht die Lösung, sondern die Einsicht, dass die Lösung unmöglich ist. Man kann, so zu sagen, alle Widersprüche an einem Punkt sammeln, wie Fichte es gethan

hat, als er das Ich und Nichtich ins Selbstbewusstsein verlegte;
aber da bleiben die Widersprüche, und sobald die Entwickelung
beginnt, treten sie sogleich hervor. Der kühnste Versuch, den
Streit zwischen Logik und Erfahrung aufzuheben, ist die hegelsche
Logik; denn daselbst ist dieser Widerspruch zum Princip der
logischen Bewegung gemacht. Die widersprechenden Begriffe,
welche uns die Erfahrung aufnöthigt, werden in ihrer Ungereimtheit von der Logik blossgelegt, um sie in einem höheren Begriff
zu vereinigen, wo indessen dasselbe sich wiederholt, und dieser
Process ist das ewige Ringen der denkenden Vernunft nach
Wahrheit.

So ist, um mit Herbart zu reden, die eingebildete Freund-
schaft der Erfahrung und Logik gerade dasjenige, woran es fehlt,
und jetzt kehrt somit die Kriteriumsfrage wieder in einer neuen
und bestimmten Form und lautet: Welches Mittel soll es denn
nun eigentlich sein, durch das wir jedesmal den Streit zwischen
Logik und Erfahrung schlichten? Denn, um zum Handeln zu gelangen, müssen wir allemal eine, wenn auch nur vorläufige Versöhnung annehmen. Oder wir können die Frage so stellen: wie
ist eine Gewissheit möglich, wenn allemal ein solcher principieller
Streit vorliegt? Dass es aber eine Gewissheit giebt, müssen wir
nothwendig annehmen, wenn wir die Menschen für ihre Gewissheit leben und sterben sehen.

Kant hat kritisch nachgewiesen, dass der Begriff Seele, wie
er gewöhnlich gebraucht wird, eine Fülle von Täuschungen enthält. Der Erfahrungsbegriff wartet noch auf eine derartige Untersuchung, und wenn einmal ein Denker ihn einer Prüfung im Geiste
Kants unterwerfen wird, so wird kaum der Fund von Paralogismen
ein geringerer sein. Hat doch schon C. Göring einmal in der „Viertel-
jahrsschrift für wissenschaftliche Philosophie" nachgewiesen, dass
wir gewöhnlich das Wort Erfahrung in vier oder fünf verschiedenen
Bedeutungen brauchen.

Was hier sogleich bemerkt werden muss, ist, dass Logik und
Erfahrung keineswegs Gegensätze bilden; alle Logik ist aus der
Erfahrung geschöpft, alle Erfahrung kommt nur zu Stande unter
Anwendung der logischen Gesetze und Regeln; denn wenn man
nicht von Hause aus die Fähigkeit hat, Subject und Prädicat nach

logischen Normen zu verbinden, wird gar keine Erfahrung entstehen. Logik und Erfahrung sind somit nicht durchaus Gegensätze, sondern bilden in gewissen Beziehungen eine Einheit, indem
sie nur mit und durch einander existiren. Aber eben dadurch,
dass sie nur in gewissen Beziehungen verschmelzen, zeigt sich der
Zwiespalt zwischen beiden als ein Ausdruck der Beschränkung
des menschlichen Erkennens. Die Beschränkung unseres Erkennens fühlen wir immer daran, dass wir genöthigt sind, im Denken
dasjenige zu trennen, was seinem Wesen nach zusammengehört, und
hier merken wir dieselbe als eine Trennung im Erkennen zwischen
Denken und Wahrnehmen.

Nehmen wir mit Descartes an, dass die Erkenntnissweise,
durch die wir uns unserer Erkenntniss vergewissern, sich in
gewissen Beziehungen von dem einfachen Erkennen der Gegenstände unterscheidet, so können wir nicht unterlassen zu beobachten, dass die erstere ein eng begrenztes Untersuchungs-
feld hat, jedesmal nur einzelne Vorstellungsverbindungen ergreift und von der einen zur andern geht; bei diesem Übergang
bietet sie dem Willen fortwährend Gelegenheit zum leitenden
Einfluss. Nun vermag das menschliche Denken nicht die Wahrnehmungen ohne Rest aufzulösen; allein wenn die Erfahrungen,
die äusseren wie die inneren, sich nicht widersprechen, begnügt
sich die Erkenntnisskraft mit dieser Übereinstimmung. Allerdings kann der Erkenntnisstrieb es versuchen, tiefer einzu-
dringen; durch die einzelnen Vorstellungsverbindungen aber immer
weiter herumgeführt, ohne irgend einen Ruhepunkt zu finden,
ermüdet er bald beim Versuche. Daher kommt es also, dass die
Gewissheit doch stattfinden kann, obwohl ein Zwiespalt im Erkennen selber vorhanden ist; denn wenn die Widersprüche aus
dem unmittelbaren Bereich der äusseren und inneren Erfahrung
fortgeräumt sind, beruhigt sich der Erkenntnisstrieb, wenn er auch
die nothwendigen hypothetischen Voraussetzungen nicht mit einander vereinigen kann. Die Beschränkung des menschlichen Erkennens zeigt sich eben darin, dass im Hintergrunde immer ungelöste Widersprüche bleiben müssen. Das war die Vermessenheit
der hegelschen Philosophie zu meinen, dass sie mit ihrer höheren
Logik oder „intellectuellen Anschauung" alle Widersprüche zu

lösen vermochte. Die Widersprüche werden da bleiben; aber sie können immer mehr zurückgeschoben werden, und wenn sie ganz aus den Wahrnehmungen, aus dem Bereich der äusseren und inneren Erfahrung entfernt und in den Bereich der gedachten Erklärungen verschoben werden, dann tritt diejenige Widerspruchs- losigkeit ein, welche die Gewissheit bedingt.

Aber wie ist es möglich, dass es eine Gewissheit unserer Er- kenntniss giebt, wenn, obgleich entfernt, in derselben Erkenntniss ungelöste Widersprüche liegen? Wie vermag der Einzelne jemals gewiss zu sein, wenn er weiss, dass er sich jedesmal täuschen könne? Das scheint höchst sonderbar; aber dass es sich so ver- hält, darüber können wir nicht im Zweifel sein. Und selbst das Befremdende darin schwindet, wenn wir uns diese Thatsache klar machen wollen und sie in ihrem Zusammenhang zu verstehen suchen. Erstens müssen wir uns darauf besinnen, dass wir früher dieselbe Thatsache in anderen Formen angetroffen haben. Wir haben früher auf die Eigenthümlichkeit aufmerksam gemacht, dass der Mensch immer wieder zur Gewissheit gelangt, obwohl er weiss, dass er oft früher ebenso gewiss gewesen ist und dennoch nach- her fand, dass er sich getäuscht hat; wir fanden dafür den Grund und die Berechtigung darin, dass die nachfolgende Überzeugung immer die frühere als Moment in sich enthält. Dieselbe Erfahrung macht die Gesammtheit in der Entwickelung der Wissenschaft. Das Zeitalter ist ebenso wenig unfehlbar wie der Einzelne; in jedem Zeitalter lautet die Parole: wir sind nicht wie unsere Väter, die ihre Propheten erschlugen, wir errichten ihnen sogar Grab- denkmäler; — und dennoch ist jedesmal die gegenwärtige Gewissheit des Zeitalters stark genug, um die ersten Verkünder einer wesent- lichen Berichtigung zu unterdrücken.

Wir sehen von der Höhe unseres Zeitalters vornehm auf die wissenschaftliche Gewissheit des fünfzehnten und sechszehnten Jahr- hunderts herab, wir zucken schon häufig die Achseln über die wissenschaftliche Gewissheit vom Anfang unseres eigenen Jahr- hunderts, und doch vertrauen wir so sicher auf die wissenschaft- liche Gewissheit der Gegenwart, obwohl wir nicht dafür blind sein können, dass in wenigen Jahren sie auf dieselbe Weise behandelt werden wird. Der Grund zu diesem Gefühl der Gewissheit ist

wieder, dass auch die Erkenntniss des Menschengeschlechts eine
Entwickelung ist, bei der die spätere Erkenntniss die frühere als
Element enthält. Und daher kommt es, dass eine Gewissheit
möglich ist, obwohl Widersprüche im Hintergrunde lauern. Wenn
die Erkenntniss nur die Widersprüche aus den Erfahrungen aus-
mustern und sie auf die hypothetischen Voraussetzungen zurückführen kann, tritt die Ruhe der Gewissheit ein. Der Grund hier-
für ist, dass in der Erkenntniss selber eine Ahnung davon liegt,
dass sie den Kreis der Erfahrungen nie überschreiten kann. Mit
der Erkenntniss ist ein natürliches Gefühl davon verknüpft, dass
wie sie mit den Erfahrungen anfängt, sie auch innerhalb derselben
bleiben muss, und dass ihr ganzer Umfang von der Erfahrung begrenzt ist. Dies Gefühl könnte man das Gewissen der Vernunft
nennen, wie ihr Trieb das Überschreiten der Erfahrung ist. So
liegt schon in der Vernunft ein Zwiespalt zwischen dem Erkenntnisstrieb und dem Gefühl ihres Vermögens; der Erkenntnisstrieb
geht in das Unendliche, er ist gleichsam die Centrifugalkraft; ihr
gegenüber steht ein Gefühl der Naturgebundenheit, das in der
einzelnen Erfahrung zu verbleiben strebt, es ist die Centripetalkraft,
das Gefühl der Vernunft von ihrem Begrenztsein und den An-
forderungen, welche dies letztere ihr auferlegt. Demgemäss ist
die Vernunft sich gewissermaassen bewusst, dass sie allerdings die
Erfahrungen sammeln, ordnen und verbinden kann, so dass sie aus
der einen die andere zu erklären und daraus die mit derselben verbundenen abzuleiten sucht, dass sie aber die Erfahrung nicht aus
sich selbst zu analysiren vermöge. Schon in der Weise, wie die Erkenntniss die Erfahrungen ordnet und verbindet, bleibt ein Rest zurück, den die Vernunft nicht auflösen kann, nämlich was wir als
den Einfluss des Willens bezeichnet haben. Dies Gefühl der Beschränkung ist die vernunftgemässe Berechtigung, dass die Gewissheit eintreten kann, sobald in unserem Erkennen die unmittelbaren
Erfahrungen nicht im Widerspruch zu einander stehen, selbst wenn die
Widerspruchslosigkeit sich nicht auf die Erklärungen, die wir den
Erfahrungen unterschieben, ausdehnt. Deshalb sind in jeder Wissenschaft die Grundbegriffe derselben nicht allein das Dunkelste für unser
Begreifen, sondern jeder enthält für die Vernunft eine ganze Summe
von Widersprüchen, so in der Psychologie der Begriff der Seele,

in der Theologie der Gottesbegriff, in der Geometrie der Raum-
begriff, in der Geschichte das Verhältniss der Freiheit und Causalität, in der Physik die verschiedenen Kräfte, wie Schwere, Electrici-
tät, Magnetismus, in der Chemie die Atome u. s. f. Allein dies
hindert nicht, dass innerhalb jeder Wissenschaft den einzelnen
Lehrsätzen gegenüber vollkommene Gewissheit herrschen kann,
eben weil die Gewissheit nur die Übereinstimmung der Erfahrungen
erfordert, ohne auf die gedachten Voraussetzungen der Erklärungen
Rücksicht zu nehmen.

Das Kriterium ist sodann die Widerspruchslosigkeit der
jedesmal gegebenen Erfahrungen. Dass die Verstandesthätigkeit
nicht in jedem Falle vom Zweifel gezwungen wird, diese Widerspruchslosigkeit bis in die letzten Voraussetzungen zu verfolgen,
ist darin begründet, dass die Vernunft ein schwaches Bewusstsein
von ihrer Beschränkung hat. Sie vermag es nicht, weil sie an
die Erfahrungen gebunden ist, und sie will es nicht, wenn sie
ihre Naturgebundenheit fühlt. Hieraus verstehen wir klarer die
Bedeutung der Worte, dass die Vernunft sich allemal täuschen,
aber niemals sich widersprechen kann. Jede Täuschung ist doch
immer in einem gewissen Sinne ein Widerspruch; wenn es deshalb
heisst, dass die Vernunft sich wohl täusche, aber nie widerspreche,
so bedeutet dieser Satz, dass sie nur eine Art von Widersprüchen,
aber keine andere acceptiren kann; um welche Widersprüche es
sich dabei handelt, geht aus dem Obigen hervor: die Vernunft
vermag keine sich widersprechenden Erfahrungen anzunehmen, wohl aber sich widersprechende Begriffe.

Diese Thatsache ist der Ausdruck der Begrenztheit des menschlichen Erkennens; eine Beschränkung, die wir nicht aufheben,
sondern nur erkennen können. Sobald wir anstatt zu erkennen,
sie aufzuheben suchen, tritt der Irrthum ein. Der Irrthum ist die
Selbsttäuschung der Vernunft, und die Vernunft täuscht sich allemal, wo sie ihre Begrenztheit überschreitet. Der Wille aber ist
es, der die Vernunft über ihre Grenzen hinaustreibt, und er thut
es, weil er die Vernunft dazu zu zwingen sucht, ihm die Begründung für das, was er glauben will, zu geben. Dies kann die Vernunft nicht, ohne ihr Wesen zu ändern. Darum je mehr der Wille die
Vernunft über ihre Schranken hinaustreibt, desto mehr gehen die

Ergebnisse des Erkennens vom Wissen in Phantasie über. Dass aber der Wille die Vernunft über ihre Grenzen hinaustreibt, heisst, dass der Wille das Besondere über das Allgemeine, sein Interesse über die Wahrheit setzt. Deshalb ist der Weg zum richtigen Erkennen die Läuterung des Willens, oder mit anderen Worten: bei jedem einzelnen Menschen ist die Wahrheit seiner ganzen Erkenntniss von der Reinheit seines Willens abhängig.

— — —

Inhalt.

Druck von Gressner & Schramm in Leipzig.